逐条解説

労働基準法

角森 洋子

〔著〕

経営書院

はじめに

　労働基準法の解釈についての疑問に即答できないときは、厚生労働省労働基準局編「コンメンタール　労働基準法」を始めとする解説書を読む、あてはまるＱ＆Ａを探す、解釈例規や判例を探すということをやります。しかし、解説書は難しくて読みづらい、あてはまるＱ＆Ａや解釈例規はなかなか見つからない、判例の簡単な紹介ではよくわからないなどの悩みがあります。

　もう少し読みやすく、多くの解釈例規やＱ＆Ａが掲載された本があったらという思いで、労働基準法の逐条解説を一人で書く困難さを想像できずに３年前に手をつけてしまいました。できる限り読みやすくするために以下のことを念頭におきました。

1　条文の趣旨は現実の問題の解釈に必ずしも必要ではないので簡単に触れる程度にする。

2　個々の条文の成立要件により解説する。

3　簡単な解説といっても、例えば、「使用者は、少なくとも毎週１日の休日か、４週間を通じて４日以上の休日を与えなければなりません。」とまで簡略化すると正確でなくなるので、「毎週１日が原則であり、４週４日は例外である。」ことはしっかり書く。

4　解釈の根拠として解釈例規を可能な限り多数掲載する。頁を開けたらすぐに目に入ってくるように、できる限り【休日の振替と時間外労働】と標題も付ける。

5　重要事項は枠内に示し、また表を使うことによって、該当条文を開いたときに知りたいことがすぐに目に入ってくるようにする。

6　できるだけ多数（77件）のＱ＆Ａを掲載する。Ｑ＆Ａは実際にあった疑問を取り上げ、東日本大震災などの出来事については厚生労働省のＨＰ掲載Ｑ＆Ａも乗せる。

7　最高裁の判例は事件の概要と判決の要旨を掲載する。

　さらに、届出の実務解説を入れようとしましたが、頁数が増えることと

厚生労働省のHP（電子政府の総合窓口）でわかりやすい解説があることにより断念しました。

　ともかく全部の条文は埋めたというときに改正労働基準法が国会で審議されるということで、しばらく様子をみました、そして、2018年に約10年ぶりの大きな改正労働基準法が成立したので、労働時間関係の条文の相当部分を訂正・加筆しました。この度の改正で時間外労働の限度時間が法制化されるなど、法の内容はますます複雑になりましたが、できる限りわかりやすくを追求しました。人事・労務担当者や社会保険労務士の皆様のお役に立つことができたら幸いに存じます。

目　　次

第1章　総　　則

第 **2** 章 　労 働 契 約

第3章　賃　　金

第4章　労働時間、休憩、休日及び年次有給休暇

第 **5** 章　安全及び衛生

第6章　年　少　者

第6章の2　妊 産 婦 等

第9章　就業規則

第10章　寄　宿　舎

第13章　罰　　則

凡例

通達の略称

発基：労働基準局関係の厚生労働事務次官名通達

基発：労働基準局長名通達

基収：労働基準局長が疑義に応えて発する通達

発婦：婦人局関係の労働事務次官名通達

婦発：婦人局長名通達

婦収：婦人局長が疑義に応えて発する通達

雇児：雇用均等児童家庭局長名通達

告示

労告：労働省告示

法令名の略称

労基法：労働基準法

労基則：労働基準法施行規則

女性則：女性労働基準規則

年少者則：年少者労働基準規則

事業寄宿舎規程：事業附属寄宿舎規程

建設業寄宿舎規程：建設業附属寄宿舎規程

最賃法：最低賃金法

最賃法施行規則：最低賃金法施行規則

安衛法：労働安全衛生法

安衛令：労働安全衛生法施行令

安衛則：労働安全衛生法施行規則

労災保険法：労働者災害補償保険法

労災保険法施行規則：労働者災害補償保険法施行規則

労働時間等設定改善法：労働時間等の設定の改善に関する特別措置法

個別紛争解決促進法：個別労働関係紛争の解決の促進に関する法律

男女雇用機会均等法：雇用の分野における男女の均等な機会及び待遇の確保等に関する法律

育児・介護休業法：育児休業、介護休業等育児又は家族介護を行う労働者の福祉に関する法律

パート・有期雇用労働法：短時間労働者及び有期雇用労働者の雇用管理の改善等に関する法律

労契法：労働契約法

職安法：職業安定法

労働者派遣法：労働者派遣事業の適正な運営の確保及び派遣労働者の保護等に関する法律

能開法：職業能力開発促進法

能開法施行規則：職業能力開発促進法施行規則

船員職安法：船員職業安定法

国公法：国家公務員法

地公法：地方公務員法

特労法または特定独立行政法人等労働関係法：特定独立行政法人等の労働関係に関する法律

社労士法：社会保険労務士法

感染症予防法：感染症の予防及び感染症の患者に対する医療に関する法律

第 1 章

総　　則

労働条件の原則

第 1 条　労働条件は、労働者が人たるに値する生活を営むための必要を充たすべきものでなければならない。

2　この法律で定める労働条件の基準は最低のものであるから、労働関係の当事者は、この基準を理由として労働条件を低下させてはならないことはもとより、その向上を図るように努めなければならない。

1　労働条件の原則

　本条は、労働者に人間として価値ある生活を営む必要を充たすべき労働条件を保障することを宣明したものであって、本法各条の解釈にあたり基本概念として常に考慮しなければならないものである（昭22.9.13 発基17号）。

　「労働条件」とは、賃金、労働時間、解雇、災害補償、安全衛生、寄宿舎等に関する条件をすべて含む労働者の職場における一切の待遇を意味している。

　労基法は憲法第27条第 2 項「賃金、就業時間、休息その他の勤労条件に関する基準は、法律でこれを定める。」に基づいて定められた法律であり、当然本条の「人たるに値する生活」とは、憲法第25条の「健康で文化的な最低限度の生活」と同じ趣旨であるといえる。

「人たるに値する生活を営むためには、その標準家族の生活をも含めて考えること」（昭22.9.13 発基17号）とし、標準家族の範囲はその時その社会の一般通念によって理解さるべきものである（昭22.11.27 基発401号）としている。

本条2項は、

・労基法が定める労働条件の基準は最低のものであること
・労使当事者はこの法律で定める基準を理由として労働条件を引き下げてはならないこと
・労働条件の向上を図るように努めなければならないこと

を義務付けている。

2 本条違反

本条第1項は原則の宣明であるから義務違反の問題はない。
本条第2項については罰則の定めはない。

労働条件の決定
第2条 労働条件は、労働者と使用者が、対等の立場において決定すべきものである。
2 労働者及び使用者は、労働協約、就業規則及び労働契約を遵守し、誠実に各々その義務を履行しなければならない。

1 労働条件の決定

本条第1項では、労働者と使用者が対等の立場で労働条件を決定すべきであるという法の理念を明らかにしている。

「対等の立場」とは実質的対等を意味しているが、現実の個別的労働関係においては、労働者は使用者に対して弱い立場におかれている。「対等の立場」を実現するのは団結権や団体交渉権であるが、ここでは、実質的対等を実現する手段については言及されていないので、実質的対等の実現

を目指すべきことを明らかにしていると解される。

　本条第 2 項の労働協約・就業規則・労働契約の遵守・履行義務は、労働者および使用者に特段の義務を課したものではなく、理念として明らかにしたものと考えられている。

2　本条違反

　本条第 2 項違反については罰則の定めはない。

　労働協約、就業規則または労働契約の遵守義務違反が同時に本法各条に違反するものである場合はあり得る（昭23.7.13 基発1016号、昭63.3.14 基発150号）。しかし、「労働協約、就業規則または労働契約の履行に関する争いが、労基法の規定に抵触するものでない限り、監督権行使に類する積極的な措置をなすべきものではなく、当事者間の交渉により、またはあっせん、調停、仲裁等の紛争処理機関、民事裁判所等において処理されるべきものであること」（前掲通達）とされている。

> **均等待遇**
> **第 3 条**　使用者は、労働者の国籍、信条又は社会的身分を理由として、賃金、労働時間その他の労働条件について、差別的取扱をしてはならない。

1　均等待遇

　「すべて国民は、法の下に平等であって、人種、信条、性別、社会的身分又は門地により、政治的、経済的又は社会的関係において、差別されない。」（憲法14条 1 項）という憲法の基本理念に則り、労働関係における均等待遇の原則を規定したものである。

　本条は、労働者の国籍、信条又は社会的身分を理由として、賃金、労働時間その他の労働条件について差別的取扱をすることを禁止している。

　本条には、性を理由とする差別的取扱いは含まれていない。しかし、男

3

女雇用機会均等法第5条、第6条で、募集・採用、配置（業務の配分・権限の付与を含む。）・昇進・降格・教育訓練、一定の福利厚生、職種・雇用形態の変更、退職の勧奨・定年・解雇・労働契約の更新についての性別を理由とする差別的取扱いを禁止している。

② 均等待遇違反の成立要件

> **均等待遇違反の成立要件**
> ① 国籍、信条又は社会的身分 ② （国籍、信条又は社会的身分を）理由として ③ 賃金、労働時間その他の労働条件について ④ 差別的取扱い

(1) 国籍、信条または社会的身分

国籍、信条または社会的身分については図表1-1のとおりである。

図表1-1 差別事由

国 籍	「国籍」とは国家の所属員たる資格をいう。
信 条	本条の「信条」とは特定の宗教的または政治的な信念をいう（昭22.9.13 発基17号）。
社会的身分	「社会的身分」とは、生来的な地位をいうものと解されている[※1]（昭22.9.13 発基17号）。 憲法第14条第1項の門地[※2]および人種も本条の社会的身分に含まれる。 パート、臨時工などの従業員としての地位は「社会的身分」には含まれない。

[※1] 後発的理由によるものであっても、一定期間にわたって自らの意思をもって離れることのできない固定した地位であれば、これに含まれる、とする説がある。
[※2] 人の出生によって生じる家柄など。

(2) （国籍、信条または社会的身分を）理由として

「理由として」とは、労働者の国籍、信条または社会的身分が決定的原因（他の理由はあるが、何が決定的原因となっているか）となっていると

判断される場合をいう。「理由として」という要件は、客観的な因果関係ではなく使用者の主観的な状態と解されている。

⑶　賃金、労働時間その他の労働条件

本条の労働条件とは、賃金、労働時間、災害補償、安全衛生、寄宿舎等の職場における労働者の待遇一切を含むと解されている。

雇入れが労働条件に含まれるかどうかについては争いがある。

【その他の労働条件】

「その他の労働条件」には解雇、災害補償、安全衛生、寄宿舎等に関する条件も含む趣旨である。」（昭23.6.16　基収1365号、昭63.3.14　基発150号・婦発47号）

■ **雇入れは労基法第3条の労働条件か**

Q　雇入れは労基法第3条の労働条件に入るのでしょうか。

A　最高裁判例は、「労働基準法第3条は労働者の信条によって賃金その他の労働条件につき差別することを禁じているが、これは、雇入れ後における労働条件についての制限であって、雇入れそのものを制約する規定ではない。」（三菱樹脂事件　最高裁大法廷　昭48.12.12判決　労判189号16頁）としています。性別を理由とする採用差別は男女雇用機会均等法5条で禁止されています。

⑷　差別的取扱い

差別的取扱いとは当該労働者を他の労働者と比べて有利または不利に取扱うことをいう。

■ **管理職選考受験資格確認等請求事件**（最高裁大法廷　平17.1.26判決　労判887号5頁）

【事件の概要】

保健婦として東京都に採用されていた在日韓国人2世が1994年から1995年にかけて管理職への昇任試験を受験しようとしたところ、受験

資格の国籍条項を理由に東京都から受験を拒否された。これに対し同人が不当だとして200万円の慰謝料支払いなどを求め提訴した。

【判決の要旨】

1　地方公共団体が、公権力の行使に当たる行為を行うことなどを職務とする地方公務員の職とこれに昇任するのに必要な職務経験を積むために経るべき職とを包含する一体的な管理職の任用制度を構築した上で、日本国民である職員に限って管理職に昇任することができることとする措置を執ることは、労働基準法第3条、憲法第14条第1項に違反しない。

2　東京都が管理職に昇任すれば公権力の行使に当たる行為を行うことなどを職務とする地方公務員に就任することがあることを当然の前提として任用管理を行う管理職の任用制度を設けていたなど判示の事情の下では、職員が管理職に昇任するための資格要件として日本の国籍を有することを定めた東京都の措置は、労働基準法第3条、憲法第14条第1項に違反しない。

（1、2につき補足意見、意見及び反対意見がある。）

③　本条違反

　使用者が、本条に違反した場合は、6か月以下の懲役または30万円以下の罰金に処せられる（労基法119条1号）。

　本条の違反は、現実に差別的取扱いをしたときに成立するものであり、就業規則等に差別待遇を規定しただけでは違反にはならない。

男女同一賃金の原則

第4条　使用者は、労働者が女性であることを理由として、賃金について、男性と差別的取扱いをしてはならない。

1　男女同一賃金の原則

　本条は、賃金についての男女差別を禁止している。第3条の均等待遇と同様に、憲法第14条の法の下の平等原則を労働関係において具体化するものである。

　本条が禁止するのは労働条件全般ではなく、「賃金について」の差別的取扱いだけである。したがって、採用・配置・昇進・教育訓練などの差別の結果生じる賃金の差は、男女同一賃金の原則に違反しない。これらの差別については、男女雇用機会均等法によって規制されている。

2　男女同一賃金の原則違反の成立要件

男女同一賃金の原則違反の成立要件
①　性別が理由であること　②　賃金について（の差別的取扱い）
③　差別的取扱い

---

(1)　性別が理由であること

　「女性であることを理由として」とは、「労働者が女性であることのみを理由として」、あるいは「社会通念としてまたはその事業場において、女性労働者が一般的または平均的に能率が悪いこと、勤続年数が短いこと、主たる生計の維持者ではないことなどを理由とする」（昭22.9.13 発基17号、平9.9.25 基発648号）ことを意味している。

(2)　賃金について

　「賃金」とは、労基法第11条に規定される賃金、すなわち「賃金、給料、手当、賞与その他名称の如何を問わず、労働の対償として使用者が労働者に支払うすべてのものを意味している。

　「賃金について」の差別的取扱いには、賃金額だけでなく、賃金体系、賃金形態、支払い方法等に関する差別も含まれる。

> **男女間での賃金差別の典型例**
> ・性別により異なる賃金表を設ける。
> ・女性の年齢給（本人給）を一定年齢で頭打ちにする。
> ・住宅手当や家族手当を男性にのみ支給する。
> ・男性は月給制であるのに女性は日給制とする。
> ・賞与や一時金の支給、昇給率について男女で異なる基準を設ける。

【家族手当等】

　家族手当、住宅手当等について、一方の性の労働者にはその配偶者の所得が一定額を超える場合でも手当を支給するのに、もう一方の性の労働者には配偶者の所得が一定額以下でないと手当を支給しないとの取扱いをすることは、本条に違反すること（平24.12.20 基発1220第4号、雇児発1220第2号）

【男女間で異なる昇格基準】

　男女間で異なる昇格基準を定めていることにより男女間で賃金格差が生じている場合は、本条に違反すること（平24.12.20 基発1220第4号、雇児発1220第2号）

⑶　差別的取扱い

　本条が禁止する「差別的取扱い」とは、有利不利を問わない（昭22.9.13発基17号、昭25.11.22 婦発311号、昭63.3.14 基発150号・婦発47号、平9.9.25 基発648号）。

　本条が禁止するのは「女性であること」自体を理由とする賃金差別である。そのため、年齢、勤続年数、扶養家族の有無・数、職種、職務内容、能率、責任、作業条件などの違いの結果生じる賃金の違いは禁止されていない。しかし、社会通念または当該事業場において女性労働者は一般的に能率が低いこと、勤続年数が短いこと、主たる生計の維持者ではないことなどを理由として、一律に男女の賃金に差を設けることは、男女同一賃金の原則に違反する賃金差別に当たる。

　同一（価値）労働に対する男女同一報酬の原則※が国際条約（ILO 第100 号条約：日本の批准は1967年）で認められている。一方、労基法は男女が同一（価値）労働に従事していることを要件としていない。これは、日本の賃金制度が職務の内容や技能要件よりも、年齢、勤続年数、家族構成などに基づくことが多いことを背景としていることによる。

　※同一（価値）労働：同一価値労働同一賃金という言葉は、同一労働同一賃金から派生したもの。職種が違っても同一価値の労働であれば、同一労働のときと同じように、性別などによる差別を禁止しようとするもの。

　裁判例では画一的に同一（価値）労働への従事を要件とせず、その賃金の性質や職場の人員構成、差別的取扱いの態様などに応じて、弾力的に男女同一賃金の原則を適用しているものがある。秋田相互銀行事件（秋田地裁　昭50.4.10 判決　労判226号10頁）では、賃金が労働の質量に関係なく決定されていたり、使用者の差別的な意図が明白な場合には、同一（価値）労働を問題にせず、男女別本人給表を適用することについて本条違反の成立を認めている。

③　本条違反

(1)　罰則

　男女同一賃金の原則に違反した場合、6 か月以下の懲役または30万円以下の罰金が科される（労基法119条1 号）。

　本条の違反は、現実に差別的取扱いをしたときに成立するものであり、就業規則等に差別待遇を規定しただけでは違反にはならない（昭23.12.25 基収4281号、平9.9.25 基発648号）。

(2)　私法上の違法無効

　就業規則や労働協約に男女同一賃金原則に反する差別的な賃金規定があれば無効となる。違法な賃金差別によって損害を受けた労働者は、過去の賃金差別の額および慰謝料を使用者に対して損害賠償として請求することができる（民法709条）。

> **強制労働の禁止**
> **第5条** 使用者は、暴行、脅迫、監禁その他精神又は身体の自由を
> 不当に拘束する手段によつて、労働者の意思に反して労働を強制し
> てはならない。

1 強制労働の禁止

　本条は、憲法第18条の定める奴隷的拘束および苦役からの自由を労働関係において規定したものである。暴行、脅迫、監禁その他精神または身体の自由を不当に拘束する手段によって、労働者の意思に反して労働を強制することを禁止している。

2 強制労働の禁止違反の成立要件

強制労働の禁止違反の成立要件
① 使用者による　　　　　　② 暴行、脅迫、監禁
③ その他精神または身体の自由を不当に拘束する手段
④ 労働者の意思に反して　　⑤ 労働を強制

(1) 使用者による

　本条は使用者による強制労働を禁止するものであり、労働関係を前提としている。しかし、形式的な労働契約が存在することを要求するものではなく、事実上労働関係が存在すると認められる場合も本条違反が成立する。

(2) 暴行、脅迫、監禁

　暴行、脅迫、監禁とは、刑法の暴行罪（208条）、脅迫罪（222条）、監禁罪（220条）と同じである。

図表1-2　暴行、脅迫、監禁

暴行	労働者の身体に対し不法な自然力を行使することをいい、殴る、蹴る、水をかける等はすべて暴行であり、通常障害を伴いやすいものであるが、必ずしもその必要はなく、また、身体に疼痛を与えることも要しないとされている（昭22.9.13 発基17号、昭23.3.2 基発381号、昭63.3.14 基発150号・婦発47号）。このような手段を用いることによって使用者が労働者の意思に反して労働することを強制し得る程度であることが必要である（前掲通達）。
脅迫	恐怖に陥れるために、本人または親族の生命、身体、自由、名誉または財産に対し害を加えることを通告すること。必ずしも積極的言動によって示す必要はなく、暗示する程度で足りる。脅迫についても、暴行と同様、労働者に強制し得る程度であることが必要である（前掲通達）。
監禁	継続して一定の場所からの脱出できない状態におくことをいい、必ずしも物理的障害に限らない。暴行、脅迫、欺罔（ぎもう）などにより労働者を一定の場所に伴い来たり、その身体を抑留し、後難を畏れて逃走できないようにすることはその例である（前掲通達）。

⑶　その他精神または身体の自由を不当に拘束する手段

暴行、脅迫、監禁以外で、「精神または身体の自由を不当に拘束する手段」の例としては、「長期労働契約、労働契約不履行に関する賠償予定契約、前借金相殺※、強制貯金の如きもの」がある（昭22.9.13 発基17号、昭23.3.2 基発381号、昭63.3.14 基発150号・婦発47号）。

※労働者が退職を申し出た場合に、未返済の前借金を即座に返還しなければ承認しないと脅し、労働を強制すること。

⑷　労働者の意思に反して

本条において禁止されているのは、精神または身体の自由を不当に拘束する手段によって労働者の意思に反して労働を強制することであるから、「不当に拘束する手段」が「労働の強制」を目的としており、「不当に拘束する手段」によって「労働の強制」に至らしめたのでなければならない。

⑸　労働を強制

必ずしも労働者が現実に労働することを必要としない。労務提供の内容が合意にもとづくか、過酷であるか、労働者の好悪いずれであるかなどは

問われない。一般的、日常的には労働者が好むような作業であっても強制
は許されない。

3 本条違反

本条に違反する使用者は、1年以上10年以下の懲役または20万円以上
300万円以下の罰金に処せられる（労基法117条）。労基法で最も重い罰則
である。

中間搾取の排除

第6条 何人も、法律に基いて許される場合の外、業として他人の
就業に介入して利益を得てはならない。

---

1 中間搾取の排除

本条は、法が許す場合以外は、労働者の労働関係の開始・存続に関与し
て、業として使用者、労働者またはその他の者から手数料、報酬、謝礼な
どの利益を得ることを禁止している。

2 本条違反の成立要件

中間搾取の排除違反の成立要件

① 何人も　　② 法律に基づいて許される場合（ではない）

③ 業として　　④ 他人の就業に介入　　⑤ 利益を得る

---

(1) 何人も

使用者に限らず、それ以外のすべての第三者に対して本条の行為が禁止
されている。個人、団体または公人たると私人たるとを問われない。従っ
て、公務員であっても、違反行為の主体となる（昭23.3.2 基発381号）。法
人が業として他人の就業に介入して利益を得た場合は、当該法人のために

実際の介入行為を行った行為者たる従業員が処罰される（昭34.2.16 基収8770号）。

⑵　法律に基づいて許される場合（ではない）

ア　就業の開始に介入

① 職業安定法により許可を受けてする有料職業紹介事業（職安法30条）と委託募集事業（職安法36条）

② 船員職業安定法により許可を受けてする船員募集事業（船員職安法44条）

①、②の場合でも、それぞれの法律で定められている手数料、報酬のほかに利益を受けるときは本条違反になる。

イ　就業の存続や終了に介入

該当する法律はない。

労働者供給事業については、労働組合が厚生労働大臣の許可を受けて無料で行う場合以外は禁止されている（職安法44条、45条）

⑶　業として

「業として」とは、同種の行為を反復継続することをいう。1回の行為であっても、反復継続する意思があれば十分であり、主業であるか副業であるかを問われない（昭23.3.2 基発381号）。

⑷　他人の就業に介入して

「他人の就業に介入して」とは、「労働関係の当事者間に第三者が介在して、その労働関係の開始、存続等について、何らかの因果関係を有する関与をなす場合」（岡本春一職安法・労基法違反等事件　最高裁一小　昭31.3.29 判決　判タ59号63頁、昭23.3.2 基発381号、昭63.3.14 基発150号、平11.3.31 基発168号）をいう。

図表1-3　就業の開始に介入と就業の存続や終了に介入

就業の開始に介入	職業紹介、労働者募集、労働者供給
就業の存続や終了に介入	労務係、現場指導員等が、配下労働者の賃金を一括受領してその一部を着服横領する行為（ピンハネ）

⑸ 利益を得る

「利益」とは、手数料、報奨金、金銭以外の財物等いかなる名称たるとを問わず、また有形であるか無形であるかを問われず、使用者、労働者、その他の第三者など、誰から得るかは構わない（昭23.3.2 基発381号）。

③ 本条違反

本条に違反した者は、1年以下の懲役または50万円以下の罰金に処せられる（労基法118条1項）。これは、労基法で2番目に重い罰則である。

労働者供給：供給元が労働者との間に労働契約関係がないまま、これを自己の支配下に置き、供給契約を結んだ供給先に労働者を供給し、供給先が労働者と労働契約を結ぶか、自己の指揮命令下に置いて働かせ、供給者には手数料などの報酬を支払う。

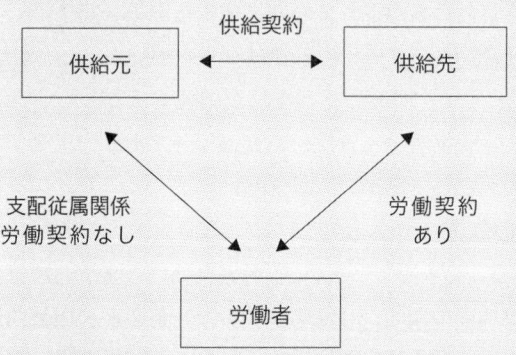

労働者派遣：労働者派遣契約に基づき、派遣元が雇用する労働者が派遣先に派遣され、派遣先と労働者の間に指揮命令関係がある。

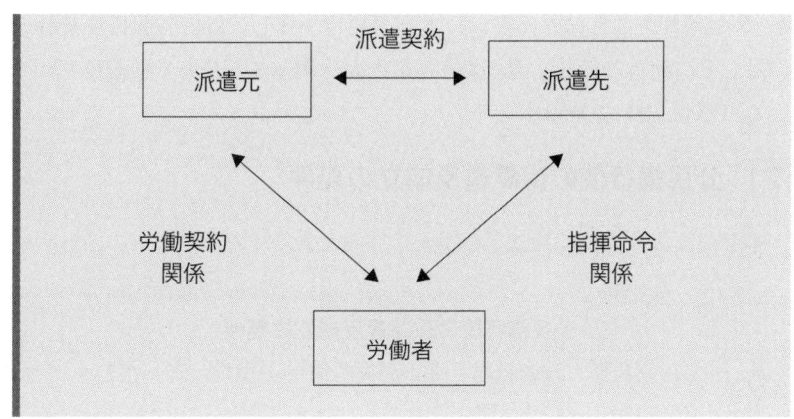

公民権行使の保障

第7条　使用者は、労働者が労働時間中に、選挙権その他公民としての権利を行使し、又は公の職務を執行するために必要な時間を請求した場合においては、拒んではならない。但し、権利の行使又は公の職務の執行に妨げがない限り、請求された時刻を変更することができる。

1　公民権行使の保障

　労働者が市民としての公的活動を行うために、選挙権その他公民としての権利を行使し、または公の職務を執行するために必要な時間を労働時間中に認めなければならない。

　ただし、権利の行使または公の職務の執行に妨げがない限り、請求された時刻あるいは日にちを変更することができる。

　本条は、賃金の支払いを義務付けていないので、賃金を支払うか否かは労使の合意に委ねられている（昭22.11.27　基発399号）。「民間の会社、工場等においても、……選挙権行使のための便宜をはかるとともに、遅刻、早退による給与の差引を行わないよう関係各省庁から協力を依頼するこ

と。」とされたことにかんがみ、本条の趣旨を体し、管内の関係事業所等に対しその趣旨の徹底を図るよう都道府県労働基準局長あてに通達されている（昭42.1.20 基発59号）。

② 公民権行使の保障違反成立の要件

本条違反成立の要件は以下の①から③のとおりである。

> **公民権行使の保障違反成立の要件**
> ① 公民権・公の職務　② 必要な時間の請求　③ 拒む

⑴　公民権・公の職務

公民権と公の職務については以下の解釈例規が出されている。

【公民権行使の範囲】

　①公職選挙法上の選挙権・被選挙権、②最高裁判所裁判官の国民審査、③特別法の住民投票、④憲法改正の国民投票、⑤地方自治法による住民の直接請求権の行使、選挙人名簿の登録の申し出など（昭63.3.14 基発150号）

　訴権の行使は、一般には、公民としての権利の行使ではないが、行政事件訴訟法第5条に規定する民衆訴訟並びに公職選挙法第25条に規定する選挙人名簿に関する訴訟および同法第203条、第204条、第207条、第208条、第211条に規定する選挙または当選に関する訴訟は公民権の行使に該当する（昭63.3.14 基発150号）。

【公の職務】

　法令に根拠を有するものに限られるが、法令に基づく公の職務のすべてをいうものではない（昭63.3.14 基発150号、平17.9.30 基発0930006号）。

　①国会・地方議会の議員、労働委員会委員、検察審査員、労働審判員、裁判員、法令に基づいて設置される審議会の委員等の職務、②民事

訴訟法第271条による証人・労働委員会の証人等の職務、③公職選挙法
第38条第1項の選挙立会人等の職務等、④訴訟手続きや労働委員会での
証人としての職務など

(2) 必要な時間の請求

それぞれの権利または職務によって異なり、客観的に判断される。

(3) 拒む

拒んだだけで本条違反が成立する。拒否の結果、労働者が権利行使あるい
は職務就業をしなかったかどうかは問われない。使用者が公民権の行使を
労働時間外に行うべき旨を定めてもただちに拒んだことにはならない
が、そのように定めたことにより、労働者の労働時間中の公民権の行使の
時間の請求を拒否すれば本条違反となる（昭23.10.30 基発1575号）。

3 公の職務と解雇

労働者が公職に就くなどで必要な時間が著しく長期にわたる場合に、労
働者を休職にしたり、解雇したりできるかという問題がある。これについ
ては、「公職に就任することが会社業務の遂行を著しく阻害するおそれの
ある場合」には、普通解雇は許容される（十和田観光電鉄事件 最高裁判
決傍論、社会保険新報社事件 東京高裁 昭58.4.26判決 労判410号27頁）、
懲戒解雇にすると規定した就業規則は労基法第7条に抵触して無効である
と判示されている（十和田観光電鉄事件 最高裁二小 昭38.6.21判決 労判
24号6頁）。

■ 十和田観光電鉄事件（最高裁二小 昭38.6.21判決）

【事件の概要】

旅客運送事業等を営むY会社に雇用され、労働組合の執行委員長
を務める原告Xは昭和34年4月30日の市議会議員選挙に当選した。
Y社の社長Aは、Xの所為は従業員が会社の承認を得ずに公職に就
任した場合は懲戒解雇する旨の就業規則に該当するとして、同月1日
付でXを懲戒解雇に付した。Xはこのような就業規則の規定は労基

法第 7 条等に反し無効であり、懲戒解雇も無効であると主張して提訴
した。

【判決の要旨】

　従業員が会社の承認を得ないで公職に就任したときは懲戒解雇する
旨の就業規則条項は、労働基準法第 7 条の規定の趣旨に反し無効であ
ると解すべきである。

4　本条違反

　本条に違反した使用者は、6 か月以下の懲役または30万円以下の罰金に
処せられる（労基法119条 1 号）。

【時間外に公民権を行使すべき命令】

　公民権の行使を労働時間外に実施すべき旨定めたことにより、労働者
が就業時間中に選挙権の行使を請求することを拒否すれば違法である
（昭23.10.30 基発1575号）。

第 8 条　削除

労働者

第 9 条（別表第 1 ）　この法律で「労働者」とは、職業の種類を問わ
　ず、事業又は事務所（以下「事業」という。）に使用される者で、
　賃金を支払われる者をいう。

1　労働者の定義

　本条は、労基法で使用される「労働者」の定義を明らかにしている。
「労働者」の判断基準を、職業の種類を問わず、事業に
　　①　使用される者であって　②　賃金を支払われる者

としている。

2 労働者の判断基準

　労働者性の判断基準について、裁判例および解釈例規を整理した「労働基準法の『労働者性』の判断基準について」(1985年12月19日) が、労働基準法研究会により報告されている。その内容は図表1-4のとおりである。

図表1-4 「労働基準法の『労働者性』の判断基準について」
(1985年労働基準法研究会報告)

1　使用従属性に関する基準	(1)　指揮監督下の労働に関する判断基準	ⅰ　仕事の依頼、業務従事への指示等に関する諾否の自由の有無 ⅱ　業務遂行上の指揮監督の有無 ⅲ　場所的、時間的拘束性の有無 ⅳ　代替性の有無　　ⅰ、ⅱ、ⅳを重視
	(2)　報酬の労務対償性に関する判断基準	時間給、欠勤の控除、残業手当の付与等
2　労働者性の判断を補強する要素	(1)　事業者性の有無	ⅰ　機械・器具の負担関係 ⅱ　報酬の額
	(2)　専属性の程度	他社の業務への従事が制度上または事実上制約されていることなど
	(3)　その他の要素	採用の際の選考過程が正規従業員と同じかどうか 報酬の給与所得として源泉徴収を行っているか 労働保険の対象となっているか 服務規律・退職金制度・福利厚生を適用しているか

3 労働者性の有無の事例

(1) 解釈例規

解釈例規で示された労働者性の有無についての具体例は以下のとおりで

ある。

① バイシクル・メッセンジャー、バイクライダー（平19.9.27 基発0927004号）

　指揮監督下の労働であること、報酬の労務対償性があること、専属性があることから総合的に判断すると、使用従属関係が認められるため、労働者である。

② **生命保険の外務員**（昭23.1.9 基発13号）

　i委任契約とする、ii成績に応じた報酬、iii職員と紛らわしい名称は用いない、iv労働の時間、場所の制限はできないという取扱いの場合は労基法の適用はない。

　たとえ、保険外務員と称する者であっても実質上労働関係が存する場合は法の適用がある。

③ **芸能タレント**（昭63.7.30 基収355号）

　i提供する歌唱、演技等が他人によって代替できず、芸術性、人気等当人の重要な要素となっており、ii報酬が稼働時間によって定められるものではなく、iiiプロダクション等との関係では時間的に拘束されず、iv雇用契約でない場合には、労働者ではない。

④ **障害者就労支援施設等**（平18.10.2 基発1002004号、平19.5.17 基発0517002号、平24.3.30 基発0330第30号）

　　i　Ａ型（雇用契約を締結している）：労働者性有

　　ii　Ａ型（雇用契約を締結していない）：労働者性無

　　iii　Ｂ型：労働者性無

⑤ **授産施設・小規模作業所**（平19.5.17 基発0517002号）

　　i　訓練等の計画が策定されている場合：労働者性無

　　ii　訓練等の計画が策定されていない場合：労働者性有

⑥ **楽団員等**（昭23.1.9 基発14号、昭63.3.14 基発150号）

　事業主体との関係において使用従属の関係に立たない者は労働者ではない。

⑦ **会社の重役**

法人等の代表者、執行機関のように、事業主体と使用従属の関係に立たない者は労働者ではない（昭23.1.9 基発14号、昭63.3.14 基発150号、平11.3.31 基発168号）。

業務執行権または代表権を持たない者が、工場長、部長の職にあって賃金を受ける場合は、その限りにおいて労働者である（昭23.3.17 基発461号）。

⑧　**商船大学・商船高等専門学校の実習生**（昭57.2.19 基発121号）

実習の委託を受けた事業場との間において労働者ではない。

⑨　**看護婦養成所の生徒**（昭57.2.19 基発121号）

一般従業員または看護婦と同様に勤務させる等の事実があれば労働者である。

⑩　**インターンシップ**（平9.9.18 基発636号）

直接生産活動に従事するなど当該作業による利益・効果が当該事業場に帰属し、かつ、事業場と学生との間に使用従属関係が認められる場合は、労働者に該当するものと考えられる。

⑵　**判例**

判例で示された労働者性の肯定・否定事例は以下のとおりである。

①　**傭車運転手**（横浜南労基署長（旭紙業）事件 最高裁一小 平8.11.28 判決 労判714号14頁）

運送物品、運送先および納入時刻の指示をしていた以外には、傭車運転手の業務の遂行に関し特段の指揮監督を行っておらず、時間的、場所的な拘束の程度も、一般の従業員と比べてはるかに緩やかであったなどの事実においては、労基法および労災保険法上の労働者に当たらない。

②　**一人親方**（藤沢労基署長（大工負傷）事件 最高裁一小 平19.6.29判決 労判940号11頁）

Ｔ工務店、Ｈ木材の指揮監督下に労務提供していたと評価できず、Ｈ木材からＸに支払われた報酬は、仕事の完成に対して支払われたものであり、労務の提供の対価であるとみることは困難であり、

自己所有の道具の持込み使用状況、H 木材に対する専属性の程度等に照らしても、X は労基法上、労災保険法上の労働者に該当しない。

③ **嘱託契約**（大平製紙事件 最高裁一小 昭37.5.10判決）

　　週6日朝9時から4時まで勤務し、本給のほか時間外労働手当も受けていたことから労働契約である。

④ **外務員**（山崎証券事件 最高裁一小 昭36.5.25判決）

　　証券業者と外務員間の契約により、外務員はいわゆる外務行為に従事すべき義務を負担し、業者はこれに対する報酬として出来高に応じ賃金を支払うと共に外務員のした有価証券の売買委託を受理すべき義務を負担しておるときは、業者の右契約解除につき労基法第20条の適用はない。

⑤ **研修医**（関西医科大学研修医（未払い賃金）事件（最高裁二小 平17.6.3判決 労判893号14頁）

　　研修医が医療行為等を、病院の開設者のための指揮監督の下に行ったと評価することができる限り、研修医は労働者である。

4 事業とは何か

① **事業**：工場、鉱山、事務所、店舗等の如く一定の場所において相関連する組織のもとに業として継続的に行われる作業の一体をいう

② **同一の場所でなされる作業**は、原則として一個の事業となるが、場所が同一でも、工場施設内の食堂や診療所のように、著しく労働の態様が異なり、労働者や労務管理の面でも明確に区別されている部門は、別箇独立の事業として扱われうる。

③ **場所的に分散していても**、新聞社の地方通信機関のように、規模が著しく小さく、組織や事務能力の点で独立性のないものは、直近上位の機構と一括して一つの事業として扱われる。

（昭22.9.13 発基17号、昭23.3.31 基発511号、昭33.2.13 基発90号、昭63.3.14 基発150号、平11.3.31 基発168号）。

事業の分類は、別表一に設けられている。

【建設現場】

　現場事務所があって、当該現場において労務管理が一体として行われ
ている場合を除き、直近上位の機構に一括して適用する（昭63.9.16 基
発601号の２、平11.3.31 基発168号）

> **使用者**
> **第10条**　この法律で使用者とは、事業主又は事業の経営担当者その
> 　　　他その事業の労働者に関する事項について、事業主のために行為を
> 　　　するすべての者をいう

① 使用者

　使用者とは、労基法の各条の義務についての履行の責任者、具体的に
は、事業主、事業の経営担当者およびその事業の労働者に関する事項につ
いて、事業主のために行為をするすべての者をいう。

　使用者であるか否かの認定は、部長、課長等の形式にとらわれることな
く、それぞれの条文に定められている義務について実質的に一定の権限を
与えられているか否かによって決まる。権限が与えられておらず、単に上
司の命令の伝達者にすぎぬ場合は使用者とはみなされない（昭22.9.13 発
基17号）。場合によっては、複数の者が使用者に該当することもある。

　労基法第９条の労働者であっても、ある事項について権限・責任を有す
るものであれば、その事項については使用者としての責任を負うというこ
とになる。労基法上の使用者は事業運営の具体的事実において実質的責任
が誰にあるのかによって決まるものであり、相対的なものである。

図表1-5　使用者となる者

事業主	個人経営の場合は、事業主個人
	会社その他の法人経営の場合は法人
事業の経営担当者	事業経営について権限があり、責任を負うべき者：法人の代表者、支配人、業務執行役員
その事業の労働者に関する事項について、事業主のために行為するすべての者	人事、給与、厚生等の労働条件を決定する者、労務管理を行う者、業務命令の発出や具体的な指揮監督を行う者
	事務代理の委任を受けた社会保険労務士がその懈怠により当該申請を行わなかった場合には、その社会保険労務士は、労基法第10条にいう「使用者」に該当する（昭62.3.26 基発169号）。

② 複雑な労働関係の場合

(1) 出向の場合

ア 在籍型出向（出向元および出向先双方と労働契約関係にある）

出向先での労働条件、出向元での身分の取扱い等は、出向元、出向先および出向労働者三者間で定められた権限と責任に応じて出向元の使用者または出向先の使用者が出向労働者についての労基法等における使用者としての責任を負うことになる（昭61.6.6 基発333号）。

イ 移籍型出向（出向先との間にのみ労働契約関係がある）

出向先についてのみ労基法の適用がある（昭61.6.6 基発333号）。

(2) 労働者派遣の場合

派遣労働者に関しては、派遣先が業務遂行上の指揮命令を行うという特殊な労働関係にあるので、派遣労働者を保護するために労働者派遣法第44条に特例措置が設けられている。

特例が適用されるのは次のいずれにも該当する場合である。

① 派遣される者が事業または事務所に雇用され、かつ労基法第9条の労働者（同居の親族のみを使用する事業に使用される者および家事使用人を除く。）であること

② 派遣先が事業または事務所の事業主であること

　国、地方公共団体または独立行政法人が労働者派遣を受けた場合には、国、地方公共団体または独立行政法人に対して特例等による労基法の適用がある。

▌図表1-6　派遣中の労働者に関する派遣元・派遣先の責任の分担

適　用　条　項	派遣元	派遣先
均等待遇（3条）	○	○
男女同一賃金の原則（4条）	○	ー
強制労働の禁止（5条）	○	○
中間搾取の排除（6条）	（何人も）	
公民権行使の保障（7条）	ー	○
この法律違反の契約（13条）、契約期間（14条）	○	ー
労働条件の明示（15条）、賠償予定の禁止（16条）	○	ー
前借金相殺の禁止（17条）、強制貯金（18条）	○	ー
解雇制限（19条）、解雇の予告（20条、21条）	○	ー
退職時等の証明（22条）、金品の返還（23条）	○	ー
賃金の支払（24条）、非常時払制（25条）	○	ー
休業手当（26条）、出来高払制の保証給（27条）	○	ー
労働時間（32条〜33条）　変形労働時間の定めは、派遣元	ー	○
休憩（34条）	ー	○
休日（35条）	ー	○
時間外及び休日の労働（36条）36協定の締結・届出は、派遣元	ー	○
時間外、休日及び深夜の割増賃金（37条）	○	ー
年次有給休暇（39条）	○	ー
労働時間及び休憩の特例（40条）	ー	○
適用の除外（41条）監視断続労働の許可を含む	ー	○

年少者	最低年齢（56条）、年少者の証明書（57条）	○	－
	労働時間及び休日（60条）	－	○
	深夜業（61条）	－	○
	危険有害業務の就業制限（62条）、坑内労働の禁止（63条）	－	○
	帰郷旅費（64条）	○	－
女性	坑内労働の禁止（64条の２）	－	○
	妊産婦等に関わる危険有害業務の就業制限（64条の３）	－	○
	産前産後（65条）休業に関するもの	○	－
	妊産婦の労働時間等（66条）時間外・休日労働、深夜業に係わるもの	－	○
	育児時間（67条）	－	○
	生理日の就業が著しく困難な女性に対する措置（68条）	－	○
災害補償（75条〜87条）いずれについても派遣元		○	－
就業規則の作成及び届出の義務（89条）		○	－
制裁規定の制限（91条）		○	－
寄宿舎（94条から96条の３）いずれについても派遣元		○	－
法令等の周知、義務（106条）派遣先は就業規則を除く		○	○
労働者名簿（107条）、賃金台帳（108条）		○	－
記録の保存（109条）		○	○
罰則（117条〜120条）、両罰規定（121条）		○	○

賃金の定義

第11条　この法律で賃金とは、賃金、給料、手当、賞与その他名称の如何を問わず、労働の対償として使用者が労働者に支払うすべてのものをいう。

1　賃金

　労基法は、重要な労働条件の一つである賃金について第24条の賃金の支払いなどの保護規定を設けているが、本条はこれらの規定が適用される範囲を明確にするために、「賃金」の意味を明らかにすることを目的とするものである。

図表1-7　賃金の保護規定

労働基準法	男女同一賃金の原則第4条、平均賃金第12条、労働条件の明示第15条、前借金相殺の禁止第17条、賃金の支払い第24条、非常時払い第25条、休業手当第26条、出来高払い制の補償給第27条、年休手当第39条、休業補償第76条、就業規則の記載事項第89条、賃金台帳第108条
最低賃金法	賃金の定義第2条第3号
賃金の支払いの確保等に関する法律	定義第2条

2　賃金の要件

賃金の要件

①、②の両方を満たすこと

①　労働の対償　②　使用者が労働者に支払うもの

---

(1)　労働の対償であること

　使用者が労働者に支給するもののうち、①任意的恩恵的給付、②福利厚生給付、③企業設備・業務費、以外のものは「労働の対象」としての賃金にあたるとされている。

①　任意的恩恵的給付ではないこと（支払う義務を負うものかどうか）

　任意的恩恵的給付か否かについての例示は図表1-8のとおりである。

図表1-8　任意的恩恵的給付か否か

慶弔給付等	結婚祝金、死亡弔慰金、災害見舞金などの恩恵的給付は、使用者が任意に支払うものである限り、労基法上の賃金には当たらないが、そのような給付であっても、予め労働協約、就業規則、労働契約等によって支給条件が明確にされており、使用者が支払義務を負う場合には賃金に当たる（昭22.9.13 発基17号）。
退職金	労使間であらかじめ支給条件が明確に定められ、その支給が法律上使用者の義務とされている退職金は本条の賃金であり、第24条第2項の「臨時の賃金等」である（昭22.9.13 発基17号）。
その他	祝日、会社の創立記念日または労働者の個人的吉凶禍福に対して支給されるものは賃金ではない（昭22.12.9 基発452号）。

②　福利厚生給付でないこと

福利厚生給付か否かの基準

ⅰ　現物給与（労基法24条の条件を満たしていない現物給与）については福利厚生施設の範囲はできるだけ広く解釈すること

ⅱ　労働者の個人的利益に帰属するか否か

ⅲ　使用者の支出が個々の労働者について分明であるか否か

ⅳ　労働者の必然的な支出を補うものであるか否か

図表1-9　福利厚生施設か否か

現物給与	現物給与一般	労働者から代金を徴収するものは原則として賃金ではないが、その額が実際費用の3分の1以下であるときは、徴収金額と実際費用の3分の1との差額部分については、賃金とみなす（昭30.10.10 基発644号）。
	住宅の供与	原則として福利厚生施設 独身寮の貸与、財形貯蓄の補助金
	食事の供与	以下の3要件を満たせば福利厚生施設 ・食事の供与のための賃金の減額を行わないこと ・食事の供与が就業規則、労働協約等に定められ、明確な労働条件の内容になっていないこと

		・食事の供与による利益の客観的評価額が、社会通念上、僅少なものと認められるものであること（昭30.10.10 基発644号）
個人的利益に帰属するか	会社の浴場施設、運動施設等	福利厚生施設である。
使用者の支出が労働者について分明か	鉄道会社従業員の無料乗車券	使用者の支出が個々の労働者について分明でないので賃金ではない。
労働者の必然的支出を補うか	所得税や社会保険料の本人負担部分	労働者が法律上当然生ずる義務を免れるのであるから、その事業主が労働者に代わって負担する部分は賃金とみなされる（昭63.3.14 基発150号・婦発47号）。
	生命保険料補助金	生命保険会社等と任意に保険契約をした労働者に一定額の補助をする生命保険料補助金は、労働者の福利厚生のために使用者が負担するものであるから、賃金とは認められない（昭63.3.14 基発150号・婦発47号）。

③　企業設備の一環であるか否か

　企業設備とは、業務遂行に必要な設備・費用は本来使用者が負担すべきものであり、労働者に支給するという形がとられたとしても賃金ではない。

図表 1 –10　企業設備の一環であるか否か

賃金ではないもの	以下は賃金ではない。 　出張旅費、社用交際費（昭26.12.27 基収612号） 　私有自動車を社用に提供している労働者に支給される定額の維持費、自動車重量税・自動車税の一部支給、社用に用いた走行距離に応じたガソリン代など（昭28.2.10 基収6212号、昭63.3.14 基発150号）。 　業務遂行のために必要な制服・作業衣（昭23.2.20 基発297号） 　作業用品代（昭27.5.10 基収2162号） 　作業器具損料（昭55.12.10 基発683号）

| 賃金で
あるもの | 航空乗務員に対し乗務による疲労の防止・回復のために支給される乗務手当は一種の特殊作業手当としての性格を有するものであり、賃金に当たる（昭35.5.16 基収7006号）。 |

④ 労基法上の手当・賃金

解雇予告手当（労基法20条）、休業手当（労基法26条）は、労働の対償ではなく特別の手当の支払いを義務付けたものであり、賃金には当たらない。

年次有給休暇中の賃金（労基法39条10項）は広い意味では労働の対償である。

時間外・休日労働、深夜労働に対して支払われる割増賃金（労基法37条）は賃金である。

⑵ 使用者が労働者に支払うもの

賃金と認められるためには、労働の対償であると同時に、使用者から労働者に支払われるものであることが必要である。

・勤労者退職金共済機構や厚生年金基金など、使用者が掛け金を積み立て、社外の機関が支給する退職金・退職年金は、「使用者が労働者に支払うもの」とはいえないので賃金ではない。

・旅館の従業員が客からもらうチップは賃金ではない（昭23.2.3 基発164号）。

・ストックオプション制度から得られる利益は、それが発生する時期および額とも労働者の判断に委ねられているため、労働の対償ではなく、賃金ではない（平9.6.1 基発412号）。

平均賃金の定義

第12条　この法律で平均賃金とは、これを算定すべき事由の発生した日以前3箇月間にその労働者に対し支払われた賃金の総額を、その期間の総日数で除した金額をいう。ただし、その金額は、次の各号の一によつて計算した金額を下つてはならない。

　(1)　賃金が、労働した日若しくは時間によつて算定され、又は出来
　　　高払制その他の請負制によつて定められた場合においては、賃金
　　　の総額をその期間中に労働した日数で除した金額の100分の60

　(2)　賃金の一部が、月、週その他一定の期間によつて定められた場
　　　合においては、その部分の総額をその期間の総日数で除した金額
　　　と前号の金額の合算額

2　前項の期間は、賃金締切日がある場合においては、直前の賃金締
　切日から起算する。

3　前2項に規定する期間中に、次の各号のいずれかに該当する期間
　がある場合においては、その日数及びその期間中の賃金は、前2項
　の期間及び賃金の総額から控除する。

　(1)　業務上負傷し、又は疾病にかかり療養のために休業した期間

　(2)　産前産後の女性が第65条の規定によつて休業した期間

　(3)　使用者の責めに帰すべき事由によつて休業した期間

　(4)　育児休業、介護休業等育児又は家族介護を行う労働者の福祉に
　　　関する法律（平成3年法律第76号）第2条第1号に規定する育児
　　　休業又は同条第2号 に規定する介護休業（同法第61条第3項
　　　（同条第6項 において準用する場合を含む。）に規定する介護を
　　　するための休業を含む。第39条第10項において同じ。）をした期
　　　間

　(5)　試みの使用期間

4　第1項の賃金の総額には、臨時に支払われた賃金及び3箇月を超
　える期間ごとに支払われる賃金並びに通貨以外のもので支払われた
　賃金で一定の範囲に属しないものは算入しない。

5　賃金が通貨以外のもので支払われる場合、第1項の賃金の総額に
　算入すべきものの範囲及び評価に関し必要な事項は、厚生労働省令
　で定める。

6　雇入後3箇月に満たない者については、第1項の期間は、雇入後
　の期間とする。

1　平均賃金

　労基法は使用者に解雇予告手当や休業補償の支払いを義務付けており、それらは平均賃金を計算の基礎としている。労働者災害補償保険法やじん肺法でも平均賃金は使われている。

図表1-11　平均賃金が使われる条項

労働基準法	解雇予告手当（20条）、休業手当（26条）、年休に対する賃金（39条）、災害補償（第8章）、減給制裁の制限（91条）
労働者災害補償保険法	給付基礎日額（8条）
じん肺法	転換手当（22条）

　平均賃金とは、算定すべき事由の発生した日以前3か月間に当該労働者に対し支払われた賃金の総額を、その期間の総日数で除した金額のことをいう。

　賃金締切日があるときは、直前の賃金締切日から起算する（労基法12条2項）。

　＜計算式＞

$$平均賃金 = \frac{算定すべき事由の発生した日以前の3か月間の賃金総額※}{算定すべき事由の発生した日以前の3か月間の歴日数※}$$

※　雇入後3箇月に満たない者については、第1項の期間は、雇入後の期間とする（労基法12条6項）。

32

【定年退職後継続再雇用され、再雇用後3か月に満たない場合の平均賃金の算定】

　当該労働者の勤務の実態に即し、実質的に判断することとし、形式的には定年の前後によって別個の契約が存在しているが、定年退職後も引き続いて嘱託として同一業務に再雇用される場合には、実質的には一つの継続した労働関係であると考えられるので……算定事由発生日以前3か月間を算定期間として平均賃金を算定する（昭45.1.22 基収4464号）。

② 　平均賃金の最低保障額

平均賃金は、次の①、②の金額を下ってはならない。

図表1-12　平均賃金の最低保障額

① 　日給、時間給、出来高払制その他の請負制	平均賃金 ≧ 賃金の総額をその期間中に労働した日数で除した金額の100分の60
② 　賃金の一部が、月給、週給その他一定の期間による給与	平均賃金 ≧ その部分の総額をその期間の総日数で除した金額と①の金額の合算額

■ 最低保障額

Q　時間給で週4日勤務のパートタイマーを解雇する場合、解雇予告手当の計算方法を教えてください。時間給800円、1日6時間です。

A　①原則的な計算方法（算定日前3か月間の賃金総額÷その期間の総日数）と②最低保障額（算定日前3か月間の賃金総額÷その期間の労働日数×60％）のどちらか高い方で解雇予告手当を支払います。この場合、①の方法で2,531.9円、②の方法で2,880円となり、高い方をとって1日2,880円となります。

労働日数：2月（16日）、1月（16日）、12月（16日）　16日×3 ＝48日
賃金総額：800円×6時間×48日＝230,400

歴日数：2月（29日）、1月（31日）、12月（31日）　29日＋31日＋31日＝91日

① 原則的な計算方法　230,400÷91＝<u>2,531.9</u>

② 最低保障額　230,400÷48×0.6＝<u>2,880</u>

③ 計算方法の詳細

⑴ 期間の計算方法

事由ごとの平均賃金の算定事由が発生した日とは、図表1-13のとおりである。

図表1-13　算定事由の発生した日

解雇予告手当の場合	労働者に解雇の通告をした日
休業手当の場合	休業日（2日以上の期間にわたる場合は、その最初の日）
年次有給休暇の賃金の場合	年休を取った日（2日以上の期間にわたる場合は、その最初の日）
災害補償の場合	事故の起きた日または、診断によって疾病が確定した日
減給の制裁の場合	制裁の意思表示が相手方に到達した日

【所定労働時間が2暦日にわたる勤務】

所定労働時間が2暦日にわたる勤務を行う労働者（一昼夜交替勤務のごとく明らかに2日の労働と解するのが適当な場合を除く。）について、当該勤務日の2暦日目に算定事由が発生した場合においては、当該勤務の始業時刻の属する日に事由が発生したものとして取り扱われる（昭45.5.14 基発375号）。

⑵ 以前3か月とは

・算定事由の発生した日は含まず、その前日から遡って3か月となる。

・賃金締切日がある場合は、直前の賃金締切日から遡って3か月となる。

・賃金締切日に事由発生した場合は、その前の締切日から遡及する。
・次の期間がある場合は、その日数および賃金額は除く。

---

3 か月の日数およびその賃金総額から除く期間

① 業務上負傷し、または疾病にかかり療養のために休業した期間

② 産前産後の休業した期間

③ 使用者の責任によって休業した期間

④ 育児・介護休業期間

⑤ 試の使用期間（試用期間）

---

(3) 除外する賃金

　賃金の総額には、臨時に支払われた賃金及び 3 か月を超える期間ごとに支払われる賃金並びに通貨以外のもので支払われた賃金で一定の範囲に属しないものは算入しない（労基法12条 4 項）。

① 臨時に支払われた賃金

　私傷病手当（昭26.12.27 基収3857号）

　加療見舞金（昭27.5.10 基収6054号）

　退職金（昭26.12.27 基発841号）

② 3 か月を超える期間ごとに支払われる賃金

　年 2 期の賞与等（四半期ごとに支払われる賞与は算入する。）

③ 通貨以外のもので支払われた賃金（実物給与）

　賃金に算入しなければならない実物給与

　＝法令または労働協約に定める実物給与（労基則 2 条）

　実物給与の評価額は、法令に別段の定がある場合の外、労働協約に定めなければならない（労基則 2 条 2 項）。

　労働協約に定められた評価額が不適当と認められる場合または前項の評価額が法令若しくは労働協約に定められていない場合においては、都道府県労働局長は実物給与の評価額を定めることができる（労基則 2 条 3 項）。

4 日日雇い入れられる者

日日雇い入れられる者については、「労働基準法第12条第7項の規定に基づく日日雇い入れられる者の平均賃金」（昭和38年労働者告示第52号）の定める金額を平均賃金とする。

5 第1項乃至第6項によって算定し得ない場合の平均賃金

第1項乃至第6項によって算定し得ない場合の平均賃金は、厚生労働大臣の定めるところによると定められている。

図表1-14　第1項乃至第6項によって算定し得ない場合の平均賃金

1　試用期間中の賃金	期間中の日数と賃金で算定する（労基則3条）。
2　控除期間が3か月以上にわたる場合	都道府県労働局長が次の方法で計算する（労基則第4条前段、昭22.9.13発基17号）。 ・本条第3項第1号ないし第3号の期間（控除期間）の最初の日を平均賃金算定事由発生日とみなし、本条第1項により算出する。 ・右の控除期間中に「当該事業場で賃金水準の変動が行われた場合には、平均賃金算定事由発生日に、当該事業場で、同一業務に従事した労働者の1人平均の賃金により推算する。
3　雇入れ当日の平均賃金	当該労働者に対し一定額の賃金が予め定められている場合にはその額により、そうでない場合は、その日に当該事業場で同一の業務に従事した労働者の1人平均の賃金により推算する（昭22.9.13 発基17号）。
4　使用者の責めに帰すべからざる事由による休業期間が算定事由発生日以前3か月以上にわたる場合	2の決定基準に準ずる（昭24.4.11 基発421号）。
5　その他第1項から第6項によって算定し得ない場合	
①　賃金の総額が不明な場合	当該事業所の同種労働者の1人平均額より推算する等の方法で推算する（昭29.1.15 基発

	1号）。
②　賃金形態が変更された場合	通達に示された計算式により算定する（昭25.7.24 基収563号）。
③　日給月給等の場合の最低保障額	月給制等の場合の最低保障額について、各種の賃金ごとに計算し、その合計額をもって最低保障額とする（昭30.5.24 基収1619号）。
④　完全月給者	期間中の欠勤日数に応じて減額されない場合で、平均賃金の算定期間が一賃金算定期間に満たないときは、通達で示された方法で算定した賃金を平均賃金とする（昭45.5.14 基発375号）。
⑤　算定期間中の一部に労組専従期間がある場合	その期間中の日数および賃金を控除して算定する（昭25.1.18 基収129号、昭25.5.19 基収621号、昭25.12.28 基収3450号）。
⑥　算定期間中に争議行為のための休業期間がある場合	その期間およびその期間の賃金は、平均賃金の算定期間および賃金の総額から控除する（昭29.3.31 基収4240号）。
⑦　算定期間中に育児・介護休業法第2条第1号以外の育児休業期間がある場合	その期間およびその期間の賃金は、平均賃金の算定期間および賃金の総額から控除する（平3.12.20 基発712号）。
⑧　じん肺罹患労働者の災害補償の平均賃金算定期間中にじん肺関連の休業期間がある場合	その期間およびその期間の賃金は、平均賃金の算定期間および賃金の総額から控除する（昭45.5.14 基発375号）。
⑨　無協約の実物給与がある場合	示された方法によって実物給与を評価し、これを賃金総額に算入して平均賃金を算出する（昭29.1.15 基発1号）。
⑩　雇入れ後3か月未満の者で算定期間が短い場合	直前の締切日から計算するといまだ一算定期間に満たない場合には、……事由の発生日から計算する（昭27.4.21 基収1371号）。
⑪　私病の長期欠勤者に再出勤後算定事由が発生した場合	出勤日以降の賃金および日数について法第12条第1項の方法で算定する（昭27.4.21 基収1371号）。

⑫ 算定期間が2週間未満の者で満稼働または通常の労働と著しく異なる労働をした場合	示された方法で平均賃金を算定する（昭45.5.14 基発375号）。
⑬ じん肺罹患労働者で作業転換の日を算定事由発生日として算定した金額を平均賃金とする場合	作業の転換の日を算定事由発生日として算定した金額を平均賃金とする（昭39.11.25 基発1305号）。
⑭ 請負給制の漁業・林業労働者	通達で示された算定方法による（昭39.4.20 基発519号、昭57.4.1 基発218号）。
⑮ 離職後業務上疾病に罹った場合	離職日以前3か月間の賃金により算定した額を基礎とし、算定事由発生日までの賃金水準の上昇を考慮して算定する（昭50.9.13 基発556号）。
⑯ 業務上疾病に罹った労働者の離職時賃金額が不明の場合	算定事由発生日を起算日として、次により推算した金額を基礎として平均賃金を算定する（昭51.2.14 基発193号）次の推算方法は適当なものまで順次繰り下げて適用する。 Ⅰ 平均賃金算定事由発生日に当該事業場で業務に従事した同種労働者の1人平均の賃金額のよる推算する。 ⅡからⅤ省略
⑰ その他の場合	①から⑯以外で本条第1号から第6号までの規定で算定しがたい場合は、都道府県労働局長の申請により厚生労働省労働基準局長が決定する。

労 働 契 約

労働基準法違反の契約

第13条 この法律で定める基準に達しない労働条件を定める労働契約は、その部分については無効とする。この場合において、無効となつた部分は、この法律で定める基準による。

1 強行的効力と直律的効力

労働契約の中で労基法の基準に達しない部分を無効とする強行的効力と、無効となった部分を労基法に定められた基準で補充する直律的効力を認めている。本条は労働契約に限定しているが、就業規則や労働協約にもおよぶと解されている。

① **強行的効力**

労基法の強行法規性を明らかにし、この法律で定める基準に達しない労働条件を定める労働契約は、その部分についてだけは無効とするものである。

② **直律的効力**

労働契約の内容の一部で法定基準に達しないために無効とされた部分について、法定基準に置き換えて補充されるとするものである。

法定基準に達しない労働契約を締結した場合、本条により労働者が法定基準どおりの履行を使用者に要求し得ることを保障している。

┃図表2-1　強行的・直律的効力の例

例)

| 「時間外労働手当は20％とする。」と労働契約等で定めた。 | →（無効となり、労基法第37条に基づいて）→ | 「時間外労働手当は25％とする。」が自動的に適用される。 |

2　この法律で定める基準

　労基法の条文の中には、労働条件を定めているとはいえないものもたくさんあり、それらの条文には本条の効力は認められない。「基準」に該当しない条文と「基準」に該当する条文の例を挙げると図表2-2のようになる。

┃図表2-2　「基準」に該当する条文、該当しない条文（例）

「基準」に該当しない条文（例）	「基準」に該当する条文（例）
中間搾取の排除（6条）	労働時間、休日、休暇に関する規定
就業規則の作成義務（89条）賃金台帳の備付け義務（108条）	解雇に関する規定（19条、20条）
議論のある条文：均等待遇（3条）男女同一賃金の原則（4条）	

具体的な適用で異論があるもの

　 1日10時間労働 で 賃金8,000円 という契約が本条の適用によってどうなるのかについては異論がある。

　A説： 1日8時間労働 で 賃金8,000円 という契約に変わる（東大「コンメンタール上」270頁）橘屋事件　大阪地裁　昭40.5.22判決）。
　B説： 1日8時間労働 で賃金6,400円という契約に変わる（「平成22年版　労働基準法　上」209頁）

契約期間等

第14条　労働契約は、期間の定めのないものを除き、一定の事業の完了に必要な期間を定めるもののほかは、3年（次の各号のいずれかに該当する労働契約にあつては、5年）を超える期間について締結してはならない。

(1)　専門的な知識、技術又は経験（以下この号及び第41条の2第1項第1号において「専門的知識等」という。）であつて高度のものとして厚生労働大臣が定める基準に該当する専門的知識等を有する労働者（当該高度の専門的知識等を必要とする業務に就く者に限る。）との間に締結される労働契約

(2)　満60歳以上の労働者との間に締結される労働契約（前号に掲げる労働契約を除く。）

2　厚生労働大臣は、期間の定めのある労働契約の締結時及び当該労働契約の期間の満了時において労働者と使用者との間に紛争が生ずることを未然に防止するため、使用者が講ずべき労働契約の期間の満了に係る通知に関する事項その他必要な事項についての基準を定めることができる。

3　行政官庁は、前項の基準に関し、期間の定めのある労働契約を締結する使用者に対し、必要な助言及び指導を行うことができる。

1　労働契約の期間

　労働契約には期間の定めのあるものとないものがある。期間の定めのある労働契約では、当事者（労働者と使用者）は、やむを得ない事由がない限り契約を途中で解約することはできない（民法628条）。途中解約が困難であるという条件の下に長期間の労働契約が行われると、労働者はやめたくてもやめられず、契約の継続を強制される可能性が強くなる。

　労働者がその意に反して働き続けることのないように、本条では、図表

2-3の①一定の事業の完了に必要な期間を定めるもの以外の有期労働契約について3年を超える期間、図表2-3の③、④のいずれかに該当する労働契約以外にあっては、5年を超える期間について締結してはならないと定めている。なお、図表2-3の②については、労基法第70条により本条にかかわらず、職業訓練のために特例を設けることができる。

▌図表2-3　期間の定めのある労働契約の期間

期間の定めのある契約	3年を超える期間の有期労働契約を締結してはならない。	3年の例外 ①　一定の事業の完了に必要な期間を定めるもの ②　労基法第70条による職業訓練のための長期の訓練期間を要するもの
	5年を超える期間の有期労働契約を締結してはならない場合 ③　専門的な知識、技術又は経験であって高度のものとして厚生労働大臣が定める基準に該当する専門的知識等を有する労働者（当該高度の専門的知識等を必要とする業務に就く者に限る。）との間に締結される労働契約 ④　満60歳以上の労働者との間に締結される労働契約（①に掲げる労働契約を除く。）	

2　高度で専門的な知識を有する者

専門的な知識、技術又は経験であって高度のものとして厚生労働大臣が定める基準（「労働基準法第14条第1項第1号の規定に基づき厚生労働大臣が定める基準」）に該当する以下の専門的知識等を有する労働者との間に締結される労働契約については5年を超えてはならない。

5年までの有期労働契約が可能な高度の専門的知識等を有する者

①　博士の学位を有する者

②　次のいずれかの資格を有する者

　公認会計士、医師、歯科医師、獣医師、弁護士、一級建築士、税理士、薬剤師、社会保険労務士、不動産鑑定士、技術士、弁理士

---

③　システムアナリスト試験に合格した者またはアクチュアリー資格試験に合格した者

④　特許法に規定する特許発明の発明者、意匠法に規定する登録意匠を創作した者または種苗法に規定する登録品種を育成した者

⑤　次のいずれかに該当する者であって、年収が1075万円以上のもの

イ　農林水産業若しくは鉱工業の科学技術若しくは機械、電気、土木若しくは建築に関する科学技術に関する専門的応用能力を必要とする事項についての計画、設計、分析、試験若しくは評価の業務に就こうとする者、システムエンジニアの業務に就こうとする者またはデザイナーであって、次のいずれかに該当するもの

ⅰ　大学卒業後5年以上の実務経験を有するもの

ⅱ　短期大学又は高等専門学校卒業後6年以上の実務経験を有するもの

ⅲ　高等学校卒業後7年以上の実務経験を有するもの

ロ　システムエンジニアの業務に5年以上従事した経験を有するもの

⑥　国、地方公共団体、民法第34条の法人その他これらに準ずるものによりその有する知識、技術又は経験が優れたものであると認定されている者（前各号に掲げる者に準ずる者として厚生労働省労働基準局長が認める者に限る。）

③　有期労働契約の締結、更新及び雇止めに関する基準

　有期労働契約の締結、更新および雇止め時に、労働者と使用者との間に紛争が生ずることを防止するため、契約締結時の明示事項や雇止めの予告その他必要な事項について「有期労働契約の締結、更新及び雇止めに関する基準」が定められている。

　労働基準監督署長は、この基準に関し、期間の定めのある労働契約を締

結する使用者に対し、必要な助言および指導を行うことができる。

有期労働契約の締結、更新及び雇止めに関する基準

〈平15・10・22　厚生労働省告示第357号〉

(契約締結時の明示事項)

第1条　使用者は、期間の定めのある契約（以下「有期労働契約」という。）の締結に際し、労働者に対して、当該契約の期間の満了後における当該契約に係る更新の有無を明示しなければならない。

2　前項の場合において、使用者が、有期労働契約を更新する場合があると明示したときは、使用者は労働者に対して当該契約を更新する場合又はしない場合の判断の基準を明示しなければならない。

3　使用者は、有期労働契約の締結後に前2項に規定する事項に関して変更する場合には、当該契約を締結した労働者に対して、速やかにその内容を明示しなければならない。

(雇止めの予告)

第2条　使用者は、有期労働契約（当該契約を3回以上更新し、又は雇入れの日から起算して1年を超えて継続勤務している者に係るものに限り、あらかじめ当該契約を更新しない旨明示されているものを除く。次条第2項において同じ。）を更新しないこととしようとする場合には、少なくとも当該契約の期間の満了する日の30日前までに、その予告をしなければならない。

(雇止めの理由の明示)

第3条　前条の場合において、使用者は、労働者が更新しないこととする理由について証明書を請求したときは、遅滞なくこれを交付しなければならない。

2　有期労働契約が更新されなかった場合において、使用者は労働者が更新しなかった理由について証明書を請求したときは、遅滞なくこれを交付しなければならない。

(契約期間についての配慮)

第4条　使用者は、有期労働契約（当該契約を1回以上更新し、か
つ、雇入れの日から起算して1年を超えて継続勤務している者に係
るものに限る。）を更新しようとする場合においては、当該契約の
実態及び当該労働者の希望に応じて、契約期間をできる限り長くす
るよう努めなければならない。

４　1年を経過した労働者の退職の自由

　有期労働契約（一定の事業の完了に必要な期間を定めるものを除き、そ
の期間が1年を超えるものに限る）を締結した労働者（契約期間上限が5
年までが認められる労働者を除く）は、労働契約期間の初日から1年を経
過した日以後において、民法第628条に定める事由が存在していなくても
使用者に申し出ることにより、いつでも退職することができる（労基法
137条）。

５　本条違反

(1)　罰則
　本条に違反して3年（5年）を超える労働契約をすると、30万円以下の
罰金に処せられる（労基法120条1号）。

(2)　民事上の効力
　本条に違反して3年（5年）を超える契約をした場合、その契約期間は
本条第1項第1号および第2号の労働契約については5年、その他のもの
については3年となる（平15.10.22 基発1022001号）。

■ **労働契約法第19条……有期労働契約の「雇止め法理」の法定化**

　次の①、②のいずれかに該当する場合に、使用者が雇止めをするこ
とが、「客観的に合理的な理由を欠き、社会通念上相当であると認め
られないとき」は、雇止めが認められない。従前と同一の労働条件
で、有期労働契約が更新される（労契法19条）。

① 過去に反復更新された有期労働契約で、その雇止めが無期労働契約の解雇と社会通念上同視できると認められるもの
（東芝柳町工場事件（最高裁一小　昭49.7.22判決　労判206号27頁）の要件を規定したもの）

② 労働者において、有期労働契約の契約期間の満了時に当該有期労働契約が更新されるものと期待することについて合理的な理由（※）があると認められるもの
（日立メディコ事件（最高裁一小　昭61.12.4判決　労判486号6頁）の要件を規定したもの）

（※）1　合理的な理由の有無については、最初の有期労働契約の締結時から雇止めされた有期労働契約の満了時までの間におけるあらゆる事情が総合的に勘案される。

　　　2　いったん、労働者が雇用継続への合理的な期待を抱いていたにもかかわらず、契約期間の満了前に使用者が更新年数や更新回数の上限などを一方的に宣言したとしても、そのことのみをもって直ちに合理的な理由の存在が否定されることにはならないと解される。

労働条件の明示

第15条　使用者は、労働契約の締結に際し、労働者に対して賃金、労働時間その他の労働条件を明示しなければならない。この場合において、賃金及び労働時間に関する事項その他の厚生労働省令で定める事項については、厚生労働省令で定める方法により明示しなければならない。

2　前項の規定によつて明示された労働条件が事実と相違する場合においては、労働者は、即時に労働契約を解除することができる。

3　前項の場合、就業のために住居を変更した労働者が、契約解除の日から14日以内に帰郷する場合においては、使用者は、必要な旅費

を負担しなければならない。

1　労働条件の明示の意義

　労働条件が明確に示されないことを原因とする賃金の額や手当の有無などをめぐる労使の間でトラブルを防止するために、使用者が労働者を採用するときは、賃金、労働時間その他の労働条件を書面で明示しなければならない。なお、求人票はこれにあたらない。

　明示するべき労働条件は事実と異なるものであってはならない（労基則5条）。

　明示された労働条件が事実と相違している場合、労働者は即時に労働契約を解除することができる。その場合、就業のために住居を変更した労働者が、契約解除の日から14日以内に帰郷する場合は使用者は旅費等※を負担しなければならない。

　※　旅費等には、交通費の他、食費、宿泊費、家財の運搬費を含み、家族を伴って転居した場合には、その旅費も含む。

2　明示すべき時期

　労働条件の明示は、労働契約の締結時に行わなければならない。職安法第5条の3では、募集時の明示義務が課されている。

3　明示すべき労働条件と方法

　明示しなければならない労働条件は図表2-4のとおりである（労基則5条1項、3項）。①から⑤までの労働条件は書面等で明示しなければならない（労基則5条2項、3項）。労働者が希望した場合には、ファクシミリ、電子メール等のいずれかの方法でもよい（労基則5条4項）。①から⑤以外の労働条件は口頭の明示でもよい。

【書面明示の方法】

　書面の様式は自由であること。なお、当該労働者に適用する部分を明確にして就業規則を労働契約の締結の際に交付することとしても差支えないこと（平1.1.29 基発45号）。

図表2-4　明示しなければばらない労働条件

必ず明示しなければならない労働条件	書面の交付によらなければならない労働条件 ① 労働契約の期間 ② 期間の定めのある労働契約を更新する場合の基準 ③ 就業の場所、従事する業務内容 ④ 始業・終業の時刻、所定労働時間を超える労働の有無、休憩時間、休日、休暇、交替制勤務をさせる場合における就業時転換に関する事項 ⑤ 賃金の決定・計算・支払いの方法、賃金の締切り・支払いの時期に関する事項 ⑥ 退職に関する事項（解雇の事由を含む。）
	⑦ 昇給に関する事項
定めをした場合に明示しなければならない労働条件	⑧ 退職手当の定めが適用される労働者の範囲、退職手当の決定、計算・支払いの方法、支払いの時期に関する事項 ⑨ 臨時に支払われる賃金、賞与などの賃金、最低賃金額に関する事項 ⑩ 労働者に負担させる食費、作業用品その他に関する事項 ⑪ 安全・衛生に関する事項 ⑫ 職業訓練に関する事項 ⑬ 災害補償、業務外の傷病扶助に関する事項 ⑭ 表彰、制裁に関する事項 ⑮ 休職に関する事項

　パートタイム労働者には図表2-4に加えて「昇給の有無」、「退職手当の有無」、「賞与の有無」も書面等で明示する必要がある（パートタイム・有期雇用労働法6条）。

④ 労働契約の即時解除権

　明示された労働条件が事実と相違する場合は、契約内容に従った履行の

請求が可能であることを前提としたうえで、民法第541条※による催告を必要とせず、即時に労働契約を解除することができる。

労働契約の解除権が認められるのは、明示されたすべての労働条件に相違がある場合ではなく、本条で明示が義務付けられた労働条件に限られる。

※民法第541条　当事者の一方がその債務を履行しない場合において、相手方が相当の期間を定めてその履行の催告をし、その期間内に履行がないときは、相手方は、契約の解除をすることができる。

【社宅の供与】

使用者が契約締結に当たって社宅等の供与を明示しておきながらこれを供与しなかった場合について、福利厚生施設とみなされる社宅の供与は労基法第15条第1項の「労働条件」には含まれないからこれを供与しなかった場合でも同条第2項の適用はない。

なお、第15条の適用がない場合においても、民法第541条の規定によって契約を解除することはできる（昭23.11.27 基収3514号）。

5　帰郷旅費の負担

「帰郷」とは、以下の場合をいう。

・就業する直前に労働者の居住していた場所まで帰ること。
・父母その他親族の保護を受ける場合にはその者の住所に帰る場合も含む（昭23.7.20 基収2483号）。
・14日の計算は民法第140条による。
　（例）　5月1日に労働契約を解除した場合
　　　　翌日の5月2日から数えて14日である5月15日までの帰郷に対する旅費を負担しなければならない。
・「必要な旅費」とは、帰郷するまでに通常必要とする一切の費用をいう。：交通費、食費、宿泊費、家財道具の運送費

【必要な旅費】

「必要な旅費」とは、労働者本人とともに就業のため移転した家族の

旅費をも含む（昭22.9.13 発基17号）

【帰郷旅費】

　昭22.9.13 発基17号における家族とは、労働者により生計を維持されている同居の親族（届出をしないが、事実上その者と、婚姻関係と同様の事情にある者を含む。）をいうものと解せられる。（昭23.7.20 基収2483号）。

6 本条違反

　本条第１項に違反して、明示すべき労働条件を明示しない場合、書面で明示すべき労働条件を書面で明示しない場合および本条第３項による帰郷旅費を負担しない場合は30万円以下の罰金に処せられる（労基法120条１号）。

> ■ 求人誌掲載の労働条件と労基法第15条
>
> Q　求人誌を見て就職しましたが、求人誌に書いてあった給料や勤務時間などの条件と実際の条件が違っていました。これは労基法違反ではないのですか。
>
> A　労基法第15条には、労働条件の明示が定められていますが、この条文で言う労働条件の明示とは労働者個々人に対して書面で明示される労働条件のことです。つまり、求人誌やハローワークに掲載されている求人票はあくまでも募集の際に提示する労働条件の目安であり、労基法第15条で定める労働条件の明示には該当しません。
>
> 　なお、ハローワークに掲載されている求人票の条件と実際の条件が異なる場合は、まずはハローワークにご相談ください。
>
> 資料出所：厚生労働省 HP

賠償予定の禁止

第16条　使用者は、労働契約の不履行について違約金を定め、又は損害賠償額を予定する契約をしてはならない。

① 賠償予定契約の弊害の防止

　民法では、債務不履行あるいは不法行為について、違約金や損害賠償額の予定の合意を自由に行うことができる（民法420条）ので、戦前の労働関係では、労働者が労働契約期間の途中における転職や帰郷などで労働契約を履行しない場合に、違約金を定めることにより、労働者を不当に拘束し、使用者に隷属させるということが行われていた。

　本条は、このようなことを防止するために、使用者に、労働契約の不履行について違約金を定め、または損害賠償額を予定する契約をすることを禁止している。

② 本条により禁止される契約

　本条により禁止される契約は、違約金契約（労働契約の不履行について違約金を定める契約）と損害賠償の予定契約（損害賠償額を予定する契約）の二つである。

　① 違約金契約

「違約金契約」とは、労働契約の不履行について、労働者、親権者あるいは身元保証人に対して、労働契約の不履行による損害発生の有無にかかわらず、使用者が約定の違約金を取り立てることができることを定めたものである。

　　例　「途中でやめたら、違約金を払わなければならない」

　　　　一定期間勤務しないで辞めた場合、就労開始に遡り、賃金額を最低賃金額に引き下げて差額を返還させる。

　② 損害賠償の予定契約

「損害賠償額の予定」とは、債務不履行の場合に、実際の損害如何のかかわらす、一定の賠償額を定めておくことである。

　　例　運送会社で「事故を起こしたら○万円払わなければならない。」

　このような契約があると、使用者は債務不履行の事実さえ証明すれば損

害の発生や損害額を証明しなくても予定額を請求することができるので、労働者が実際の損害額が少ないことを証明して減額を請求するなどということができない。その結果労働者の足止め策となるなどの弊害があるので、本条により損害賠償の予定契約は禁止されている。

　本条は賠償予定を禁止しているのであり、現実に生じた損害について使用者が損害賠償を請求することを禁止しているわけではない（昭22.9.13発基17号）。

【美容見習の服務義務】

　会社所属の技能教習所を修業した者に対し、修業期間の２倍に相当する期間の勤務義務を課し、この勤務義務違反者に対して一定額の弁償義務を課することは、本条に抵触するものと解される（昭23.7.15 基収2408号）。

③ 修学・海外留学費用の貸与と賠償予定の禁止

　近年、特定の修学や海外留学費用を使用者が貸与し、修了後、一定の期間勤務しなかった場合に費用を返還させるという契約が本条違反になるか否かが問題になった。費用の返還が損害賠償予定契約と判断される場合は本条違反となり、一方、費用の援助が金銭貸借契約であると認められた場合は本条違反とはなっていない。

① 労基法第16条違反と認められた事例

富士重工業事件（東京地裁　平10.3.17判決）労判734号15頁

　海外研修制度で海外派遣された従業員と会社との間の、海外研修終了後５年以内に退職した場合には派遣費用を返済するとの合意について、本件海外派遣は、社員教育の一態様ともいえるものである上、派遣先も海外の関連会社であり、研修期間中は会社の業務にも従事していたことからすると、派遣費用は業務遂行の費用として本来会社が負担すべきものであるから、合意の実質は違約金の定めに当たり、労基法第16条に違反するものとして無効とされた。

②　労基法第16条違反と認められなかった事例

長谷工コーポレーション事件（東京地裁　平9.5.26 労判717号14頁）

社員留学制度で留学する際締結された、帰国後一定期間を経ずに退職する場合、会社が支払った留学費用を返還する旨の契約は、一定期間当該会社に勤務した場合には返還を免除する旨の特約つきの金銭消費貸借契約であって、労基法第16条に違反しないとされた。

裁判例は、

i　留学・研修後の勤続期間の長短（長ければ長いほど①に近づく）、

ii　返還免除の範囲・基準の明確さ（不明確であれば①に近づく）、

iii　研修の業務性の有無・程度（研修内容・業務内容と業務との関連性が強く、研修テーマや科目選択の拘束度が高ければ①に近づくが、逆に自由度が高ければ②に近づく）、

iv　労働者本人にとっての利益の有無（留学・研修が本人のキャリア形成に有益と認められれば②に近づく）、

v　研修に際しての自由意思の有無（業務命令であれば①に、労働者の自由意思によるものであれば②に近づく）

を勘案して個別に判断される（土田道夫「労働契約法」76頁）。

4　本条違反

使用者が、本条に違反して労働契約の不履行について違約金を定め、または損害賠償額を予定する契約をした場合は、6か月以下の懲役または30万円以下の罰金に処せられる（労基法119条1号）。

■ **労働者の損害賠償**

Q　コンビニでアルバイトをしていますが、レジのお金が合わないときに差額を賠償させられました。違法ではないのでしょうか。

A　①使用者が労働者に損害発生の可能性のある労働をさせて利益を得ながら、発生した損害の全てを労働者に賠償させるのは不当であ

ること、②使用者は危険の発生を防止する広範な権限を持っている一方、労働者は与えられた職場環境や作業条件の中で働かざるを得ないこと、③使用者は保険加入等の措置をとることによりリスク回避が可能であるのに、労働者はそのようなことができないというような理由で労働者の損害賠償責任は制限されています。

裁判例では、労働者に故意や重大な過失があるときに限り損害賠償責任を認めています。例えば、労働者が居眠りにより操作を誤って機械を壊した事件では、労働者の軽過失、単純な過失については通常の労働に付随するものとして企業の経費の一部として計上するか、保険に加入して損害の担保を計るべきであるとし、使用者は労働者に重過失がある場合にのみ損害賠償を請求できるとしています（大隈鉄工所事件　名古屋地裁　昭62.7.27判決　労判505号66頁）。また労働者の弁償の範囲は損害の一部に制限されています。

したがって、軽いミスでレジのお金が足りないということなら、その責任をとる必要はないと考えられます。

■ 罰金の事前取決め

Q　雇用契約書に、不良品を出した場合、１回につき2,000円の罰金を支払うと記載されています。問題ないのでしょうか。

A　労基法第16条により、労働者の労働契約不履行について、違約金を支払わせることや損害賠償額をあらかじめ決めておくことは禁止されています。

資料出所：厚生労働省HP

前借金相殺の禁止

第17条　使用者は、前借金その他労働することを条件とする前貸の債権と賃金を相殺してはならない。

1　前借金

　「前借金」とは、労働契約の締結の際あるいはその後に、労働すること
を条件として労働者またはその親などが使用者から借金をし、就業した後
に賃金により返済することを約束する金銭のことをいう。

　労働者が負っている多額の前借金を労働者の賃金債権と相殺するという
契約形態が戦前には多く行われ、労働者を身分的に拘束するものであっ
た。このような前近代的な人身売買的制度を排除するため、本条は金銭貸
借関係と労働関係とを完全に分離し、前借金相殺を禁止している。本条の
趣旨は憲法第18条の奴隷的拘束および苦役からの自由の原則および労基法
第5条の強制労働の禁止の原則を実質化するものである。

　労基法制定当時、庶民金融が発達していなかったため、前借金を禁止す
ると労働者に対する金融の途を絶つことになるので、本条は前借金そのも
のは禁止していない。

前借金とはならないもの

　労働者が使用者から人的信用に基づいて受ける金融または賃金の前払い
のような単なる弁済期の繰上げ等で明らかに身分的拘束を伴わないと認め
られるものは、労働することを条件とする債権には含まれないと解される
（昭22.9.13 発基17号、昭33.2.13 基発90号）。

【生活資金の貸付に対する返済金】

　　使用者が労働組合との労働協約の締結あるいは労働者からの申出に基
づき、生活必需品の購入等のための生活資金を貸し付け、その後この貸
付金を賃金より分割控除する場合においても、その貸付の原因、期間、
金額、金利の有無等を総合的に判断して労働を条件としていないことが
極めて明白な場合には、本条の規定は適用されない（昭23.10.15 基発
1510号、昭23.10.23 基収3633号、昭63.3.14 基発150号・婦発47号）。

[2] 相殺契約

　使用者が労働者との合意に基づいて賃金債権を相殺できるか（相殺契約）については、厳密には労基法第17条に違反しないとも考えられること等により、学説上は適法説・違法説など見解が分かれている。しかし、このような相殺契約を適法であると認めれば、使用者による労働者の同意の強制の可能性があるので、相殺契約は本条違反になると解するのが妥当と考えられる。

[3] 本条違反

(1) 罰則

　使用者が、本条に違反して前借金その他労働することを条件とする前貸しの債権と賃金とを相殺すると、6か月以下の懲役または30万円以下の罰金に処せられる（労基法119条1号）。

(2) 民事上の効果

　本条違反の相殺の意思表示は無効となり、使用者は所定賃金の全額を支払わなければならない。これに違反すると労基法第24条違反となる。

強制貯金

第18条　使用者は、労働契約に附随して貯蓄の契約をさせ、又は貯蓄金を管理する契約をしてはならない。

2　使用者は、労働者の貯蓄金をその委託を受けて管理しようとする場合においては、当該事業場に、労働者の過半数で組織する労働組合があるときはその労働組合、労働者の過半数で組織する労働組合がないときは労働者の過半数を代表する者との書面による協定をし、これを行政官庁に届け出なければならない。

3　使用者は、労働者の貯蓄金をその委託を受けて管理する場合においては、貯蓄金の管理に関する規程を定め、これを労働者に周知させるため作業場に備え付ける等の措置をとらなければならない。

4　使用者は、労働者の貯蓄金をその委託を受けて管理する場合にお
いて、貯蓄金の管理が労働者の預金の受入であるときは、利子をつ
けなければならない。この場合において、その利子が、金融機関の
受け入れる預金の利率を考慮して厚生労働省令で定める利率による
利子を下るときは、その厚生労働省令で定める利率による利子をつ
けたものとみなす。

5　使用者は、労働者の貯蓄金をその委託を受けて管理する場合にお
いて、労働者がその返還を請求したときは、遅滞なく、これを返還
しなければならない。

6　使用者が前項の規定に違反した場合において、当該貯蓄金の管理
を継続することが労働者の利益を著しく害すると認められるとき
は、行政官庁は、使用者に対して、その必要な限度の範囲内で、当
該貯蓄金の管理を中止すべきことを命ずることができる。

7　前項の規定により貯蓄金の管理を中止すべきことを命ぜられた使
用者は、遅滞なく、その管理に係る貯蓄金を労働者に返還しなけれ
ばならない。

1 　強制貯金禁止

強制貯金は労働者の足止め策として利用されたほか、使用者の経営状況
が悪化した場合に払戻しが受けられなくなる危険が大きいことや、使用者
が労働者の財産を搾取するおそれがあるため、本条により全面的に禁止さ
れている。

労働者が自由な意思に基づいて使用者に貯金管理を委託すること（任意
的貯蓄金管理：社内預金）については、貯蓄金管理協定の締結など一定の
制約のもとに認められている。

労働契約に付随してとは、以下のように労働契約の締結や労働契約の存
続の条件とすることをいう。

・労働契約の中で貯蓄することが明確に約定されている場合
・採用条件の1つとして貯蓄契約を締結することが客観的に認められる場合
・採用後に貯蓄契約を締結しなければ解雇する場合など

貯蓄の契約とは、労使以外の第三者である金融機関に預金をさせることをいう。

貯蓄金を管理する契約とは、使用者自身が貯蓄金を管理する場合や、金融機関に預金させた上で使用者が通帳や印鑑を保管することをいう。金融機関には限定はなく、使用者が指定する銀行等のほか、ゆうちょ銀行、信用金庫、信用組合等のあらゆる金融機関が含まれる。

② 任意的貯蓄管理（社内預金）

⑴ 任意的貯蓄金管理の条件

労働者が自由な意思に基づいて使用者に貯金管理を委託すること（任意的貯蓄金管理）については認められている。

任意的貯蓄管理を行うための条件は以下のとおりである。

任意的貯蓄金管理の条件

① **貯蓄金管理協定**

労働者の過半数で組織する労働組合、そのような組合がない場合には過半数代表者との間に書面で協定を締結し、管轄する労働基準監督署長に届け出なければならない（労基法18条2項）。

【内容】

社内預金の場合（労基則5条の2）

  i 預金者の範囲 ⅱ 預金者1人当たりの預金額の限度

  ⅲ 預金の利率および利子の計算方法

  ⅳ 預金の受入れおよび払戻しの手続 v 預金の保全の方法※

通帳保管の場合（昭27.9.2 基発675号、昭63.3.14 基発150号・婦発47号）

ⅰ　預金先の金融機関名および預金の種類　ⅱ　通帳の保管方法
ⅲ　預金の出入れの取次方法等

② 　**貯蓄金管理規程の定めをし、労働者への周知の措置を実施する**（労基法18条 3 項）

③ 　**利子を付ける**（労基法18条 4 項）

ⅰ　下限利率※を下回る労使協定で定めても無効となり、下限利率を定めたものとみなされる。

ⅱ　下限利率は、「労基法第18条第 4 項の規定に基づき使用者が労働者の預金を受け入れる場合の利率を定める省令」に基づく定期預金平均利率（毎年10月におけるもの）と、現行の下限利率との差が0.5%（ 5 厘）以上である場合に変更される。
※現在の下限利率は厚生労働大臣告示で0.5%（ 5 厘）となっている。

④ 　**労働者が貯蓄金の返還を求めたときは、使用者は遅滞なく返還する**（労基法18条 5 項）

※預金の保全方法（賃金の支払の確保に関する法律 3 条、同法施行規則 2 条）

① 　金融機関等による保証契約
② 　信託会社との信託契約
③ 　質権または抵当権の設定
④ 　預金保全委員会を設置し、かつ貯蓄金管理勘定その他適切な措置を講じること

ⅰ　貯蓄金管理勘定と支払準備金制度の併用が望ましいこと
ⅱ　預金保全委員会の適正な運営（ 3 か月に 1 回の開催、預金管理勘定の報告、議事概要等の周知、記録の保存等（賃金の支払の確保等に関する法律施行規則 2 条 2 項））

のいずれかの方法によらなければならない（賃金の支払の確保等に関する法律施行規則2条1項）

(2) 預金管理状況報告

毎年3月31日以前1年間における預金の管理の状況を、「預金管理状況報告」により所轄労働基準監督署長に4月30日までに報告しなければならない（労基法104条の2、労基則57条3項）。

届出・報告の例外

同一企業の2以上の事業場が、同一の労働基準監督署管内にあるときの貯蓄金管理に関する協定と預金管理状況報告……各事業場の長より上位の使用者が、とりまとめて当該労働基準監督署長に届出・報告を行うことができる。

預金管理状況報告の本社一括報告

以下の要件を満たす場合は、本社の所轄労働基準監督署長に一括して報告できる。ただし、支社等の所轄労働基準監督署長から支社等に、提出された報告について照会を行う場合がある。

預金管理状況報告本社一括報告の要件

① 貯蓄金に関する労使協定の内容が支社等において同一であること
② 預金元帳が本社において集中管理されていること
③ 保全措置が支社等の預金につき本社において一括に講じられていること

---

(3) 貯蓄金管理の中止

労働者がその返還を請求したときは、遅滞なく、これを返還しなければならない。

使用者が返還しない場合において、当該貯蓄金の管理を継続することが労働者の利益を著しく害すると認められるときは、所轄労働基準監督署長

は、使用者に対して、その必要な限度の範囲内で、当該貯蓄金の管理を中止すべきことを命ずることができる。

　貯蓄金の管理の中止を命じられた使用者は、遅滞なく、その管理に係る貯蓄金を労働者に返還しなければならない。

③　本条違反

本条第 1 項違反：使用者が、労働契約に附随して貯蓄金の契約をさせ、または貯蓄金を管理する契約をした場合は、6 か月以下の懲役または30万円以下の罰金に処せられる（労基法119条）。

本条第 2 項違反：単に協定または届出の手続きを怠っただけでは労基法上の罰則の問題は生じない。なお、本条の要件を満たさず、これに違反して預金の受入れを行った場合は、「出資の受入、預かり金及び金利等の取締り等に関する法律」第 2 条第 1 項違反になり、3 年以下の懲役若しくは30万円以下の罰金に処し、またはこれを併科することとされている（同法 2 条 1 項）（昭23.6.16 基収1935号）。

本条第 7 項違反：本条 6 項に基づく中止命令が出されたにもかかわらず、遅滞なく中止命令で示された範囲の貯蓄金を労働者に返還しないときは、30万円以下の罰金に処せられる（労基法120条）。

賃金の支払いの確保に関する法律第 4 条違反：保全措置を講ずべき旨の命令が出されても同法第 3 条に基づく社内預金の保全措置を講じない場合は、30万円以下の罰金に処せられる（同法18条）。

解雇制限
第19条　使用者は、労働者が業務上負傷し、又は疾病にかかり療養のために休業する期間及びその後30日間並びに産前産後の女性が第65条の規定によつて休業する期間及びその後30日間は、解雇してはならない。ただし、使用者が、第81条の規定によつて打切補償を支払う場合又は天災事変その他やむを得ない事由のために事業の継続が不可能となつた場合においては、この限りでない。

2 前項但書後段の場合においては、その事由について行政官庁の認
定を受けなければならない。

1 解雇の制限

　業務上負傷・疾病により療養のために休業する期間およびその後の30日
間、産前産後の休業およびその後の30日間については、解雇後の就職活動
に困難をきたし、労働者の生活に脅威を及ぼす可能性があるということ
で、解雇の制限をしている。本条で禁止される解雇には懲戒解雇も含まれ
る。

　ただし、使用者が、労基法第81条の規定によって打切補償を支払う場合
または天災事変その他やむを得ない事由のために事業の継続が不可能と
なった場合（所轄労働基準監督署長の認定が必要）は、解雇制限を受けな
い。

解雇（懲戒解雇を含む）をしてはならない期間
① 業務上負傷し、または疾病にかかり療養のために休業する期間お
　よびその後の30日間
② 産前産後の女性が第65条の規定によって休業する期間およびそ
　の後の30日間

2 解雇の意義

　解雇とは、使用者による労働契約の一方的解除をいう。任意退職、期間
満了による退職および定年退職※については本条による制限を受けない。
　※定年自働退職制は解雇ではない（昭26.8.9 基収3338号）。

┃図表2-5　労働関係の終了の形

解雇	使用者による労働契約の一方的解除
任意退職	労働者の一方的な意思表示または労使の合意により労働関係を終了させること
自動終了	労働契約期間の満了、定年、休職期間の満了、労働者の死亡など

解雇制限期間中に解雇予告は可能か

本条は解雇を制限しているのであって、解雇予告を制限しているわけではないから、期間経過後に満了する解雇予告を制限期間内に行うことは差支えないと解されている。

③　解雇をしてはならない期間

⑴　業務上負傷し、または疾病にかかり療養のために休業する期間及びその後の30日間

「業務上」とは、労働者が雇用されている企業の業務により負傷し、または疾病にかかった場合を意味する。

他の企業の業務により負傷し、または疾病にかかった場合は、本条の「業務上」とはならない。

業務上の傷病により労働者が休業している場合であっても、休業する必要が認められなければ、解雇制限される休業期間とはならない。

休業とは全部休業であり、一部出勤しながら治療のため勤務時間中に通院しているような一部休業は解雇制限の対象にならない（昭24.4.12 基収1134号）。

⑵　産前産後の女性が第65条の規定によって休業する期間およびその後の30日間

産前休業は労働者の請求により付与義務が発生するものなので、出産予定日前６週間以内であっても労働者が休業を請求していない場合には本条による解雇制限の対象とはならない。分娩が出産予定日より遅れた場合には、遅れた期間は解雇制限の対象となる。

産後6週間を経過後労働者の請求により就労している場合は本条の休業期間とはならない。

4 解雇禁止の除外事由

以下の2つの場合は解雇禁止が除外されており、解雇禁止の除外事由という。これらの除外事由については、解雇をする前に所轄労働基準監督署長の認定を受けなければない。

解雇禁止の除外事由

① 労基法第81条の規定によって打切補償を支払う場合
② 天災事変その他やむを得ない事由のために事業の継続が不可能となった場合

---

(1) 労基法第81条の規定によって打切補償を支払う場合

打切補償とは

業務上傷病により療養をしている労働者が療養開始後3年を経過しても負傷または疾病が治癒しない場合に、使用者が平均賃金の1,200日分を支払ってその後の療養補償、休業補償等労基法による補償義務を打ち切ることを打切補償という。

業務上負傷し、又は疾病にかかった労働者が、その療養の開始後3年を経過した日において傷病補償年金※を受けている場合、または療養の開始後3年を経過した日以後に傷病補償年金を受けることとなった場合には、使用者は、それぞれ、当該3年を経過した日または傷病補償年金を受けることとなった日において、労基法第81条の打切補償を支払ったものとみなされる（労災保険法19条）。

※ 傷病補償年金とは、業務上負傷しまたは疾病にかかった労働者が療養開始後1年6か月を経過した日、またはその日以後において、当該負傷または疾病が治らず、当該負傷又は疾病による障害の程度が労災

保険法の傷病等級に該当し、その状態が継続している場合に、その障害の程度に応じて支給される。

(2)　天災事変その他やむを得ない事由のために事業の継続が不可能となった場合

「天災地変その他やむを得ない事由と解されること」だけでは足りず、「それによって事業の継続が不可能となったこと」が必要であり、逆に「事業の継続が不可能になった」ことが、「天災地変その他やむを得ない事由」に起因するものでない場合には、解雇禁止の除外事由を満たすことにはならない。

解雇禁止除外事由

①　天災地変その他やむを得ない事由と解されること

②　それによって事業の継続が不可能となったこと

【天災地変その他やむをえない事由のため事業の継続が不可能となった場合】

1　「やむを得ない事由」とは、天災地変に準ずる程度に不可抗力に基づきかつ突発的な事由の意であり、事業の経営者として、社会通念上採るべき必要な措置を以てしても通常いかんともなしがたいような状況にある場合をいう。

▌図表2-6　やむをえない事由

(1)「やむをえない事由」に該当するもの	(2)「やむをえない事由」に該当しないもの
イ　事業場が火災により焼失した場合。ただし、事業主の故意または重過失に基づく場合を除く。	イ　事業主が経済法令違反のため強制収容され、または購入した諸機械、資材等を没収された場合。
ロ　震災に伴う工場、事業場の倒壊、類焼等により事業の継続が不可能となった場合。	ロ　税金の滞納処分を受け事業廃止に至った場合。

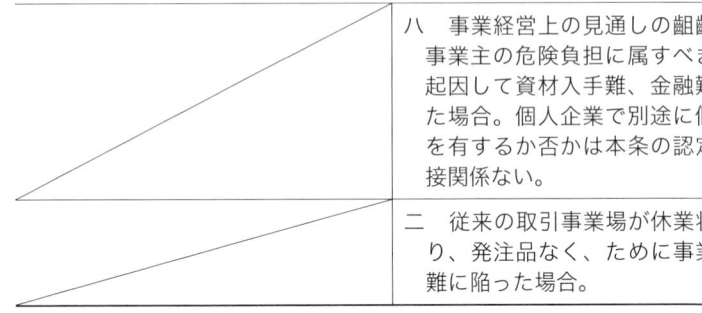

	ハ 事業経営上の見通しの齟齬の如き事業主の危険負担に属すべき事由に起因して資材入手難、金融難に陥った場合。個人企業で別途に個人財産を有するか否かは本条の認定には直接関係ない。
	ニ 従来の取引事業場が休業状態となり、発注品なく、ために事業が金融難に陥った場合。

2　「事業の継続が不可能になる」とは、事業の全部または大部分の継続が不可能になった場合をいうのであるが、例えば当該事業場の中心となる重要な建物、設備、機械等が焼失を免れ多少の労働者を解雇すれば従来通り操業し得る場合、従来の事業は廃止するが多少の労働者を解雇すればそのまま別箇の事業に転換し得る場合の如く事業がなおその主たる部分を保持して継続し得る場合、または一時的に操業中止のやむなきに至ったが、事業の現況、資材、資金の見通し等から全労働者を解雇する必要に迫られず、近く再開復旧の見込みが明らかであるような場合は含まれないものであること（昭63.3.14 基発150号、婦発47号）。

5　本条違反

(1)　罰則

本条に違反した場合は、6か月以下の懲役または30万円以下の罰金に処せられる（労基法119条1号）。

天災事変その他やむを得ない事由のために事業の継続が不可能となった場合でも、所轄労働基準監督署長の認定を受けなかった場合は同様に処罰される。

(2)　本条違反の解雇の効力

ア　解雇制限期間中の解雇の意思表示は有効であり、解雇の効力は制限期間が終了した後に生じる。

　　解雇制限期間中に解雇の意思表示をするだけでなく、労働者を離職
したものとして扱い、労働契約が終了したものとしての金品の返還、
雇用保険・社会保険の手続きを開始したときは、解雇の意思表示その
ものが無効となる。

イ　解雇制限の除外認定の手続きは、解雇の私法上の効力に影響しな
　い。所轄労働基準監督署長の認定を受けていない場合にも、客観的に
　解雇予告除外事由が存在するときは、本条違反は成立するが、解雇は
　有効とされる（昭63.3.14 基発150号）。

解雇の予告

第20条　使用者は、労働者を解雇しようとする場合においては、少
　なくとも30日前にその予告をしなければならない。30日前に予告を
　しない使用者は、30日分以上の平均賃金を支払わなければならな
　い。但し、天災事変その他やむを得ない事由のために事業の継続が
　不可能となった場合又は労働者の責に帰すべき事由に基いて解雇す
　る場合においては、この限りでない。
2　前項の予告の日数は、1日について平均賃金を支払った場合にお
　いては、その日数を短縮することができる。
3　前条第2項の規定は、第1項但書の場合にこれを準用する。

---

① 解雇予告・解雇予告手当

　労働者を解雇するときは30日以上前に予告しなければならない。
　民法第627条第1項は、期間の定めのない契約の解約について2週間以
上の予告を労使に義務付けているが、労働者が突然に解雇されることで生
活に困窮することを緩和するために、本条は使用者側からの解約について
この原則を修正している。
　予告をしない場合は、平均賃金の30日分以上を解雇予告手当として支払

わなければならない。予告の日数は、平均賃金を支払った分だけ短縮することができる。

　ただし、天災事変その他やむを得ない事由のために事業の継続が不可能となった場合または労働者の責に帰すべき事由に基いて解雇する場合において、所轄労働基準監督署長の認定を受けた場合は、解雇の予告および解雇予告手当の支払い義務はない。

　労働者に対して予告を行った場合には、使用者が一方的に予告を取り消したり、予告した解雇日を変更したりすることはできない。

　　解雇予告の起算日：解雇予告の日数（歴日である。）は、予告した日の翌
　　　日から起算する。

┃図表2-7　解雇予告の起算日

例　９月10日に、９月30日付けで解雇予告した場合

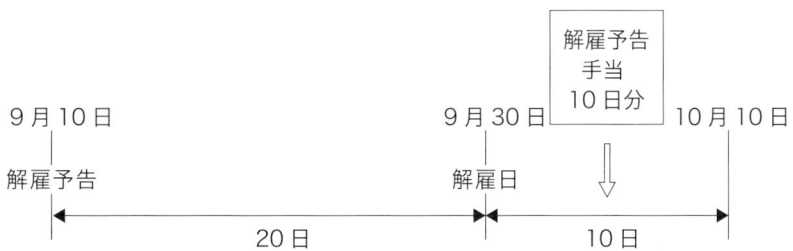

【解雇予告手当の支払い時期】

　法第20条による解雇の予告にかわる30日分以上の平均賃金は解雇の申渡しと同時に支払うべきものである（昭23.3.17　基発464号）。

　解雇予告と解雇予告手当の支払を併用する場合は、解雇予告手当は遅くとも解雇の日までに支払うことが必要である。

【予告手当の支払い方法（性質）】

　解雇予告手当は労基法が創設したものであり、賃金ではないが、その支払については法第24条に準じて通貨で直接支払うよう指導すること（昭

23.8.18 基収2520号）。

　解雇の申渡しをなすと同時に解雇予告手当を提供し当該労働者が解雇予告手当の受領を拒んだ場合には、これを法務局に供託できることはいうまでもない（昭63.3.14 基春150号）。

■ **解雇予告手当の計算**（10月10日に即日解雇）

賃金締切日：末日

	7月分	8月分	9月分	3か月計
月給	21万円	18万円	19万円	計58万円
歴日数	31日	31日	30日	計92日
労働日数	18日	19日	21日	計58日

10日時点の平均賃金：6,304.34（少数第3位切捨て）

580,000円 ÷ 92日 = 6,304.3478

解雇予告手当：189,130円（円未満四捨五入）

6,304.34 × 30日 = 189,130.2

2　解雇の意義と種類

　解雇とは、使用者による労働契約の一方的解除をいう。本条で禁止されているのは解雇であるから、任意退職、期間満了による退職および定年退職については本条による制限を受けない。

　解雇は普通解雇、整理解雇または懲戒解雇を問わず、本条が適用される。

図表2-8　解雇の種類

普通解雇	整理解雇・懲戒解雇以外の解雇
整理解雇	会社の経営悪化により、人員整理を行うための解雇
懲戒解雇	従業員が極めて悪質な規律違反や非行を行ったときに懲戒処分として行うための解雇

■ 解雇予告手当と税金

Q 解雇予告手当の税金はどうすればいいのでしょうか。

A 解雇予告手当は賃金ではないので、通常の給与所得とは扱いが違い、所得税は控除しないという処理をします。

■ 有期契約の雇止めの予告

Q 私は有期契約を3回更新し、最初に労働契約を交わしてからは通算1年以上経っています。今回の契約期間は3月31日まででしたが、3月28日に突然会社から次回の更新をしない旨告げられました。更新の有無については、「更新する場合があり得る」という明記がされていました。このような場合、期間満了の30日前までに雇止めの予告が必要で、それに満たない日数分については解雇予告手当がもらえると友人から聞きましたが、法的根拠があるのでしょうか。

A 「有期労働契約の締結、更新及び雇止めに関する基準」では、「使用者は、有期労働契約（当該契約を3回以上更新し、又は雇入れの日から起算して1年を超えて継続勤務している者に係るものに限り、あらかじめ当該契約を更新しない旨明示されているものを除く。）を更新しないこととしようとする場合には、少なくとも当該契約の期間の満了する日の30日前までに、その予告をしなければならない。」（2条）と定めています。

　しかし、予告日数が足りない場合解雇予告手当を払わなければならないとは定めていません。したがって、使用者（会社）は解雇予告手当を支払う義務はありません。

　なお、この「有期労働契約の締結、更新及び雇止めに関する基準」は法律ではないので、罰則もありません。監督署は行政指導ができるだけです。

■ 日給のパートタイマーの解雇予告手当の計算方法

Q 日給7000円で週2回の勤務をしているパートタイマーの、解雇

予告手当の計算方法を教えてください。

A 解雇予告手当の額は、その労働者の所定労働日数には全く関係なく、どのような場合も平均賃金の30日分以上の額とされているので、仮に週1日の勤務であっても平均賃金の30日分以上を支払わなくてはなりません。

パートタイマーの解雇予告手当は7,000円×0.6×30日で126,000円となり、通常受け取っていた1か月の賃金約56,000円の2倍以上にもなります。しかし、求められた解雇予告手当は労基法で定められた最低基準ですから、少なくとも126,000円を支払わなければならないということになります。

③ 解雇予告除外認定

天災事変その他やむを得ない事由のために事業の継続が不可能となった場合または労働者の責に帰すべき事由に基いて解雇する場合において、所轄労働基準監督署長の認定を受けた場合は、解雇の予告および解雇予告手当の支払い義務はない。

(1) 天災事変その他やむを得ない事由で事業の継続が不可能となった場合

天災事変その他やむを得ない事由で事業の継続が不可能となった場合の認定の要件は以下の2つである。

認定事由及び設定基準は第19条と基本的に同様なので、同条 ④ (2)を参照すること。

(2) 労働者の責に帰すべき事由

「労働者の責めに帰すべき事由」として認定すべき事例

① 原則として極めて軽微なものを除き、事業場内における盗取、横領、傷害等刑法犯に該当する行為のあった場合。

一般的にみて「極めて軽微」な事案であっても、使用者があらかじめ不詳事件の防止について諸般の手段を講じていたことが客観的に

認められ、しかもなお労働者が継続的に又は断続的に盗取、横領、傷害等刑法犯またはこれに類する行為を行った場合、あるいは、事業場外で行われた盗取、横領、傷害等刑法犯に該当する行為であっても、それが著しく当該事業場の名誉もしくは信用を失墜するもの。取引関係に悪影響を与えるものまたは労使間の信頼関係を喪失するものと認められる場合。

② 賭博、風紀紊乱等により職場規律を乱し、他の労働者に影響を及ぼす場合。また、これらの行為が事業場以外で行われた場合であっても、それが著しく当該事業場の名誉もしくは信用を失墜するもの、取引関係に悪影響を与えるものまたは労使間の信頼関係を喪失するものと認められる場合。

③ 雇入れの際の採用条件の要素となるような経歴を詐称した場合及び雇入れの際、使用者の行う調査に対し、不採用の原因となるような経歴を詐称した場合。

④ 他の事業場へ転職した場合。

⑤ 原則として2週間以上正当な理由なく無断欠勤し、出勤の督促に応じない場合。

⑥ 出勤不良または出欠常ならず、数回に亘って注意をうけても改めない場合。

の如くであるが、認定にあたっては、必ずしも右の個々の例示に拘泥することなく総合的かつ実質的に判断すること。

なお、就業規則等に規定されている懲戒解雇事由についてもこれに拘束されることはないこと（昭23.11.11 基発1637号、昭31.3.1 基発111号）。

(3) 解雇予告除外認定の性質

解雇予告除外認定は、労基法第20条第1項ただし書きに該当する事実があるか否かを確認する処分であり、認定されるべき事実がある場合には、即時解雇の意思表示をした後、解雇予告除外認定を得た場合は、その解雇の効力は使用者が即時解雇の意思表示をした日に発生すると解される（昭63.3.14 基発150号）。認定は解雇の効力発生用件ではない。

4 本条違反

(1) 罰則

　使用者が本条に違反して解雇の予告をせず、または予告手当の支払をせずに解雇した場合は、民事的効力のいかんにかかわらず、本条違反が成立し、6か月以下の懲役または30万円以下の罰金が科される（労基法119条1号）。

　本条第1項ただし書の解雇予告除外事由に該当するとして予告手当を支払わずに即時解雇した場合に、労働基準監督署長の認定を受けなかったときも同様に本条違反が成立する。

　裁判所は、労働者の請求により未払金と同一額の付加金の支払を命ずることができる（労基法114条）。

(2) 本条違反の解雇の民事上の効力

　本条違反の解雇の民事上の効力についての学説・裁判例は以下の4つの説に分かれている。

・絶対的無効説……強行法規違反として私法上無効となる。

・有効説……労働者は解雇予告手当と付加金（労基法114条）を請求できるが解雇は私法上有効である。

・相対的無効説……罰則が適用されるほか予告手当および付加金請求ができる。

・選択権説……解雇予告をせずまたは予告手当の支払もない解雇については、解雇の無効を主張するか、予告手当の支払を請求するかは、労働者に選択権がある。

　最高裁は相対的無効説をとり、予告期間をおかず予告手当も支払わない解雇通知は、即時解雇としての効力はないが、使用者が即時解雇に固執する趣旨でない限り、通知後30日が経過するか、または使用者が通知後に予告手当を支払ったときは、そのいずれかの時点から解雇の効力が生じるとしている（細谷服装事件　最高裁　昭35.3.11判決　判タ103号26頁）。

　行政解釈は以下のとおり相対的無効説をとっている。

【予告期間および予告手当の支払いなき解雇】

　法定の予告期間を設けず、また予告手当を支払わないで行った即時解雇の通知は即時解雇としては無効であるが、使用者が解雇する意思があり、かつ解雇が必ずしも即時解雇であることを要件としていないと認められる場合には、その即時解雇の通知は法定の最短期間である30日経過後において解雇する旨の予告として効力を有するものである（昭24.5.13　基収1483号）。

■ **細谷服装事件**（最高裁　昭35.3.11判決）

【事件の概要】

　従業員Ｘは、昭和24年4月1日、Ｙ会社に雇われ、一般庶務、帳簿記入等の事務を担当していたが、Ｙは、昭和24年8月4日、Ｘに対し、解雇予告手当（労基法20条）を支給することなく解雇の通告をした。Ｘが解雇予告手当と8月分の未払賃金の支払を求めて提訴したところ、第1審の口頭弁論終結日である昭和26年3月19日に、Ｙ会社は解雇予告手当と未払賃金を支払った。そこで、従業員Ｘは、昭和26年3月19日までは従業員としての地位があるものとして、この間の賃金と解雇予告手当と同額の付加金（労基法114条）の支払を請求した。

【判決の要旨】

1　使用者が労働基準第20条所定の予告期間をおかず、予告手当の支払もしないで労働者に解雇通知をした場合、その通知は即時解雇としては効力を生じないが、使用者が即時解雇を固執する趣旨でないかぎり、通知後同条所定の30日の期間を経過するか、または予告手当の支払をしたときに解雇の効力を生ずるものと解すべきである。

2　労働基準法第114条の付加金支払義務は、使用者が予告手当等を支払わない場合に当然に発生するものではなく、労働者の請求により裁判所がその支払を命ずることによって、初めて発生するものであるから、使用者に労働基準法第20条の違反があっても、すでに予

告手当に相当する金額の支払を完了し、使用者の義務違反の状況が
消滅した後においては、労働者は、付加金請求の申立をすることが
できないものと解すべきである。

■ 震災に伴う解雇について（2011年東日本大震災関連）

（厚生労働省ホームページより）

**Ｑ３－１　今回の震災を理由に雇用する労働者を解雇・雇止めする
ことはやむを得ない対応として認められるのでしょうか。**

Ａ３－１　震災を理由とすれば無条件に解雇や雇止めが認められるも
のではありません。また、今回の震災の影響により、厳しい経営環
境に置かれている状況下においても、出来る限り雇用の安定に配慮
していただくことが望まれます。解雇については、法律で個別に解
雇が禁止されている事由（例：業務上の傷病による休業期間及びそ
の後30日間の解雇（労基法19条）等）以外の場合は、労働契約法の
規定や裁判例における以下のようなルールに沿って適切に対応する
必要があります。

⑴　**期間の定めのない労働契約の場合**

　労働契約法第16条では、「解雇は、客観的に合理的な理由を欠
き、社会通念上相当であると認められない場合は、その権利を濫用
したものとして、無効とする。」と規定されています。また、整理
解雇（経営上の理由から余剰人員削減のためになされる解雇）につ
いては、裁判例において、解雇の有効性の判断に当たり、⑴人員整
理の必要性、⑵解雇回避努力義務の履践、⑶被解雇者選定基準の合
理性、⑷解雇手続の妥当性、という４つの事項が考慮されており、
留意が必要です。

⑵　**有期労働契約（期間の定めのある労働契約）の場合**

　パートタイム労働者や派遣労働者に多く見られる契約形態です。

労働契約法第17条第1項では、「使用者は、期間の定めのある労働
契約について、やむを得ない事由がある場合でなければ、その契約
期間が満了するまでの間において、労働者を解雇することができな
い。」と規定されています。有期労働契約期間中の解雇は、期間の
定めのない労働契約の場合よりも、解雇の有効性は厳しく判断され
る点に留意が必要です。また、裁判例によれば、契約の形式が有期
労働契約であっても、期間の定めのない契約と実質的に異ならない
状態に至っている契約である場合や、反復更新の実態、契約締結時
の経緯等から雇用継続への合理的期待が認められる場合は、解雇に
関する法理の類推適用等がされる場合があります。個別の解雇・雇
止めの当否については最終的には裁判所における判断となります
が、これらの規定の趣旨や裁判例等に基づき、適切に対応されるこ
とが望まれます。なお、個別の事案につきましては、各都道府県労
働局等に設置されている総合労働相談コーナーにおいて、民事上の
労働問題に関する相談・情報提供等を行っておりますので、必要に
応じてご活用ください。（職場のトラブル解決をサポートします）

　また、今回の震災に伴う経済上の理由により事業活動が縮小した
場合に、解雇をせずに、従業員の雇用を維持するために休業等で対
応される場合には、休業についての手当等が支払われ、雇用保険の
適用事業所であるなど他の要件を満たせば、雇用調整助成金及び中
小企業緊急雇用安定助成金が利用できます。これらの助成金の詳細
については、Ｑ１－３・Ａ１－３をご覧ください。
　　注：Ｑ１－３・Ａ１－３については厚生労働省ホームページをご
　　　　覧ください。

Ｑ３－２　今回の震災で、事業場の施設・設備が直接的な被害を受
けたために、事業の全部又は大部分の継続が困難になったことによ
り労働者を解雇しようとする場合、労基法第19条及び第20条に規定
する「天災事変その他やむを得ない事由のために事業の継続が不可

能となった場合」による解雇といえるでしょうか。

A3-2　解雇の有効性などに関する労働契約法のルール等（整理解雇や雇止めに関する裁判例の考え方を含む）については、Q3-1・A3-1をご覧ください。労働契約や労働協約、就業規則、労使慣行に基づき、解雇を行う場合の手当等の支払を定めているときは、労働契約等に基づき当該手当の支払等を行う必要があります。最低労働基準を定める労基法との関係では、同法第19条は、使用者は、労働者が業務上の負傷又は疾病のため休業する期間及びその後30日間、産前産後の女性が労基法第65条に基づいて産前産後の休業をする期間及びその後30日間は、労働者を解雇してはならないと定めています。ただし、天災事変その他やむを得ない事由のために事業の継続が不可能となった場合に労働基準監督署長の認定を受けたとき等はその限りではないとされています。また、労基法第20条では、使用者は労働者を解雇する場合には、30日前に予告するか30日分の平均賃金（解雇予告手当）を支払わなければならないとされています。ただし、天災事変その他やむを得ない事由のために事業の継続が不可能となった場合等で労働基準監督署長の認定を受けたときは、解雇予告や解雇予告手当の支払は不要とされています。労基法第19条と第20条の「天災事変その他やむを得ない事由」とは、天災事変のほか、天災事変に準ずる程度の不可抗力によるもので、かつ、突発的な事由を意味し、経営者として必要な措置をとっても通常いかんともし難いような状況にある場合を意味すると解されています。また、「事業の継続が不可能になる」とは、事業の全部又は大部分の継続が不可能になった場合を意味すると解されています。

　今回の震災で、事業場の施設・設備が直接的な被害を受けたために事業の全部又は大部分の継続が不可能となった場合は、原則として、「天災事変その他やむを得ない事由のために事業の継続が不可能となった場合」に当たるものと考えられます。なお、今回の震災で、事業場の施設や設備は直接的な被害を受けていない場合で、取

引先や鉄道・道路が被害を受け、原材料の仕入、製品の納入等が不可能になったときの扱いについては、Ｑ３－３・Ａ３－３をご覧ください。

　　注：Ｑ３－３・Ａ３－３については厚生労働省のホームページをご覧ください。

■ 解雇予告除外認定

Ｑ　社員の使い込みが発覚し、使い込んだ金額を返還させることで刑事告訴はしないこととし、懲戒解雇をする予定です。このような場合でも解雇予告、あるいは解雇予告手当を支払わなければならないでしょうか。現在、自分で出勤してこないのですが、残っている年次有給休暇を消化したことにしなければならないでしょうか。

Ａ　懲戒解雇をする前に所轄労働基準監督署長の解雇予告除外認定を受けない限り、解雇予告あるいは解雇予告手当の支払義務があります。本人が年休取得をしたいと言っているのでなければ欠勤扱いで問題ありません。

■ 行方不明者への解雇通告

Ｑ　行方不明者に解雇通告をしたい場合はどうすればよいのでしょうか。

Ａ　行方不明者に対しては、公示送達（民法98条）の手続きをとります。相手方の最後の住所地の管轄の簡易裁判所に申し立て、許可されると簡易裁判所の掲示板へ公示送達の掲示がされ、併せて市役所等の掲示板にその旨掲示されます。市役所等の掲示から２週間経過したときに公示送達の効力が生じます。今後の対策としては、就業規則に、「長期間無断欠勤した場合は退職したものとする。」と規定した方がよいでしょう。

解雇予告の除外

第21条　前条の規定は、左の各号の一に該当する労働者については
　　適用しない。但し、第１号に該当する者が１箇月を超えて引き続き
　　使用されるに至つた場合、第２号若しくは第３号に該当する者が所
　　定の期間を超えて引き続き使用されるに至つた場合又は第４号に該
　　当する者が14日を超えて引き続き使用されるに至つた場合において
　　は、この限りでない。
　(1)　日日雇い入れられる者
　(2)　２箇月以内の期間を定めて使用される者
　(3)　季節的業務に４箇月以内の期間を定めて使用される者
　(4)　試の使用期間中の者

1　解雇予告制度が適用されない労働者の範囲

　日雇い労働者や短期契約の労働者などの臨時的性質の労働者について解
雇予告制度を適用することは困難または不適当であり、労働者も臨時的な
就労と考えているので、予告するに及ばないという理由で、解雇予告制度
が適用されない労働者の範囲を定めている。

　しかし、解雇予告義務を免れるために短期雇用の契約形式をとることな
どの脱法行為を防止するために、①日々雇い入れられる者が１か月を超
えて引き続き使用されるに至った場合、②２か月以内の期間を定めて使
用される者が所定の期間を超えて引き続き使用されるに至った場合、③季
節的業務に４か月以内の期間を定めて使用される者が所定の期間を超え
て引き続き使用されるに至った場合、④試用期間中の者が14日を超えて
引き続き使用されるに至った場合においては、解雇予告制度が適用され
る。

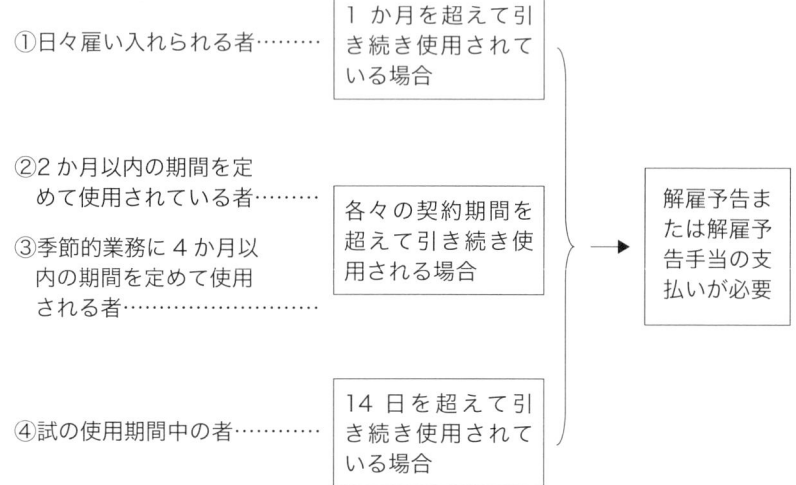

①日々雇い入れられる者……… 1か月を超えて引き続き使用されている場合

②2か月以内の期間を定めて使用されている者………
③季節的業務に4か月以内の期間を定めて使用される者…………………… 各々の契約期間を超えて引き続き使用される場合

④試の使用期間中の者………… 14日を超えて引き続き使用されている場合

解雇予告または解雇予告手当の支払いが必要

2　解雇予告が除外されている労働者

①　日々雇い入れられる者

　契約が1日単位で行われるので、解雇が行われることはありえない。しかし、日々雇い入れられる者が1か月を超えて引き続き使用されるに至った場合には解雇予告制度が適用される。1か月とは休日も含めた1か月をいう。

　日給制は、賃金が日を単位として支払われるもので日雇いには該当しない。

②　2か月以内の期間を定めて使用されている者

　契約期間の満了によって労働契約が終了するのは解雇ではないので解雇予告制度が適用されない。

　なお、期間の定めがある契約の場合に契約期間満了前に解除することは、民法上は原則としてやむを得ない事由があるとき（民法628条）、または使用者が破産したとき（同法631条）に限られており、これらの事由がない場合は解雇は無効となる。

③　季節的業務に4か月以内の期間を定めて使用される者

「季節的業務」とは、春夏秋冬の四季、あるいは結氷期、積雪期等の自然現象を伴う業務に限られる。具体的には、夏季の海水浴場の業務、冬の除雪作業、農業の収穫期の作業などが該当する。

④　試の使用期間中の者

就業規則または労働契約に、試用期間については、明確に定められている必要があり、この定めがなく雇入れと同時に本採用された場合には本条の適用はない。

試用期間の長さを制限するものではないので、3か月や6か月の試用期間を定めることは問題ない。

【試の使用期間中の解雇】

　会社で定めている試の使用期間の如何にかかわりなく、14日を超えれば法第20条の解雇予告もしくは予告手当の支払を要するものである（昭24.5.14 基収1498号）。

退職時等の証明

第22条　労働者が、退職の場合において、使用期間、業務の種類、その事業における地位、賃金又は退職の事由（退職の事由が解雇の場合にあつては、その理由を含む。）について証明書を請求した場合においては、使用者は、遅滞なくこれを交付しなければならない。

2　労働者が、第20条第1項の解雇の予告がされた日から退職の日までの間において、当該解雇の理由について証明書を請求した場合においては、使用者は、遅滞なくこれを交付しなければならない。ただし、解雇の予告がされた日以後に労働者が当該解雇以外の事由により退職した場合においては、使用者は、当該退職の日以後、これを交付することを要しない。

3　前2項の証明書には、労働者の請求しない事項を記入してはなら

ない。

4　使用者は、あらかじめ第三者と謀り、労働者の就業を妨げること
を目的として、労働者の国籍、信条、社会的身分若しくは労働組合
運動に関する通信をし、又は第1項及び第2項の証明書に秘密の記
号を記入してはならない。

1 退職時の証明書の交付義務

本条は、退職、解雇、自然退職等の退職をめぐる紛争を防止し、労働者
の再就職活動に資するため、退職時の証明書の交付義務を定め、労働者の
就職を妨害するために証明書に他事記載、その他の通信を記載する等のブ
ラックリストを禁止している。

① 退職証明書（1項）

労働者が、退職の場合において、使用期間、業務の種類、その事業にお
ける地位、賃金または退職事由（退職の事由が解雇の場合にあっては、そ
の理由を含む。）の証明書を請求した場合においては、使用者は、遅滞な
くこれを交付しなければならない。

② 解雇理由証明書（2項）

労働者が、解雇の予告（労基法20条1項）がされた日から退職の日まで
の間に、解雇理由の証明書を請求した場合には、使用者は、遅滞なくこれ
を交付しなければならない。

③ 秘密の記号の記入禁止（3項、4項）

使用者は、退職時の証明書および解雇理由の証明書に、労働者の請求し
ない事項や秘密の記号を記入してはならず、あらかじめ第三者と謀り、労
働者の就業を妨げることを目的として、労働者の国籍、信条、社会的身分
若しくは労働組合運動に関する通信をしてはならない。

図表 2 -10　解雇理由の証明と退職時の証明

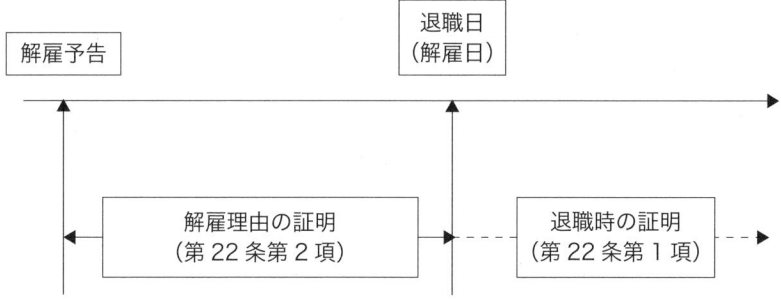

2　退職証明書の法定記載事項

　退職証明書には、以下の図表 2 -11の記載事項が定められている（労基法22条 1 項）。労働者から退職証明書の交付の請求があった場合には、請求された事項についてのみ証明しなければならず、労働者の請求しない事項を記入してはならない（労基法22条 3 項）。証明書の交付は、請求があった後、遅滞なく行わなければならない。

　労働者と使用者との間で退職の事由について見解の相違がある場合、使用者は自らの見解を証明書に記載し、労働者の請求に対し遅滞なく交付すれば基本的には本条第 1 項違反とはならないものであるが、それが虚偽であった場合（使用者がいったん労働者に示した事由と異なる場合等）には、本条第 1 項の義務を果たしたこととはならない（平11.3.31　基発169号）。

　雇用保険の離職票は公共職業安定所に提出する書類であるため、これを退職証明書に代えることはできない（前掲通達）。

図表 2 -11　退職証明書の法定記載事項

使用期間	当該企業における使用期間。事業場の変更があっても企業が同一である限り通算する。

業務の種類	なるべく具体的に記入する。特殊技能を必要とするものは、それが明確になるように記入する。
その事業における地位	職名、役付名だけでなく、責任の限度を明確にする。
賃金	賃金の名称ごとに分類し、1か月の総支給額も記入する。（労働者の記載希望に従う。）
退職の事由	自己都合退職、勧奨退職、解雇（その理由も書く。）、定年退職等労働者が身分を失った事由を書く。

③ 解雇理由の証明

　労働者が、解雇の予告がされた日から退職の日までの間に、当該解雇の理由について証明書を請求した場合においては、使用者は、遅滞なくこれを交付しなければならない。解雇の理由については、具体的に示す必要があり、就業規則の一定の条項に該当することを理由として解雇した場合には、就業規則の当該条項の内容及び当該条項に該当するに至った事実関係を証明書に記入しなければならない。

　解雇された労働者が解雇の事実のみについて使用者に証明書を請求した場合、使用者は、労基法第22条第2項の規定により、解雇の理由を証明書に記載してはならず、解雇の事実のみを証明書に記載する義務がある。

　解雇予告義務のない即時解雇の場合には適用がない。この場合使用者は本条第1項の退職証明書を交付しなければならない（平15.10.22 基発1022002号）。

　ただし、解雇の予告がされた日以後に労働者が当該解雇以外の事由により退職した場合には、使用者は、当該退職の日以後、これを交付する必要はない（前掲通達）。

④ ブラックリストの禁止

　使用者は、あらかじめ第三者と謀り、労働者の就業を妨げることを目的

として、労働者の国籍、信条、社会的身分若しくは労働組合運動に関する通信をしたり、退職証明書および解雇理由証明書に秘密の記号を記入することが禁じられている。

ここで掲げられた国籍、信条、社会的身分若しくは労働組合運動に関する事項は制限列挙であり、例示ではない（昭22.12.15 基収2716号）。しかし、秘密の記号については事項が限定されていないので、いかなる事項について記入しても本条に抵触する。

┃図表2-12 禁じられている通信の内容

国籍	
信条	特定の宗教的または政治的信念をいう（昭22.9.13 発基17号）。
社会的身分	生来的な地位をいうものと解する（昭22.9.13 発基17号）。
労働組合運動	
秘密の記号	事項が限定されていないので、いかなる事項について記入しても本条に抵触する。

5 本条違反

第1項、第2項および第3項違反：30万円以下の罰金が科される（労基法120条1号）。

第4項違反：6か月以下の懲役または30万円以下の罰金が科される（労基法119条1号）。

> **金品の返還**
>
> **第23条** 使用者は、労働者の死亡又は退職の場合において、権利者の請求があつた場合においては、7日以内に賃金を支払い、積立金、保証金、貯蓄金その他名称の如何を問わず、労働者の権利に属する金品を返還しなければならない。

> 2　前項の賃金又は金品に関して争がある場合においては、使用者は、異議のない部分を、同項の期間中に支払い、又は返還しなければならない。

1　金品の返還

　労働者が退職したときに、使用者が労働者の賃金の支払い、あるいは積立金その他の金品を返還しないことが、労働者の足止め策として行われたり、また、労働者や死亡労働者の遺族の生活を困窮させたりするので、これらを防ぐことを目的としている。

　時間が経過すると、賃金の支払いや金品の返還に不便等が生じるので、早く清算させるために請求後7日以内に支払い、あるいは返還しなくてはならないと定められている。

2　権利者

　権利者とは、退職の場合は労働者本人、死亡の場合は労働者の遺産相続人であり、一般債権者は含まれない（昭2.9.13 発基17号）。

3　返還の対象

　返還の対象となるものは、図表2-13の賃金と労働者の権利に属する金品である。労働者のふとん、衣類等も返還対象となる（昭41.2.2 基収8818号）。

　退職手当は就業規則等の定める支払期日に支払われるかぎりは本条違反に該当しない（昭26.12.27 基収5483号、昭63.3.14 基発150号）。

図表2-13　返還の対象

賃金	労基法第11条の賃金の要件を満たすもの。
労働者の権利に属する金品	積立金、保証金、貯蓄金その他名称のいかんを問わず、労働関係に附随して労働者が使用者に預入や保管を依頼したすべての金銭および物品

4　賃金または金品に争いがある場合

　賃金または金品に争いがある場合でも、労働者の請求のうち異議のない部分については、請求から 7 日以内に返還しなければならない。

【死亡労働者の退職金】

　労働者が死亡したときの退職金の支払いについて別段の定めがない場合には民法の一般原則による遺産相続人に支払う趣旨と解されるが、労働協約、就業規則等において民法の遺産相続によらず、施行規則第42条、第43条の順位による旨定めても違法ではない。従ってこの順位によって支払った場合はその支払は有効である。

　同順位の相続人が数人いる場合についてもその支払について別段の定めがあればこの定めにより、別段の定めがない時は共同分割による趣旨と解される（昭25.7.7 基収1786号）。

5　本条違反

　本条違反に対しては、30万円以下の罰金が科される（労基法120条 1 号）。

賃金の支払

第24条　賃金は、通貨で、直接労働者に、その全額を支払わなければならない。ただし、法令若しくは労働協約に別段の定めがある場合又は厚生労働省令で定める賃金について確実な支払の方法で厚生労働省令で定めるものによる場合においては、通貨以外のもので支払い、また、法令に別段の定めがある場合又は当該事業場の労働者の過半数で組織する労働組合があるときはその労働組合、労働者の過半数で組織する労働組合がないときは労働者の過半数を代表する者との書面による協定がある場合においては、賃金の1部を控除して支払うことができる。

2　賃金は、毎月1回以上、一定の期日を定めて支払わなければならない。ただし、臨時に支払われる賃金、賞与その他これに準ずるもので厚生労働省令で定める賃金（第89条において「臨時の賃金等」という。）については、この限りでない。

1 賃金支払いの5原則

　賃金が確実に労働者本人の手に渡るように、賃金の支払い方法について、通貨払、直接払、全額払、毎月一定期日払および定期払いの5原則を定めている。

図表3-1　賃金支払の5原則と例外

		原　　則	例　　外
①	通貨払	賃金は通貨で支払わなければならず、現物給与は禁止されている。	法令または労働協約に定めがある場合 厚生労働省令で定める場合
②	直接払	労働者本人以外に賃金を支払うことは禁止されている。	使者への支払
③	全額払	賃金はその全額を支払わなければならない。	所得税、社会保険料など法令に定めがある場合、労使協定がある場合
④	毎月1回払	毎月少なくとも1回は賃金を支払わなければならない。	臨時に支払われる賃金 賞与 清算期間が1か月を超える一定の手当
⑤	一定期日払	「毎月25日」というように、決まった日に支払わなければならない。	

(1)　通貨払の原則

　賃金は通貨（強制通用力のある貨幣および日本銀行券）で支払わなければならず、現物給与を禁止している。

　通貨払の例外として、以下の方法が認められている。

通貨払の例外

○法令または労働協約に定めがある場合は通貨以外のもの（現物給与
　※）で支払うことができる。

　※通貨以外のものとは、通勤定期乗車券（昭25.1.18　基収130号、
　　昭33.2.13　基発90号）等の無形の利益も含む。

○厚生労働省令で定める賃金について確実な支払の方法で厚生労働省
　令で定めるものによる場合……賃金の口座振込み、退職手当の支払
　い（小切手、郵便為替等）

ア　実物給与が許される場合

① 　法令（法律、政令および省令）

現在、賃金を通貨以外のもので支払うことを認めた法令はない。

② 　労働協約（労働組合法第3章）

労働協約により通貨以外のもので賃金が支払われるのは、その労働協約の適用を受ける労働者に限られる（昭63.3.14 基発150号）。

実物給与の評価は、労働協約で定めておかなければならない（労基則3条3号）。

イ　厚生労働省令で定める賃金について確実な支払の方法で厚生労働省令で定めるものによる場合

① 　賃金の口座振込み

ⅰ　賃金の口座振込みの要件

a　労働者が同意していること。

b　労働者が指定している本人名義の預貯金口座に振り込まれること。

c　振り込まれた賃金の全額が毎月の所定賃金支払日に引き出せること。（昭63.1.1 基発1号）

ⅱ　賃金の口座振込みの手続き（労基則7条の2）

a　賃金の口座振込みに関する協定の締結

賃金の口座振込みに関する協定の内容（様式なし）

① 　口座振込みの対象となる従業員の範囲

② 　口座振込みの対象となる賃金の範囲およびその金額

③ 　取扱い金融機関の範囲

④ 　口座振込みの実施開始時期

（平10.9.10 基発530号、平13.2.2 基発54号、平19.9.30 基発0930001号）

---

b 口座振込み同意書

口座振込み同意書の内容

・口座振込みを希望する賃金の範囲およびその金額

・指定する金融機関店舗名・預貯金の種類・口座番号

・口座振込みの開始を希望する時期

---

c 給与明細書の交付

給与明細書の内容

・基本給、手当その他賃金の種類ごとにその金額

・源泉徴収税額、社会保険料額、その他賃金から控除した項目ごとの
　金額

・口座に振り込んだ額

---

② 退職手当

労働者の同意を得た場合には、退職手当の支払については、口座振込み
によるほか、次の方法によることができる（労基則7条の2第2項、第3
項）。

　i　銀行その他の金融機関によって振り出された当該銀行その他の金融
　　機関※を支払人とする小切手を労働者に交付すること

　　　地方公務員の職員に対する退職手当の支払いについては、地方公共
　　団体によって振り出された小切手の交付によることができる。

　ii　銀行その他の金融機関※が支払保証をした小切手を労働者に交付す
　　ること

　iii　郵便為替を労働者に交付すること。

　iv　同項第1号中「小切手」とあるのは、「小切手または地方公共団体
　　によって振り出された小切手」とする。

　　※ゆうちょ銀行、信用金庫、信用協同組合、農業協同組合、労働金庫

　等

⑵　直接払の原則

労働者本人以外に賃金を支払うことは禁止されている。

- ・未成年者は独立して賃金を受け取ることができると規定し、親権者あるいは法定代理人が受け取ることを禁止している（労基法59条）。
- ・労働者が賃金債権を第三者に譲渡した場合、譲受人に賃金を支払うことは本条に違反すると解されている。
- **・使者に支払うことは差支えない。**

　　例：病気欠勤中の労働者の妻子を使者として、これに賃金を支払う。

ア　本条違反となる事例

譲渡：労働者が賃金債権を他者に譲渡した場合、譲受人に賃金を支払うことは本条に違反すると解される。

　国家公務員の退職手当の給付を受ける権利の譲受人に対する支払いについて、譲受人に対する退職手当の請求を退け、労基法第24条によれば賃金債権の譲受人は自ら使用者に対してその支払を求めることは許されないと判示している（小倉電話局事件　最高裁三小　昭43.3.12判決　労判67号9頁）。

　民間企業の退職金債権についても同様の判断が示されている（伊予相互銀行事件　最高裁三小　昭43.5.28判決　労判76号63頁）。

■ 小倉電話局事件（最高裁三小　昭43.3.12判決）。

【事件の概要】

　Ｘは、Ａとの間に生じた問題の解決のため、Ａから200万円の解決金を受けることになった。しかし、Ａは現金を工面することができなかったため、Ａの退職金の一部である200万円分をＸに譲渡し、その旨を勤務先のＹに通知した。ところが、途中で気が変わったＡは、退職金の一部譲渡を取り消す旨Ｙに通知し、Ａは自ら退職金の

全額を請求し、受け取った。そこで、XはYに対して、退職金の一部の支払いを求めて争った。

【判決の要旨】
1　国家公務員等退職手当法に基づいて支給される一般の退職手当は、労働基準法第11条所定の賃金に該当し、その支払については、性質の許すかぎり、同法第24条第1項本文の規定が適用または準用される。

2　右退職手当の支給前に、退職者またはその予定者が退職手当の受給権を他に譲渡した場合において、譲受人が直接国または公社に対してその支払を求めることは許されない。労働基準法第24条第1項が「賃金は直接労働者に支払わなければならない。」旨を定めて、使用者たる賃金支払義務者に対し罰則をもつてその履行を強制している趣旨に徴すれば、労働者が賃金の支払を受ける前に賃金債権を他に譲渡した場合においても、その支払についてはなお同条が適用され、使用者は直接労働者に対し賃金を支払わなければならず、したがつて、右賃金債権の譲受人は自ら使用者に対してその支払を求めることは許されないものと解するのが相当である。

イ　本条違反とならない事例
・派遣労働者に対する支払い
派遣労働者の賃金を派遣先の使用者を通じて支払うことについては、派遣先の使用者が派遣労働者に対して派遣元の使用者からの賃金を手渡すことだけであれば、直接払の原則には違反しない（昭61.6.6 基発333号）。

・一括支払
係長等に支払事務の補助を命じ、これらの者に事業主のために労働者に賃金を手渡すことを命じ、労働者に賃金を手渡させることは、これらの者が使用者の立場で行うものであるから本条違反とはならない。

・差押
行政官庁が国税徴収法に基づいて行った差押処分に従って、使用者が労

働者の賃金を控除のうえ行政官庁に納付することは本条違反とはならない。民事執行法に基づく差押についても本条違反とはならない。

⑶　全額払の原則

賃金はその全額を支払わなければならず、一部控除は以下の場合を除き認められない。

図表3-2　賃金の一部控除が認められる場合

賃金の一部控除が認められる場合	控除できるもの
①　法令に別段の定めがある場合	所得税、地方税 健康保険料、厚生年金保険料、雇用保険料
②　労使協定がある場合 　協定の内容（昭27.9.20 基発675号） ⅰ　控除の対象となる具体的な項目 ⅱ　各項目別に定める控除を行う賃金支払日	購買代金、社宅、寮その他の福利厚生施設の費用、社内預金、組合費等事理明白なものについてのみ控除を認める趣旨（昭27.9.20 基発675号、平11.3.31 基発168号）。

ア　控除額の限度

労基法第24条によれば、ただし書きの賃金の一部控除については控除額に限度はない。民法第506条によって使用者が相殺を行う場合は、**賃金額の４分の３に相当する部分**（その額が標準的な世帯の必要生計費を勘案して民事執行法施行令第２条で定める額※を超えるときは、同条で定める額に相当する部分）については相殺することはできない（民法510条、民事執行法152条）。

退職金については、前述括弧書きの部分は適用されず、その額の４分の３に相当する部分は相殺することができない（民事執行法152条２項、昭29.12.23 基収6185号、昭63.3.14 基発150号・婦発47号）。

※毎月払いの場合33万円（平成20.4.1時点）

イ　過払い賃金の清算

[過払賃金の清算]

前月分の過払賃金を翌月分で清算する程度（前月分のストライキを行った日に支払った賃金を翌月の賃金から控除する）過払は賃金それ自体の計算に関するものであるから、労基法第24条の違反とは認められない（昭23.9.14 基発1357号）。

過払い賃金の清算が許される条件（福島県教組事件　最高裁一小　昭44.12.18 判決　労判96号21頁）

① 清算が過払い時と合理的に接着した時期に行われること

② 労働者にそのことが予告されること

③ 額が多額にならないことなど労働者の生活をおびやかすおそれのないこと

■ **福島県教組事件**（最高裁一小　昭44.12.18 判決　労判103号17頁）

【事件の概要】

福島県（Y）の公立学校職員であるXら146名は、Xらに対し昭和33年12月15日に支給した勤勉手当には、Xらが同年9月5日から同月15日までの間、勤務しなかった日、時間に対する賃金も含んでいたので、Yは、Xらに対し、過払金の返納を求め、この求めに応じないときには翌月分の給与から過払額を減額する旨通知したうえ、これを同年2月21日又は3月21日に支払われる給与から控除した。Xらは当該控除が労基法第24条第1項規定の賃金全額払の原則に反するとして訴えた。

【判決の要旨】

1　賃金過払による不当利得返還請求権を自働債権とし、その後に支払われる賃金の支払請求権を受働債権としてする相殺は、過払のあつた時期と賃金の清算調整の実を失わない程度に合理的に接着した時期においてされ、かつ、あらかじめ労働者に予告されるとかその

額が多額にわたらない等労働者の経済生活の安定をおびやかすおそれのないものであるときは、労働基準法第24条第1項の規定に違反しない。

2　公立中学校の教員に対して昭和33年12月15日に支給された勤勉手当中に940円の過払があつた場合において、昭和34年1月20日頃右教員に対し過払金の返納を求め、この求めに応じないときは翌月分の給与から過払額を減額する旨通知したうえ、過払金の返還請求権を自働債権とし、同年3月21日に支給される同月分の給料および暫定手当合計2万2,960円の支払請求権を受働債権としてした原判示の相殺は、労働基準法第24条第1項の規定に違反しない。

■ 日新製鋼事件（最高裁二小　平2.11.26 判決 労判584号6頁）

【事件の概要】

　従業員Y1が元利均等分割償還、退職した場合には残金一括償還の約定でY2会社から住宅資金を借り入れた。その際に、借入金は、毎月の賃金と賞与から控除して、退職する場合は退職金で返済する旨の約定をした。その後、従業員がサラ金に多額の負債を負い破産を申し立てざるを得ない状態に陥ったため、退職金で借入金を返済しようとして、会社に退職を申し出た。退職届を受理するとともに、本件についても委任状の提出を受けた。清算処理を行い、過払賃金の調整的控除も行った結果、退職金、給与等の残金として1万6559円が支払われ、Y2も異議なく受領した。会社は、残っている借入金について、退職金で返済することの同意を本人から得て、清算処理を行った。その後、従業員は破産宣告を受け、破産管財人に選任されたXが、そのような清算処理は労基法第24条第1項の賃金の全額払いの原則に違反するとして、会社に対して退職金の支払を求めた。

【判決の要旨】

1　使用者が労働者の同意を得て労働者の退職金債権に対してする相

殺は、右同意が労働者の自由な意思に基づいてされたものであると
認めるに足りる合理的な理由が客観的に存在するときは、労働基準
法第24条第1項本文に違反しない。

2　Ｙ2会社の従業員Ｙ1が、銀行等から住宅資金の貸付けを受ける
に当たり、退職時にはＹ1の退職金等により融資残債務を一括返
済し、Ｙ2会社に対しその返済手続を委任する等の約定をし、Ｙ2
会社が、Ｙ1の同意の下に、右委任に基づく返済費用前払請求権を
もつてＹ1の有する退職金債権等と相殺した場合において、右返
済に関する手続をＹ1が自発的に依頼しており、右貸付けが低利
かつ相当長期の分割弁済の約定の下にされたものであつて、その利
子の一部をＹ2会社が負担する措置が執られるなど判示の事情が
あるときは、右相殺は、Ｙ1の自由な意思に基づくものと認めるに
足りる合理的な理由が客観的に存在したものとして、有効と解すべ
きである。

3　Ｙ2会社の従業員Ｙ1が、銀行等から住宅資金の貸付けを受ける
に当たり、退職時にはＹ1の退職金等により融資残債務を一括返
済し、Ｙ2会社に対しその返済手続を委任する等の約定をした場合
において、Ｙ2会社が、Ｙ1の破産宣告前、右約定の趣旨を確認す
る旨のＹ1の同意の下に、右委任に基づく返済費用前払請求権を
もつてしたＹ1の有する退職金債権等との相殺は、否認権行使の
対象とならない。

賃金債権の放棄

■ シンガー・ソーイング・メシーン事件（最高裁二小　昭48.1.19判決 労
判197号11頁）

【事件の概要】

　Ｙ社の西日本の総責任者ＸがＹ社を退職するに際して、「Ｘは、
Ｙ社に対して、いかなる性質の請求権をも有しないことを確認する」

旨の書面に署名をして、Y社に提出した。Y社が、この書面を提出させたいきさつとしては、XがY社を退職後、Y社の一部門と競争関係にある他社へ就職することをY社が知り、また、Xが在職中、Xとその部下の旅費等経費の支出について、書面上つじつまが合わない等、さまざまな疑惑があったことからだった。Xは退職後に、会社に退職金の支払いを求めたが、会社は書面により退職金債権を放棄したと主張して、退職金を支払わなかった。Xは、退職金の支払いを求めて訴えを提起し、一審はXの請求を認めたが、原審はXの請求を棄却し、Xが上告した。

【判決の要旨】

1　賃金にあたる退職金債権放棄の意思表示は、それが労働者の自由な意思に基づくものであると認めるに足りる合理的な理由が客観的に存在するときは、有効である。

2　Y会社の被用者で西日本における総責任者の地位にあるXが、退職に際し、賃金にあたる退職金債権を放棄する旨の意思表示をした場合において、Xが退職後ただちに競争会社に就職することがYに判明しており、また、Xの在職中における経費の使用につき書面上つじつまの合わない点からYが疑惑をいだいて、その疑惑にかかる損害の一部を填補させる趣旨で退職金債権の放棄を求めた等判示の事情があるときは、右退職金債権放棄の意思表示は、Xの自由な意思に基づくものであると認めるに足りる合理的な理由が客観的に存在したものとして、有効とすべきである。

■ 賃金計算の端数の取扱い（昭63.3.14 基発150号）

① 　遅刻、早退、欠勤等の端数処理

　5分の遅刻を30分の遅刻として賃金カットをするというような端数処理は、労働の提供のなかった限度を超えるカット（25分についてのカット）について、賃金の全額払いの原則に反し違法である。

② 割増賃金の計算にける端数処理

次の方法は、常に労働者の不利となるものではなく、事務簡便を目的としたものと認められるから、労基法第24条および第37条違反としては取り扱わない。

A　1時間あたりの賃金額及び割増賃金額に円未満の端数が生じた場合、50銭未満の端数を切り捨て、50銭以上1円未満の端数を1円に切り上げる。

B　1か月間における割増賃金の総額に1円未満の端数が生じた場合、Aと同様に処理する。

③ 平均賃金の計算

・賃金の総額を総暦日数で除した金額の銭未満の端数を切り捨てる。なお、平均賃金を基にして休業手当等を計算する場合は、特約がなければ円未満の端数処理はAと同じ。

④ 1か月の賃金支払額における端数処理

以下の方法を採る場合は、就業規則に定めることが必要である。

・1か月の賃金額（賃金の一部を控除して支払う場合には控除した残額）に100円未満の端数が生じた場合は50円未満の端数を切り捨て、50円以上の端数を100円に切り上げて支払うことが出来る。

・1か月の賃金額に1,000円未満の端数がある場合は、その端数を翌月の賃金支払日に繰り越して支払うことができる。

⑷　毎月払の原則

賃金は毎月1回以上支払わなければならない。

・支払期限については、必ずしもある月の労働に対する賃金をその月に支払うことを要しない。

・締切後どれくらいの期間以内に支払わなければならないという定めはないが、不当に長い期間をおくことは適切ではない。

■ 賞与を定期預金証書で支払うことの可否

Q　弊社の就業規則には、賞与の支給方法として会社の取引銀行の定期預金証書で支払うと規定されているのですが、このままで問題はありませんか。

A　賃金は通貨（強制通用力のある貨幣および日本銀行券）で支払わなければならず、現物給与は禁止されています。通貨払いの例外の1つとして口座振込が認められていますが、定期預金証書は口座振込ではないので問題です。通貨あるいは口座振込に変えなければいけません。

■ 締切日と支払日の間隔

Q　今度就職した会社では、給料の締切日が毎月25日で、支払日は翌月の末日です。入社後2か月も給料がもらえないのでお金がなくて困っています。締切日と支払日の間隔について決まりはないのでしょうか。

A　締切後どれくらいの期間以内に支払わなければならないという定めはありませんが不当に長い期間をおくことは適切ではありません。毎月払いの原則からしても締切日から支払日の間が1か月以上あくのは不当といえるでしょう。

＜参考＞　家内労働法第6条で、工賃締切日を設ける場合は、「当該工賃締切日までに受領した当該物品に係る工賃を、その日から一月以内に支払わなければならない。」という規定がある。

■ 賃金締切日の変更

Q　賃金締切日を変更する場合の留意点を教えてください。

A　賃金締切日を変更する場合に支払日に変更がなければ、移行月に支払われる賃金が少なくなるという不利益が生じるおそれがあります。例えば、20日締め末日払いを、5月から10日締め末日払いに変

更する場合、5月31日支払分である4月21日から5月10日までが一時的に短い計算期間となり、社員は次の支払い日である6月30日までの間、通常の3分の2程度の賃金で生活しなければならないことになります。そこで、移行月に不利益が起こらないように以下の方法が考えられます。

・支払日に通常どおり1か月分の賃金を支払う、つまり賃金の3分の1にあたる9日分を二重に支払う。

・変更月を賞与支給月に合わせて、賞与によって生活費を補うようにする。

・無利子の貸付を行う。

　もちろん、5月31日に支払うべき3分の2すなわち21日分の賃金を6月30日支払分と合算して支払うことは、5月に一度も賃金が支払われないことになり労基法第24条に定める「毎月払い」の原則に違反することになるので許されません。

■ 直接払いの労働者の出張中の賃金支払い

Q　賃金を銀行振り込みによらず、手渡ししている労働者が1週間の出張で所定の支払日に受け取れない場合はどうすればいいのでしょうか。

A　賃金を現金で受領している労働者について、1週間程度の出張と給与支給日が重なる場合は、出張は本人の任意の行為ではないので、会社で賃金を用意しておいたとしても、実際には給与支給日に賃金を受領できないのであれば、労基法第24条違反となると考えられます。このような場合には、家族に使者として給与を受け取りに来てもらうとか、あるいは、出張前に仮払いしておくなどの措置が必要となるでしょう。さらに、十分な措置としては、希望する従業員に対しては賃金を前払いしておくことも必要と考えられます。

■ 賃金の振込手数料をアルバイトの賃金から控除していいか

Q　アルバイトの賃金を即日払いする際、振込手数料を賃金から控除していいでしょうか。

A　銀行口座への振込手数料について、労使のいずれが負担すべきかについては労働関係の法令や通達には特に定めがありません。民法第485条では、「弁済の費用について別段の意思表示がないときは、その費用は、債務者の負担とする。」と定められているので、債務者、この場合は賃金の支払い義務を有する使用者が手数料を負担することが一般原則となります。この条文は任意規定であり、別段の意思表示があれば弁済の費用を債権者負担とすることも許されると考えられるので、個々の労働者の同意に基づき、労働者に振込手数料を負担させることは可能です。

　しかし、賃金は労働の対償として本来その全額を労働者が受け取るべきものです。アルバイトの日々の賃金にとって振込手数料の控除は過大な負担となります。また、賃金の口座振り込みはどちらかといえば使用者側の都合により行われることが多く、実際に現金を取り扱う手間が省けるなど使用者側が受ける恩恵も少なくないと考えられるので、民法の原則どおり使用者側が振込手数料を負担することが望ましいと思われます。

■ 振込先銀行の会社指定の可否

Q　給与は銀行振込で、振込先銀行は A 銀行に限っています。従業員が他の銀行を希望した場合、振込手数料を従業員負担にしていいでしょうか。

A　振込先銀行として、従業員の希望する銀行も認めなければならないし、振込手数料を従業員の給与から差し引いてもいけません。賃金は、通貨で支払わなくてはならないと定められており、銀行振込みも通貨払いではありません。賃金の銀行振込みについては要件が決められています。使用者は、労働者の同意を得た場合には賃金の支払についてその労働者の指定する銀行その他の金融機関の預金又は貯金への振込みができるとされています（労基則７条の２第１項）。振込手数料の負担についての理由は、前掲 Q 賃金の振込手数料をアルバイトの賃金から控除していいかと同様です。

⑸ 一定期日払の原則

期日が特定されなければならず、その期日は周期的に到来するものでなければならない。「第2週の火曜日」では日にちの特定ができないので認められない。

ただし、所定期日が休日にあたる場合は、支払日の繰り上げ、繰り下げは一定期日払いに違反しない。

毎月払、一定期日払の例外
ア 臨時に支払われる賃金

「臨時に支払われる賃金」とは、「臨時的、突発的事由にもとづいて支払われるものおよび結婚手当等支給条件は予め確定されているが、支給事由の発生が不確定であり、且つ非常に稀に発生するもの」をいう（昭22.9.13 発基17号）。

例　・就業規則の定めにより支給される私傷病手当（昭26.12.27 基収3857号）

　　・病気欠勤または病気休職中の月給者に支給される加療見舞金（昭27.5.10 基収6054号）

　　・退職金

イ 賞与

賞与とは、「定期または臨時に、原則として労働者の勤務成績に応じて支給されるものであって、その支給額が、予め確定されていないもの」をいい、「定期的に支給されかつその支給額が確定しているものは、名称の如何にかかわらず」賞与とはみなされない（昭22.9.13 発基17号）。

ウ 厚生労働省令で定める賃金

臨時に支払われる賃金、賞与に準ずるものは次に掲げるものをいう（労基則8条）。

① 1か月を超える期間の出勤成績によって支給される精勤手当

② 1か月を超える一定期間の継続勤務に対して支給される勤続手当

③ 1か月を超える期間にわたる事由によって算定される奨励加給また

は能率手当

[2] 本条違反

(1) 罰則

本条第 1 項または第 2 項に違反については30万円以下の罰金に処せられる（労基法120条 1 号）。

(2) 直接払い違反の民事上の効果

① 代理受領者が本人に賃金を渡した場合

「弁済を受領する権限を有しない者に対してした弁済は、債権者がこれによって利益を受けた限度においてのみ、その効力を有する」（民法479条）ので、実際に労働者が受け取った賃金額については、二重払いに応ずる必要はない。

② 代理受領者が本人に賃金を渡さず、着服した場合

代理人に対する支払いは、「債務の本旨にしたがった弁済」（民法493条）ではなく、無効となるので、労働者本人から請求があれば、使用者は支払わなければならない。

非常時払

第25条 　使用者は、労働者が出産、疾病、災害その他厚生労働省令で定める非常の場合の費用に充てるために請求する場合においては、支払期日前であつても、既往の労働に対する賃金を支払わなければならない。

---

[1] 非常時払

賃金は定められた賃金支払日に支払われるのが原則であるが、労働者あるいはその家族に不測の事態が生じた場合には、その請求によって、使用者は既往の労働に対する賃金を支払わなければならない。

請求があってから何日以内に支払わなければならないかについては定め

られていないが、非常時の理由に応じて支払わなければならないものと解される。

　既往の労働に対する賃金については、月給、週給等で賃金が定められている場合には、労基則第19条（割増賃金の基礎になる賃金の計算）に規定する方法（労基法37条参照）によって日割計算して算定するべきだが、締切日前には計算が困難であるものについては、概算払いで差支えないと解されている。

2　非常時払いを請求できる事由

　非常時払いを請求できる事由と対象者は図表3-3のとおりである。
　「その収入によって生計を維持する者」とは扶養義務のある親族に限らず、その収入によって生計を維持する者であれば同居人であっても差し支えない。

▌図表3-3　非常時払いを請求できる事由

非常時払いの対象者	事　　　　由
労働者 労働者の収入によって生計を維持する者	労働者またはその収入によって生計を維持する者が出産し、疾病にかかり、または災害を受けた場合
	労働者またはその収入によって生計を維持する者が結婚し、または死亡した場合
	労働者またはその収入によって生計を維持する者がやむを得ない事由により1週間以上にわたって帰郷する場合

3　本条違反

　本条に違反した使用者は、30万円以下の罰金に処せられる（労基法120条1号）。

> **休業手当**
> **第26条**　使用者の責に帰すべき事由による休業の場合においては、使用者は、休業期間中当該労働者に、その平均賃金の100分の60以上の手当を支払わなければならない。

1　休業手当

　会社側の都合（店舗の改装による休業、工場の生産調整による休業など）により労働者を休業させた日については、平均賃金（平均賃金の計算方法は12条参照）の 6 割以上の手当（休業手当）を支払わなければならない。これは労働者の生活保障を目的とするものである。

2　民法第536条第 2 項との違い

　民法第536条第 2 項では、「債務者が債務の履行をなし得なかった場合でも、それが債権者の責めに帰すべき事由によるものであるときは、債務者は反対給付を受ける権利を失わない。」と規定しているが、この規定は、両当事者の合意があれば排除することができる。労働関係では、この民法の規定を排除する契約が結ばれる可能性が大きいので、これだけでは労働者の保護としては足りない。

　そこで、本条は強行法規をもって、平均賃金の100分の60までを保障しようとする趣旨の規定であって、民法第536条第 2 項の規定を排除するものではない（昭22.12.15 基発502号）。

> **本条と民法第536条第 2 項との違い**
> ①　休業手当については不払いの場合は罰則が科される（労基法120条 1 号）。
> ②　付加金の支払いが命じられることがある（労基法114条）。
> ③　本条は強行規定であるから、本条を下回る水準の休業手当を決め

ても、無効となる（労基法13条）。

④　本条の「責めに帰すべき事由」は、民法第536条第２項のそれよりも範囲が広い。

③　使用者の責めに帰すべき事由

「使用者の責めに帰すべき事由」とは、

①　使用者の故意、過失または信義則上これと同視すべきものより広く、

②　不可抗力によるものは含まれない。

図表3-4　使用者の帰責事由についての具体例

	使用者の帰責事由に該当する	使用者の帰責事由に該当しない
経営障害	○親会社の経営難から下請工場が資材、資金の獲得ができず休業した場合に休業手当の支払い義務がある（昭23.6.11 基収1998号）。 ○港湾労働者の、天災地変その他の不可抗力による休業を除き、船舶、艀、荷役設備、貨物の場合等経営に係る事情に基づく休業※	○法令を遵守するための休業 ・労基法第33条第２項に基づく行政官庁の代休命令（昭23.6.16 基収1935号）。 ・安衛法第66条の健康診断の結果に基づく休業（昭23.10.21 基発1529号、昭63.3.14 基発150号）。 ○事業主の関与範囲外の原因による原料、資材等の欠乏による休業
一部ストライキ	一部の労働者のストライキの場合、残りの労働者を就労させることが可能であるのに、使用者がこれを拒否した場合（昭24.12.2 基収3281号）	労働組合が争議をしたことにより同一事業場の当該組合員以外の労働者の一部が労働を提供し得なくなった場合（ノース・ウェスト航空事件　最高裁二小昭62.7.17判決　労判499号6頁　昭24.12.2 基収3281号）
ロックアウト	ロックアウトが正当な範囲を逸脱した場合（山口放送事件　最高裁二小　昭55.4.11判決　労判	工場閉鎖が争議行為として社会通念上正当と判断される場合（昭23.6.17 基収1953号、丸

	340号25頁)	島水門製作所事件　最高裁三小　昭50.4.25判決、労判227号12頁　ノース・ウェスト航空事件　最高裁二小　昭62.7.17判決　労判499号6頁)
自然災害（地震・津波・洪水等)		事業場の施設・設備が直接的な被害を受け、その結果、労働者を休業させる場合
	事業場の施設・設備が直接的な被害を受けていない場合	左の場合でも、休業について、①その原因が事業の外部より発生した事故であること、②事業主が通常の経営者として最大の注意を尽くしてもなお避けることのできない事故であることの2つの要件を満たす場合。後掲Ｑ＆Ａ参照
新型インフルエンザ	新型インフルエンザに家族がり患したとき、当該労働者を休業させた場合	新型インフルエンザに労働者がり患した場合
その他	○仕事量を確保することが困難な雇用調整局面における採用内定者の自宅待機、従業員の休業　○解雇に先立ち無給の休職処分をした措置について、この措置は有効だが、休業手当の支給義務は免れない（相互交通事件　函館地裁　昭63.2.29判決　労判518号70頁)	

※雨天等による休業の場合についても、それが自然現象によるものであるという理由のみで一律に不可抗力による休業とみなすべきものではなく、客観的にみて通常使用者として行うべき最善の努力をつくしても、なお、就業させることが不可能であったか否か等につき当該事案の諸事情を総合勘案のうえ「使用者の責めに帰すべき事由による休業」であるか否かを判断すべきものである（昭41.6.21 基発630号)。

【派遣労働者の休業手当支払いの要否】

　派遣中の労働者の休業手当支払いの要否の判断は、派遣元の使用者についてなされる。派遣先の事業場が天災地変等の不可抗力により操業で

きないために、派遣労働者を当該派遣先の事業場で就業させることができない場合であっても、派遣元の使用者について、当該労働者を他の事業場に派遣する可能性等を含めて判断し、その責に帰すべき事由に該当しないかどうかを判断する（昭61.6.6　基発333号）。

■ **ノース・ウェスト航空事件**（最高裁二小　昭62.7.17判決）

【事件の概要】

　原告Xらは被告Y会社の大阪と沖縄の営業所に所属する従業員であり、訴外A労働組合の組合員である。Yは羽田地区において、Yの従業員と混用して、訴外B社の労働者をグラウンドホステス業務等に従事させていた。A労働組合は、これが職安法第44条の労働者供給事業の禁止に違反するものとして抗議し、羽田空港においてストライキを行った結果、沖縄・大阪営業所においても操業が不可能となったため、Y会社が右営業所の組合員らにたいし休業を命じ、その間の賃金を支払わなかったことについて、Xらが、Y社の責任で労働できなかったとして賃金の支払いを請求し（民法536条2項）、これが認められない場合にも、労基法第26条の「使用者の責に帰すべき事由」にあたるとして休業手当の支払いを求めた。

【判決の要旨】

1　労基法第26条の「使用者の責に帰すべき事由」は、民法第536条第2項の「債権者ノ責ニ帰スヘキ事由」よりも広く、使用者側に起因する経営、管理上の障害を含む。

2　定期航空運輸事業を営む会社に職業安定法第44条違反の疑いがあったことから、労働組合がその改善を要求して部分ストライキを行った場合であっても、同社がストライキに先立ち、労働組合の要求を一部受け入れ、一応首肯しうる改善案を発表したのに対し、労働組合がもっぱら自らの判断によって当初からの要求の貫徹を目指してストライキを決行したなど判示の事情があるときは、右ストライキにより労働組合所属のストライキ不参加労働者の労働が社会観

念上無価値となったため同社が右不参加労働者に対して命じた休業
は、労基法第26条の「使用者の責に帰すべき事由」によるものとい
うことができない。

■ **令和元年台風第15号による被害に伴う労働基準法や労働契約法に
関するＱ＆Ａ厚生労働省（令和元年９月18日）**

Ｑ　今回の台風により、事業場の施設・設備は直接的な被害を受けて
いませんが、取引先や鉄道・道路が被害を受け、原材料の仕入、製
品の納入等が不可能となったことにより労働者を休業させる場合、
「使用者の責に帰すべき事由」による休業に当たるでしょうか。

Ａ　事業場の施設・設備は直接的な被害を受けていない場合には、原
則として「使用者の責に帰すべき事由」による休業に該当すると考
えられます。ただし、休業について、①その原因が事業の外部より
発生した事故であること、②事業主が通常の経営者として最大の注
意を尽くしてもなお避けることのできない事故であることの２つの
要件を満たす場合には、例外的に「使用者の責に帰すべき事由」に
よる休業には該当しないと考えられます。具体的には、取引先への
依存の程度、輸送経路の状況、他の代替手段の可能性、災害発生か
らの期間、使用者としての休業回避のための具体的努力等を総合的
に勘案し、判断する必要があると考えられます。

---

④ 故意・過失による休業

　過失による休業は、労基法第26条の使用者の責めに帰すべき事由に該当
する。この場合、民法第536条第２項※と競合して適用される（昭
22.12.15 基発502号）。

　※債権者の責めに帰すべき事由によって債務を履行することができなく
　なったときは、債務者は、反対給付を受ける権利を失わない。この場

合において、自己の債務を免れたことによって利益を得たときは、これを債権者に償還しなければならない。

したがって、使用者の故意、過失による休業の場合は、民法により全額の賃金請求権が労働者にあるが、このうち労基法26条の範囲内において同条の適用がある。休業手当は裁判で付加金の請求ができるので、実益は、労基法第114条の付加金にある。

使用者の責に帰すべき事由によって解雇された労働者が解雇期間内に他の職について利益を得た場合、使用者が、労働者に解雇期間中の賃金を支払うにあたり、右利得金額を賃金額から控除することはできるが、その限度は、平均賃金の4割の範囲内にとどめるべきである（山田部隊事件　最高裁二小　昭37.7.20 判決　判タ135号63頁）。

5 本条違反

本条に違反して休業手当を支払わなかった使用者は、30万円以下の罰金に処せられる（労基法120条1号）。

裁判所は、労働者の請求によって、その未払金と同一額の付加金の支払を命ずることができる（労基法114条）。

■ **派遣労働者の休業手当**

Q 派遣先が一時帰休※する場合、派遣先は派遣労働者にも休業手当を支給しなければならないのでしょうか

※一時帰休とは、操業短縮などを行うにあたって労働者を一時休業させることをいいます。

A 派遣労働者は、派遣先企業の雇用する労働者ではないので、派遣先が休業手当を支払う義務はありませんし、一時帰休させることもできません。派遣労働者の労基法上の使用者は派遣元企業なので、派遣労働者が派遣先で就労できない場合に休業手当の支払義務を負うのは派遣元企業です。

派遣先の操業短縮で就労できない場合であっても、他の派遣先を

用意して、そこで就労できれば休業手当の問題は生じないことになります。他の派遣先が用意できなければ、派遣元企業は派遣労働者に休業手当を支払わなければなりません。

その際に、派遣先の一時休業により、派遣元企業が派遣契約を履行できなくなったことの責任は操業短縮する派遣先企業にあります。労働者派遣取引契約に「派遣先企業の責任で派遣労働者の業務遂行ができなかった場合には、派遣元企業は債務不履行（派遣契約を履行しなかった）の責を負わず、派遣先企業に派遣料金を請求できる。」というようなことが書かれていればそれにしたがって、派遣先において派遣労働者の就労が行われなくても派遣料金を支払わなければなりません。このような取決めがなかった場合でも民法第536条第 2 項により「債権者の責に帰すべき事由によって債務を履行することができなくなったときは、債務者は、反対給付を受ける権利を失わない」ので、同様に派遣料金を支払わなければなりません。したがって、損害賠償ではなく、契約どおりの派遣料金を払わなければならないということになります。しかし、「自己の債務を免れたことによって利益を得たときは、これを債権者に償還しなければならない（民法536条 2 項但書）」ので、操業短縮により就労できなかった期間に、派遣労働者が他の派遣先で就労した場合は、その取引によって派遣元企業が得た派遣料金については、貴社の支払うべき派遣料金から控除することができます。

出来高払制の保障給

第27条　出来高払制その他の請負制で使用する労働者については、使用者は、労働時間に応じ一定額の賃金の保障をしなければならない。

1 出来高払制の保障給

出来高払制（実績給制）、その他の請負制で使用する労働者について
は、出来高が少ない場合に実収入賃金が低下することを防ぐために、使用
者は労働時間に応じ一定額の賃金の保障をしなければならない。

「出来高払制（実績給制）、その他の請負制」とは、民法上の請負契約で
はなく、労働契約ではあるが、賃金が労働時間によって算定されず、仕事
の成果によって算定される場合を想定している。

固定給と出来高給の併用がされている場合においても、「請負給につい
て保障すべきものであるが、賃金構成からみて固定給の部分が賃金総額中
の大半（概ね 6 割程度以上）を占めている場合には、本条のいわゆる「請
負制で使用する」に該当しないと解されている（昭22.9.13 発基17号、昭
63.3.14 基発150号）。

2 労働時間に応じた一定額の賃金の保障

保障給の額について具体的な定めはないが、「常に通常の実収賃金とあ
まり隔たらない程度の収入が保障されるように定める」こととされている
（昭22.9.13 発基17号、昭63.3.14 基発150号・婦発47号）。厚生労働省は、
労基法第26条の休業手当が平均賃金の 6 割以上としていることから、労働
者が現実に就労している本条の場合も少なくとも平均賃金の 6 割程度を保
障するのが妥当としている（「平成22年版　労働基準法　上」379頁）。

また、本条の保障は、労働時間に応じた一定額のものでなければなら
ず、時間給を原則とし、実際の就労時間数に応じて支払われるという形態
を想定している。

■ **タクシーの出来高払い**（自動車運転者の労働時間等の改善のための基準）

・歩合給制度が採用されている場合には、労働時間に応じ、固定的給
与と併せて通常の賃金の 6 割以上の賃金が保障されるよう保障給を
定めるものとすること。

・歩合給制度のうち累進歩合制度は廃止するものとすること。

③　本条違反

　本条に違反して賃金の保障をしない使用者は、30万円以下の罰金に処せられる（労基法120条1号）。

　保障をするというのは、現実に保障給を支払うという意味だけでなく、保障給を定めるという意味をも含むと解されるので、保障給を定めないというだけで本条違反が成立する。ただし、定めの形式については示されていないので、労働契約等で定められていればよく、必ずしも就業規則に規定されていなければならないということではない（「平成22年版労働基準法上」380頁）。

最低賃金

第28条　賃金の最低基準に関しては、最低賃金法（昭和34年法律第137号）の定めるところによる。

第29条から第31条まで　削除

<table>
<tr><td>第 4 章</td><td># 労働時間、休憩、休日
及び年次有給休暇</td></tr>
</table>

労働時間

第32条 使用者は、労働者に、休憩時間を除き1週間について40時間を超えて、労働させてはならない。

2 使用者は、1週間の各日については、労働者に、休憩時間を除き1日について8時間を超えて、労働させてはならない。

1 労働時間の原則

労働時間は原則として、**1週40時間**、**1日8時間**と定められている。これを**法定労働時間**といい、休憩時間は含まれない。

特例措置対象事業場（事業場の規模が10人未満の「商業」・「映画演劇業（映画の製作の事業を除く）」・「保健衛生業」・「接客娯楽業」）は**1週間44時間**、**1日8時間**となっている（労基法40条、労基則25条の2第1項）。

1週間：日曜日から土曜日までの歴週ではなく、継続した7日間を意味する。「1週間」とは、就業規則等において別段の定めがない場合は、日曜から土曜までの歴週をいう（昭63.1.1 基発1号・婦発1号）。

1週40時間：いずれの7日間をとっても40時間でなくてはならないという意味ではなく、それぞれの事業場の就業規則等で定める1週について40時間でなければならない。

1日：原則として、暦日（午前0時から午後12時まで）を意味する。

≪例外≫

○　通常の勤務形態の労働者が時間外労働を行い、時間外労働が翌日に食い込んだ場合には、翌日に及んだ部分は前日の労働時間と解される。

○　継続した勤務が2暦日にまたがる場合には、暦日を異にする場合でも1勤務として扱い。当該勤務は始業時刻の属する日の労働と解する（昭63.1.1　基発1号・婦発1号）。

○　連続3交替制の場合も暦日を原則とし、2暦日にわたる1勤務（3番方の労働者が午後11時から翌日の午前7時までの勤務）は例外的に始業時刻の属する日の労働と解されている（昭42.12.27　基収5675号、平11.3.31　基発168号）。

┃図表4-1　法定労働時間と所定労働時間

法定労働時間	労基法第32条または第40条で定める労働時間（1週40時間または44時間、1日8時間）
所定労働時間	それぞれの事業場で、労働契約や就業規則で定める労働時間
実労働時間	時間外労働も含めた労働時間

┃図表4-2　手待ち時間、休憩時間

手待ち時間	店員が客が来るのを待っているなど、いつでも業務に従事できるよう待機している時間
休憩時間	労働者が権利として労働から離れることを保障されている時間

■　自動車運転者の規制

　トラック運送事業、ハイヤー・タクシー運送事業、バスについては、「自動車運転者の労働時間等の改善のための基準（改善基準告示　H1.2.9　労働省告示第7号）により拘束時間や運転時間等の基準が定

められている。

② 労働時間とは何か

　労基法には労働時間を定義する規定がないので、労働時間をどう定義するかについて議論があるところである。行政解釈は労働時間とは、使用者の指揮監督下にある時間であるとしている（「平成22年版　労働基準法　上」399ページ）。判例も、「労働基準法上の労働時間とは、労働者が使用者の指揮命令下におかれている時間をいい、労働時間に該当するか否かは、労働者が使用者の指揮命令下に置かれたものと評価することが出来るか否かにより客観的に定まるものである」と判示している（三菱重工業長崎造船所事件　最高裁一小　平12.3.9判決　労判778号11頁）。

　最近の学説は指揮命令に加えて労働時間か否かが問題となる活動の職務性・業務性を加える二要件説が有力であり、使用者が知らないままに労働者が勝手に業務に従事した時間まで労働時間として規制することは不適切なので、業務従事は使用者の明示または黙示の指示によりなされたことを要するとしている（菅野和夫「労働法　第11版補正版」477ページ）。前掲判例も、「労働者が就業を命じられた業務の準備行為等を事業所内において行うことを使用者から義務付けられ、又はこれを余儀なくされたときは、当該行為は、特段の事情のない限り、使用者の指揮命令下に置かれたものと評価することができ、当該行為に要した時間は、それが社会通念上必要と認められるものである限り、労働基準法第32条の労働時間に該当する。」と判示しており、指揮命令下にあることに加えて、「使用者から義務付けられ、又はこれを余儀なくされた」こととして要件を補充している。

■ **三菱重工業長崎造船所事件**（最高裁一小　平12.3.9判決）
【事件の概要】
　会社は、就業規則において１日の所定労働時間を８時間と定め、また、ａ更衣所での作業服および保護具等の装着・準備体操場までの移

動、b 資材等の受出し及び月数回の散水（鋳物作業の粉じん防止）、c 作業場から更衣所までの移動・作業服及び保護具等の脱離、d その他一連の行為を所定労働時間外（始業時刻前、休憩時間中、終業時刻後）に行うよう定めていた。原告側労働者 X らは、これらの行為に要する時間は労基法上の労働時間に当たり、1 日 8 時間の所定労働時間外に行った各行為は時間外労働であると主張し、割増賃金を請求する訴えを提訴した。

【判決の要旨】

1　労働基準法第32条の労働時間とは、労働者が使用者の指揮命令下に置かれている時間をいい、右の労働時間に該当するか否かは、労働者の行為が使用者の指揮命令下に置かれたものと評価することができるか否かにより客観的に定まるものであって、労働契約、就業規則、労働協約等の定めのいかんにより決定されるものではない。

2　労働者が、使用者から、実作業に当たり、作業服及び保護具等の装着を義務付けられ、右装着を事業所内の所定の更衣所等において行うものとされ、副資材等の受出し及び散水を始業時刻前に行うことを義務付けられていたなどの事実関係の下においては、右装着及び準備体操場までの移動、右副資材等の受出し及び散水並びに右更衣所等までの移動及び脱離等は、使用者の指揮命令下に置かれたものと評価することができ、労働者が右各行為に要した社会通念上必要と認められる時間は、労働基準法第32条の労働時間に該当する。

▌図表4-3　裁判例にみる労働時間

全靴の着用等の時間 作業服への更衣、安	作業服、保護具等の装着を義務付けられ、装着を事業所内の所定の更衣所等において行うものとされる場合は、右装着及び準備体操場までの移動、右更衣所等までの移動及び脱離等は、使用者の指揮命令下に置かれたものと評価可能で、労働者がこれらの行為に要した社会通念上必要と認められる時間は、労基法第32条の労働時間に該当する。(**三菱重工業長崎造船所事件**　最高裁一小　平12.3.29判決)。

仮眠時間	仮眠時間であっても、労働契約上の役務の提供が義務付けられていると評価される場合には、労働からの解放が保障されているとはいえず、労働者は使用者の指揮命令下に置かれているものであって、労基法第32条の労働時間になる。ただし、すべての仮眠時間が労働時間と判断されるのではなく、従業員が労働契約に基づき仮眠室における待機と警報や電話等に対して直ちに相当の対応をすることを義務付けられていても、そのような対応をすることがほとんどなく実質的に警報や電話等への対応が義務付けられていないと認められる状態は労働時間とはいえない。大星ビル管理事件（最高裁一小 平14.2.28判決 労判822号 5 頁）
出張中の往復時間	出張中の往復時間については、地方裁判所の裁判例で、労働者が日常の出勤に費やす時間と同一性質であると考えられるから、あるいは移動時間は労働拘束性の程度が低く、これが実勤務時間に当たると解するのは困難であるとして、労働時間性を否定されている。（**日本工業検査事件**（横浜地川崎支部 昭49.1.26決定 労判194号37頁）、**横川電機事件**（東京地裁 平6.9.27判決 労判660号35頁））。

■ 大星ビル管理事件（最高裁一小 平14.2.28判決）

【事件の概要】

　ビル管理会社に雇用されていた管理従事者10名は、毎月数回、24時間ないし23時間連続勤務に就き、勤務時間中に連続 7 ～ 9 時間の仮眠時間を与えられていた。仮眠時間といっても労働からの解放が保障されていないため労働時間にあたるとして、全仮眠時間について時間外労働手当、深夜労働手当の支払いを求めた。

【判決の要旨】

1　労基法第32条の労働時間とは、労働者が使用者の指揮命令下に置かれている時間をいい、実作業に従事していない仮眠時間（以下、不活動時間）が労働時間に該当するか否かは、労働者が不活動時間において、使用者の指揮命令下におかれていたものと評価することができるか否かにより客観的に定まるものというべきである。

2　仮眠時間は、従業員が労働契約に基づき仮眠室における待機と警

報や電話等に対して直ちに相当の対応をすることを義務付けられており、そのような対応をすることが皆無に等しいなど実質的に上記義務付けがされていないと認めることができるような事情も存しないなどの事実関係の下においては、実作業に従事していない時間も含め全体として従業員が使用者の指揮命令下に置かれているものであり、労基法第32条の労働時間に当たる。

図表4-4　労働時間に関する行政解釈

手待ち時間

定期便トラックの運転手が貨物取扱いの事業場において、貨物の積込係が、貨物自動車の到着を待機して身体を休めている場合とか、運転手が2名乗り込んで交替で運転に当たる場合において運転しない者が助手席で休息し、または仮眠しているときであってもそれは「労働」であり、その状態にある時間（これを一般に「手待時間」という。）は、労働時間である（昭33.10.11基収第1196号）。

黙示の指示による労働時間

教員が使用者の明白な超過勤務の指示により、または使用者の具体的に指示した仕事が、客観的にみて正規の勤務時間内ではなされ得ないと認められた場合の如く、超過勤務の黙示の指示によって法定労働時間を超えて勤務した場合には、時間外労働となる（昭25.9.14 基収2983号）。

昼休み中の来客当番

昼食休憩時間中来客当番をさせれば、その時間は、実際に来客がなくても労働時間である（昭23.4.7 基収6288号、昭63.3.14 基発150号）。

研修時間

以下の要件により実質的にみて出席の強制があるか否かで判断する。
・出席しないことについての不利益取り扱いの有無
・教育・研修の内容との業務との関連性の程度
・不参加による本人の業務の支障の有無
使用者の実施する教育に参加することについて、就業規則上の制裁等の不利益取扱いによる出席の強制がなく自由参加のものであれば、時間外労働にならない（昭26.1.20 基収2875号　平11.3.31 基発168号）。

小集団活動

研修時間の解釈例規と同じ※

安全衛生教育

労働安全衛生法第59条および第60条の安全衛生教育は、労働者がその業務に従事する場合の労働災害の防止をはかるため、事業場の責任において実施されなければならないものであり、（中略）安全衛生教育の実施に要する時間は労働時間とされる（昭47.9.18 基発602号）。

安全・衛生委員会

安全・衛生委員会の会議の開催に要する時間は労働時間と解される（昭47.9.18 基発602号）。

健康診断の受診時間

一般健康診断	一般健康診断は、一般的な健康の確保をはかることを目的として事業者にその実施義務を課したものであり、業務遂行との関連において行われるものではないので、その受診のために要した時間については、当然には事業者の負担すべきものではなく、労使協議して定めるべきものであるが、労働者の健康の確保は、事業の円滑な運営の不可決な条件であることを考えると、その受診に要した時間の賃金を事業者が支払うことが望ましいこと（昭47.9.18 基発602号）。
特殊健康診断	いわゆる特殊健康診断は、事業の遂行にからんで当然実施されなければならない性格のものであり、その実施に要する時間は労働時間と解される（昭47.9.18 基発602号）。

定期路線トラックの助手席で休息あるいは仮眠の時間

使用者の拘束を受け、また万一事故発生の際には交替運転、或いは故障修理等を行うものであり、その意味において一種の手待時間或いは助手的な勤務として労働時間と解するのが妥当である（昭33.10.11 基収6286号）。

長距離トラックのフェリー乗船時間

フェリー乗船中の2時間については拘束時間として取扱い、その他の時間については休息時間として取り扱う（自動車運転者の労働時間改善基準）。

休日の移動時間

出張中の休日はその日に旅行する等の場合であっても，旅行中における物品の監視等別段の指示がある場合の外は休日労働として取り扱わなくても差支えない（昭 33.2.13 基発 90 号）。

※国・豊田労基署長（トヨタ自動車）事件（名古屋地裁 平19.11.30判決 労判951号11頁）で、自動車製造会社の品質検査業務に従事していた労働者の心停止とその後の死亡の業務起因性が争われた事件で、企業内で行われていた QC サークルなどの小集団活動は、事業主の

事業活動に直接役立つ性質のものであり、業務起因性の判断に当たっては、使用者の支配下にある業務であるとみるのが相当であるとして、その業務性を認めた上で、それを含めた業務について業務過重性の判断が行われた。

【医師の研鑽に係る労働時間に関する考え方】

・所定労働時間外に、勤務場所において行う研鑽の時間は労働時間である。

・所定労働時間外に行う研鑽は、診察等の本来業務と直接の関連性なく、かつ指揮命令下に行われない限り、在院して行う場合も労働時間に該当しない。指揮命令の下に行われる場合は、診察等の本来業務と直接の関連性なく行われるものでも労働時間に該当する。（令1.7.1 基発0701第9号）

■ 通勤時間、移動時間は労働時間か否か

Q　外出先から直帰または帰社する時間は労働時間になるのでしょうか。

A　通勤時間は労働時間ではありません。債務の弁済をすべき場所について別段の意思表示がないときは、債権者の現在の住所においてしなければならず（民法484条）、労務の提供の場合は、債務者である労働者が、債権者すなわち使用者の住所で行う持参債務となります。通勤時間は、労働者が労働契約に基づき労務の提供を行うために自己の労働力を使用者の住所まで持参する時間です。したがって、通勤時間は債務者（労働者）の負担に属する時間であり、労務の提供をする時間とはみなされません。また、労働者はどこに住み、どのような通勤方法をとるかは自由なので、使用者の指揮命令下にある時間とはいえません。

　直行・直帰とは、直接自宅から目的地に移動し、また、目的地から直接自宅に移動することをいいます。実際の労務提供は目的地で開始されるものであり、目的地までの移動は通勤と同様に持参行為と考えられ、労働者は移動時間中の過ごし方を自由に決めることが

できることにより、使用者の指揮命令が全く及んでいない状態にあるとして、労働時間には当たらないと考えられています。

　外出先から帰社する時間が労働時間になるかについては、訪問介護労働に関して、「移動時間とは、事業場、集合場所、利用者宅の相互間を移動する時間をいい、この移動時間については、使用者が、業務に従事するために必要な移動を命じ、当該時間の自由利用が労働者に保障されていないと認められる場合には、労働時間に該当するものであること。」（平16.8.27　基発0827001号）という行政解釈が出されています。この解釈では、移動時間が労働時間と判断されるためには、①使用者が、業務に従事するために必要な移動を命じていること、②当該時間の自由利用が労働者に保障されていないと認められる場合の2つの要件が必要とされています。

③　労働時間の把握と管理

　労基法では、労働時間、休日、深夜業等について規定を設けていることから、その規定の範囲内で労働者が働いているかどうか、使用者には労働時間を適切に把握し、管理する責任がある。

　厚生労働省は、以下の内容の「労働時間の適正な把握のために使用者が講ずべき措置に関するガイドライン」（平29.1.20　基発0120第3号）により、始業・終業時刻の把握と記録をするように指導している。

　○　記録する方法は次のいずれかの方法によること。

　　①　使用者が、自ら現認することにより確認し、記録すること。

　　②　タイムカード、ICカード等の客観的な記録を基礎として確認し、記録すること。

　○　自己申告制を行わざるを得ない場合は次の措置を講ずること。

　　①　自己申告制導入前に、その対象となる労働者に対して、労働時間の実態を正しく記録し、適正に自己申告を行うことなどについて十分な説明を行うこと。

② 自己申告により把握した労働時間が実際の労働時間と合致しているか否かについて、必要に応じて実態調査を実施すること。

③ 労働時間の適正な申告を阻害する目的で時間外労働時間数の上限を設定するなどの措置を講じないこと。

　時間外労働時間の削減のための社内通達や時間外労働手当の定額払等労働時間に係る事業場の措置が、労働者の労働時間の適正な申告を阻害する要因となっていないかについて確認し、当該要因となっている場合は、改善のための措置を講ずること。

労働時間の状況の把握義務

　安衛法第66条の８第１項又は第66条の８の２第１項の規定による面接指導を実施するため、タイムカードによる記録、パーソナルコンピュータ等の電子計算機の使用時間（ログインからログアウトまでの時間）の記録等の客観的な方法その他の適切な方法により、労働者の労働時間の状況を把握しなければならない（安衛法66条の８の３、安衛則52条の７の３第１項、第２項）。

---

4 本条違反

(1) 罰則

　使用者が、労働者を１週40時間もしくは１日８時間を超えて労働させた場合は６か月以下の懲役または30万円以下の罰金に処せられる（労基法119条１号）。

(2) 本条違反の私法上の効果

　本条に違反する労働契約は無効となり、本条に定める労働時間に短縮される。本条に違反して時間外労働が行われた場合には、労働者は割増賃金を請求することができる。

> **１か月単位の変形労働時間制**
>
> **第32条の２**　使用者は、当該事業場に、労働者の過半数で組織する労働組合がある場合においてはその労働組合、労働者の過半数で組織する労働組合がない場合においては労働者の過半数を代表する者との書面による協定により、又は就業規則その他これに準ずるものにより、１箇月以内の一定の期間を平均し１週間当たりの労働時間が前条第１項の労働時間を超えない定めをしたときは、同条の規定にかかわらず、その定めにより、特定された週において同項の労働時間又は特定された日において同条第２項の労働時間を超えて、労働させることができる。
>
> 2　使用者は、厚生労働省令で定めるところにより、前項の協定を行政官庁に届け出なければならない。

1 　１か月単位の変形労働時間制

　１か月単位の変形労働時間制とは、１か月以内の一定の期間（例えば４週間）を平均し、１週間当たりの労働時間が40時間（特例措置事業場は44時間）以下の範囲で、特定の日や週について１日８時間または１週間40時間を超えて働かせることができる制度である。変形期間は、１か月以内であれば１週間でも、４週間でもかまわない。これらの期間の起算日を明確に定めておかなければならない。

2 　１か月単位の変形労働時間制導入の要件

１か月単位の変形労働時間制導入の要件
①　労使協定または就業規則に定める
②　変形期間中の週平均労働時間を法定労働時間以内とすること
③　単位期間内における所定労働時間の特定

(1) 労使協定または就業規則に定める

ア 労使協定による場合

以下の事項について、労働者の過半数を代表する労働組合、そのような労働組合がない場合は過半数代表者と「１か月単位の変形労働時間制に関する協定」を締結し、所轄労働基準監督署長に届け出なければならない。

労働法第38条の４に定められた労使委員会決議（労基法38条の４第５項）、または労働時間等設定改善委員会の決議（労働時間等設定改善法７条）をもって労使協定に代えることができる。

「１か月単位の変形労働時間制に関する協定」の内容

① 変形期間と変形期間の起算日　　② 対象となる労働者の範囲

③ 変形期間中の各日のおよび各週の労働時間の長さ

④ 協定の有効期間

【労使協定の有効期間】

変形労働時間制（１年単位の変形労働時間制を除く。）に係る労使協定について

(1) 有効期間の定めは必要である。

(2) 労働協約である各労使協定に期間の定めがない場合、90日前の予告により解約できる。

(3) 有効期間の制限は法的にはない。

(4) 自動更新規定を設けることは可能であるが、更新の都度の届出が必要である。

(5) 破棄条項を設けることができる。

（昭63.3.14 基発150号、平6.3.31 基発181号）

イ 就業規則その他これに準ずるものによる場合

就業規則その他これに準ずるものに以下の事項を規定し、労働者数10人以上の場合は所轄労働基準監督署長に届け出なければならない。

①　変形労働時間制を採用する旨の定め

②　変形期間中の各日の始業・終業の時刻

③　変形期間とその起算日

⑵　変形期間中の週平均労働時間を法定労働時間以内とすること

ア　変形期間と起算日の特定

変形期間は、１か月以内であれば１週間でも４週間でもかまわない。変形期間はその長さだけでなく、起算日も特定しなければならない（労基則12条の２第１項）。

イ　法定労働時間の総枠

１か月以内の一定の期間を平均し１週間当たりの労働時間が週40時間（特例業種の場合は44時間）を超えないように単位期間内の労働時間の総枠（法定労働時間の総枠）を決めなければならない。

法定労働時間の総枠の計算

法定労働時間の総枠＝１週間の法定労働時間（40時間※）×

$$\frac{変形期間の歴日数}{7}$$

※特例業種の場合は44時間

図表4-5　変形期間が１か月の場合の法定労働時間の総枠

（週40時間の場合）

		労働時間の総枠
１か月の暦日数	31日の場合	177.1時間
	30日の場合	171.4時間
	29日の場合	165.7時間
	28日の場合	160.0時間

(3) 単位期間内における所定労働時間の特定

【労働時間の特定】

・変形期間内における各日、各週の労働時間を具体的に定めること

・使用者が業務の都合によって任意に労働時間を平均するような制度はこの制度に該当しない。

・就業規則においては、各日の労働時間の長さだけではなく、始業及び終業の時刻も定める必要がある。

（以上、昭63.1.1 基発1号、平9.3.25 基発195号、平11.3.31 基発168号）

【労働時間の特定の程度】

勤務ダイヤによる1か月単位の変形労働時間制を採用する場合……就業規則において各直勤務の始業終業時刻、各直勤務の組み合わせの考え方、勤務割表の作成手続およびその周知方法等を定めておき、それにしたがって各日ごとの勤務割は変形期間の開始前までに具体的に特定することで足りる（昭63.3.14 基発150号）。

【三交替連続作業における変形労働時間制】

番方変更を行う場合の事由を就業規則に規定し、労働者に事前に明示して、番方転換を行った場合には　これにより4週間を平均し、1週間の労働時間が1週間の法定労働時間を超えない限り法第32条違反ではない（昭42.12.27 基収5675号、平11.3.31 基発168号）。

③ 時間外労働となる時間

1か月単位の変形労働時間制において、時間外労働時間の計算は図表4-6のように3段階で行う。

▌図表4-6　1か月単位の変形労働時間制において、時間外労働時間の計算

① 1日について	労使協定または就業規則等に、1日の法定労働時間を超える時間を定めた場合はその時間、それ以外の日は1日の法定労働時間を超えて労働した時間

②　1週間について	労使協定または就業規則等に、1週の法定労働時間を超える時間を定めた場合はその時間、それ以外の日は1週の法定労働時間を超えて労働した時間
③　変形期間について	変形期間における労働時間の総枠を超えて労働した時間

4 適用除外等

以下の者については適用除外あるいは配慮が必要とされている。

---

①　**満18歳未満の労働者**

・満18歳未満の労働者を変形労働時間制の下で使用してはならない（労基法60条1項）。

・満15歳に達した日以後の最初の4月1日から満18歳に達するまでの間については、1週間について48時間、1日について8時間を超えない範囲内において、1か月単位の変形労働時間制で労働させることができる（労基法60条3項）。

②　**妊産婦が請求した場合**

変形労働時間制（フレックスタイム制を除く。）を採用している場合でも、1週間または1日の法定労働時間を超えて労働させてはならない（労基法66条1項）。

③　**育児を行う者、介護を行う者、職業訓練または教育を受ける者その他特別の配慮を要する者**

これらの者が育児等に必要な時間を確保できるような配慮をしなければならない（労基則12条の6）。

---

5 本条違反

本条の要件を満たさないで週または日の労働時間を超えて労働させた場合は、労基法第32条違反として罰則の適用を受ける。

本条第2項に違反して労使協定を届け出なかった使用者は、30万円以下の罰金に処せられる（労基法120条1号）。

図表4-7　変形労働時間制の比較

	1か月単位 （32条の2）	フレックス タイム （32条の3）	1年単位 （32条の4）	1週間単位 （32条の5）
手続き	労使協定または就業規則	労使協定	労使協定	労使協定
労使協定の届出の要否	必要	不要 （1か月を超える場合は必要）	必要	必要
業種・規模の制限	無	無	無	有り※
各日の所定労働時間の特定	必要	労働者が決める	必要	必要
1日・1週の所定労働時間の上限規制	無	無	1日10時間 1週52時間 週48時間を超える週は、連続3週間以内 3か月で3週間以内	1日10時間
所定労働日数の制限	無	無	有 （280日以内）	無
変形休日制の採用	可	可	不可 （連続所定労働日は6日）	可
時間外労働の限度時間	1か月45時間 1年360時間	1か月45時間 1年360時間	1か月42時間 1年320時間	1か月45時間 1年360時間
年少者の適用除外	適用なし 15歳〜18歳未満は1日	適用なし	適用なし 15歳〜18歳未満は1日	適用なし

	8H1週48Hの範囲内で適用可能		8H1週48Hの範囲内で適用可能	
妊産婦の適用除外	無（妊産婦が請求した場合）	有り	無（妊産婦が請求した場合）	無（妊産婦が請求した場合）
育児等への配慮義務	有り	無	有り	有り

※常時30人未満の小売業、旅館、料理店および飲食店

図表4-8　週40時間労働に対応するための「１日の所定労働時間と必要休日日数」

１日の所定労働時間	１か月単位の変形労働時間制（最長31日）	１年単位の変形労働時間制（　）内はうるう年
8：00	9	105（105）
7：55	9	102（102）
7：50	9	99（100）
7：45	9	96（97）
7：40	8	93（94）
7：35	8	90（91）
7：30	8	87（88）
7：25	8	※85（86）
7：20	7	
7：15	7	
7：10	7	
7：05	6	
7：00	6	
6：50	6	
6：40	5	

※対象期間が３か月を超え１年までの変形労働時間制の場合、１年間の総労働日数の上限は
280日になるため、85日（うるう年は86日）の休日が必要となる。

フレックスタイム制

第32条の３　使用者は、就業規則その他これに準ずるものにより、
その労働者に係る始業及び終業の時刻をその労働者の決定に委ねる
こととした労働者については、当該事業場の労働者の過半数で組織
する労働組合がある場合においてはその労働組合、労働者の過半数
で組織する労働組合がない場合においては労働者の過半数を代表す
る者との書面による協定により、次に掲げる事項を定めたときは、
その協定で第２号の清算期間として定められた期間を平均し１週間
当たりの労働時間が第32条第１項の労働時間を超えない範囲内にお
いて、同条の規定にかかわらず、１週間において同項の労働時間又
は１日において同条第２項の労働時間を超えて、労働させることが
できる。

⑴　この項の規定による労働時間により労働させることができるこ
ととされる労働者の範囲

⑵　清算期間（その期間を平均し１週間当たりの労働時間が第32条
第１項の労働時間を超えない範囲内において労働させる期間をい
い、３箇月以内の期間に限るものとする。以下この条及び次条に
おいて同じ。）

⑶　清算期間における総労働時間

⑷　その他厚生労働省令で定める事項

2　清算期間が１箇月を超えるものである場合における前項の規定の
適用については、同項各号列記以外の部分中「労働時間を超えな
い」とあるのは「労働時間を超えず、かつ、当該清算期間をその開
始の以後１箇月ごとに区分した各期間（最後に１箇月未満の期間を
生じたときは、当該期間。以下この項において同じ。）ごとに当該
各期間を平均し１週間当たりの労働時間が50時間を超えない」と、

「同項」とあるのは「同条第1項」とする。

3　1週間の所定労働日数が5日の労働者について第1項の規定により労働させる場合における同項の規定の適用については、同項各号列記以外の部分（前項の規定により読み替えて適用する場合を含む。）中「第32条第1項の労働時間」とあるのは「第32条第1項の労働時間（当該事業場の労働者の過半数で組織する労働組合がある場合においてはその労働組合、労働者の過半数で組織する労働組合がない場合においては労働者の過半数を代表する者との書面による協定により、労働時間の限度について、当該清算期間における所定労働日数を同条第2項の労働時間に乗じて得た時間とする旨を定めたときは、当該清算期間における日数を7で除して得た数をもつてその時間を除して得た時間）」と「同項」とあるのは「同条第1項」とする。

4　前条第2項の規定は、第1項各号に掲げる事項を定めた協定について準用する。ただし、清算期間が1箇月以内のものであるときは、この限りでない。

1　フレックスタイム制

フレックスタイム制とは、
・3か月以内の一定期間（清算期間）における総労働時間をあらかじめ定めておく
・労働者はその枠内で各日の始業及び終業の時刻を自主的に決定し働く制度で、労働者がその生活と業務の調和を図りながら、効率的に働くことができ、それにより労働時間を短縮しようとするものである。

フレックスタイム制は、労働者に始業・終業時刻の決定をゆだねるものであり、出勤するか欠勤するかの自由を与える制度ではないので、無断で欠勤することを許すものではない。

2 フレックスタイム制導入の要件

フレックスタイム制導入の要件

① 就業規則その他これに準ずるもの※で、始業・終業時刻を労働者
の決定に委ねることを定める。

② 労使協定を締結し、法定の事項を定める

※「その他これに準ずるもの」とは、就業規則の作成・届出義務のない
使用者が作成する定めのことである（昭22.9.13 発基17号）。

(1) 就業規則に規定する

就業規則その他これに準ずるものにより、始業・終業の時刻を労働者の
決定にゆだねることと定めること。

(2) 労使協定を締結する

事業場の過半数を代表する労働組合、そのような労働組合がない場合に
は過半数代表者と以下の事項について書面による協定をすること。（この
協定は所轄労働基準監督署長に届け出る必要はない。）

清算期間が1か月を超える場合は、労使協定に有効期間の定めをすると
ともに、当該労使協定を様式第3号の3により所轄労働基準監督署長に届
け出なければならない（労基法32条の3第4項、労基則12条の3第2項）。

労基法第38条の4に定められた労使委員会決議（労基法38条の4第5
項）、または労働時間等設定改善委員会の決議（労働時間等設定改善法7
条）をもって労使協定に代えることができる。

フレックスタイム制労使協定の内容

① 対象労働者の範囲 ② 清算期間 ③ 清算期間における総労働
時間（清算期間における所定労働時間） ④ 標準となる1日の労働
時間 ⑤ コアタイム（任意） ⑥ フレキシブルタイム（任意）

---

① **対象となる労働者の範囲**

・対象となる労働者の範囲は、各人ごと、課ごと、グループごと等様々な範囲が考えられる。

　例：全従業員、企画部職員、Aさん・Bさん……

② **清算期間**

・清算期間とは、フレックスタイム制において労働者が労働すべき時間を定める期間のことをいう。上限は3か月である。

・清算期間の起算日を定める。

③ **清算期間における総労働時間（清算期間における所定労働時間）**

・清算期間における総労働時間とは、労働契約上、労働者が清算期間において労働すべき時間として定められた時間であり、所定労働時間のことをいう。すなわち、フレックスタイム制では、清算期間を単位として所定労働時間を定めることとなる。

・清算期間における総労働時間は以下のとおり法定労働時間の総枠の範囲内としなければならない。

清算期間における 総労働時間	≦	清算期間の暦日数 7日	×	1週間の法定労働 時間（40時間）（※）

※特例措置対象事業場については、清算期間が1か月以内の場合には週平均44時間までとすることが可能だが、清算期間が1か月を超える場合には、特例措置対象事業場であっても、週平均40時間を超えて労働させる場合には、36協定の締結・届出と、割増賃金の支払が必要である（労基則25条の2第4項）。

・過重労働を防止するために、以下の制限が定められている（労基法32条の3第2項）。いずれかを超えた場合は時間外労働となる。

> ・清算期間における総労働時間が法定労働時間の総枠を超えないこと
> 　＝清算期間全体の労働時間が、週平均40時間を超えないこと
> ・1か月ごとの労働時間が、週平均50時間を超えないこと

例えば、月単位の清算期間とした場合の法定労働時間の総枠は、以下の

法定労働時間の総枠の範囲内で総労働時間を定めなければならない。

図表4-9　法定労働時間の総枠

1か月単位		2か月単位		3か月単位	
清算期間の暦日数	法定労働時間の総枠	清算期間の暦日数	法定労働時間の総枠	清算期間の暦日数	法定労働時間の総枠
31日	177.1時間	62日	354.2時間	92日	525.7時間
30日	171.4時間	61日	348.5時間	91日	520.0時間
29日	165.7時間	60日	342.8時間	90日	514.2時間
28日	160.0時間	59日	337.1時間	89日	508.5時間

・労使協定では、例えば1か月160時間というように各清算期間を通じて一律の時間を定める方法のほか、清算期間における所定労働日を定め、所定労働日1日当たり○時間といった定め方をすることもできる。

④　**標準となる1日の労働時間**

・標準となる1日の労働時間とは、年次有給休暇を取得した際に支払われる賃金の算定基礎となる労働時間の長さを定めるものである。清算期間における総労働時間を、期間中の所定労働日数で割った時間を基準として定める。

・フレックスタイム制の対象労働者が年次有給休暇を1日取得した場合には、その日については、標準となる1日の労働時間を労働したものとして取り扱う必要がある。

⑤　**コアタイム（任意）**

コアタイムとは1日のうちで必ず働かなければならない時間帯をいう。必ず設けなければならないものではない。

・これを設ける場合には、その時間帯の開始・終了の時刻を協定で定める必要がある。

・コアタイムの時間帯は協定で自由に定めることができ、コアタイムを

設ける日と設けない日がある、日によって時間帯が異なるといったことも可能である。

・コアタイムを設けずに、実質的に出勤日も労働者が自由に決められることとする場合にも、所定休日は予め定めておく必要がある。

⑥　フレキシブルタイム（任意）

フレキシブルタイムは、労働者が自らの選択によって労働時間を決定することができる時間帯のことをいう。必ず設けなければならないものではない。

・フレキシブルタイムを設ける場合には、その時間帯の開始・終了の時刻を協定で定める必要がある。

・フレキシブルタイムの時間帯は協定で自由に定めることができる。

┃図表4-10　フレックスタイム制の例

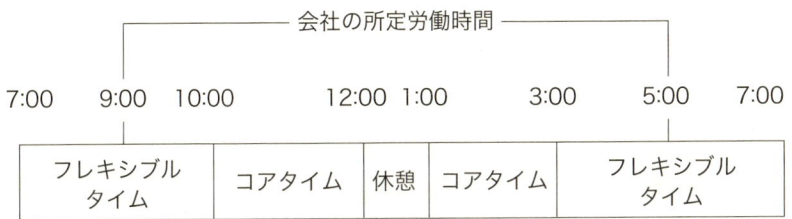

コアタイムがほとんどでフレキシブルタイムが極端に短い場合、コアタイムの開始から終了までの時間と標準となる1日の労働時間がほぼ一致している場合等については、基本的には始業および終業の時刻を労働者の決定にゆだねたことにはならず、フレキシブルタイム制の趣旨には合致しない（昭63.1.1　基発1号、平11.3.31　基発168号）。

始業時刻、終業時刻のうちどちらか一方だけを労働者の決定にゆだねている場合、始業時刻、終業時刻は労働者の決定にゆだねるとしながら、始業から必ず8時間は労働しなければならない旨義務付けている場合等は、フレックスタイム制とはみなされないことがある。

⑶ 完全週休2日制の場合の清算期間における労働時間の限度（労基法32条の3第3項）

　完全週休2日制において、フレックスタイム制を採用する場合は、曜日のめぐり次第で、1日8時間相当の労働でも清算期間における法定労働時間の総枠を超えてしまうという問題があった。

　この問題を解消するために、当該事業場の労働者の過半数で組織する労働組合がある場合においてはその労働組合、労働者の過半数で組織する労働組合がない場合においては労働者の過半数を代表する者との書面による協定をすることにより、週の所定労働日数が5日（完全週休2日）の労働者について、「清算期間の所定労働日数×8時間」を清算期間における法定労働時間の総枠とすることが可能となる。これにより、清算期間における総労働時間＝7時間45分×23日＝178時間15分であるところが、法定労働時間の総枠＝23日×8時間＝184時間となる。

③ フレックスタイム制の労働時間の取扱い

⑴ フレックスタイム制の対象労働者の労働時間の把握

　フレックスタイム制においては、始業及び終業の時刻を労働者の決定に委ねるが、その場合にも使用者は労働時間を把握する義務があり、各労働者の各日の労働時間を把握しなければならない（昭63.3.14 基発150号）。

⑵ 労働時間の過不足の取扱い

　実際に労働した時間が清算期間における総労働時間として定められた時間に比べて過不足が生じた場合には、以下の①、②のように賃金の清算を行う必要がある。それを次の清算期間に繰り越すことの可否については次のとおりである。

① 清算期間における実際の労働時間 ＞ 清算期間における総労働時間

　清算期間における法定労働時間の総枠を超えた時間が時間外労働となり、労基法第37条の割増賃金を支払わなければならない。

② 清算期間における実際の労働時間 ＜ 清算期間における総労働時間

　ⅰ　総労働時間として定められた時間分の賃金はその期間の賃金支払日

に支払い、それに達しない時間分（不足分）を加えた翌月の総労働時間が法定労働時間の総枠の範囲内である限り、不足分を翌月に繰り越して清算する方法（昭63.1.1　基発１号）

　あらかじめ法定労働時間の総枠を超えて労働することを予定するような制度は適当でないので、繰り越された時間を加えた次の清算期間における労働時間が法定労働時間の総枠の範囲内となるように、繰り越し得る時間の限度を定める必要がある。

ⅱ　不足分に相当する賃金をカットして支払う方法

⑶　労働時間の実績の通知

　フレックスタイム制において、清算期間が１か月を超える場合には、対象労働者が自分の各月の時間外労働時間数を把握しにくくなる懸念があるため、使用者は、対象労働者の各月の労働時間数の実績を対象労働者に通知等することが望ましいとされている（平30.9.7　基発0907第１号）。

　なお、安衛則第52条の２第３項に基づき、休憩時間を除き１週間当たり40時間を超えて労働させた場合におけるその超えた時間が１月当たり80時間を超えた労働者に対しては、当該超えた時間に関する情報を通知しなければならないことに留意する必要がある。

⑷　休憩時間の取扱い

　フレックスタイム制においても、休憩時間は労基法第34条に定められているとおりに与えなければならない。

　一斉休憩が必要な場合：コアタイム中に休憩時間を定める必要がある。
　一斉休憩が必要でない事業：各日の休憩時間の長さを定めておき、それをとる時間帯は労働者に委ねる。

④　フレックスタイム制の時間外労働

　フレックスタイム制においては、ある日の労働時間が８時間を超えたり、ある週の労働時間が40時間を超えたりしても労基法第32条違反の時間外労働とはならず、法第37条の割増賃金の対象にはならない（昭63.1.1　基

発1号）。

清算期間における実務の労働時間のうち、法定労働時間の総枠を超えて労働した時間が時間外労働となる。

⑴　法定時間外労働となる時間

①　清算期間が1か月以内の場合

$$
\boxed{清算期間における実労働時間数} \\
- \quad \boxed{週の法定労働時間 \ \times \ \frac{清算期間における暦日数}{7}}
$$

②　清算期間が1か月を超え3か月以内の場合

次のアとイを合計した時間が時間外労働となる。

ア　清算期間を1か月ごとに区分した各期間（最後に1か月未満の期間を生じたときには、当該期間）における実労働時間のうち、各期間を平均し1週間当たり50時間を超えて労働させた時間。

計算式

$$
\boxed{清算期間を1箇月ごとに区分した期間における実労働時間数} \\
- \quad \boxed{50 \ \times \ \frac{清算期間を1箇月ごとに区分した期間における暦日数}{7}}
$$

イ　清算期間における総労働時間のうち、当該清算期間の法定労働時間の総枠を超えて労働させた時間（ただし、上記アで算定された時間外労働時間を除く。）

⑵　フレックスタイム制に対する時間外労働上限規制の適用

フレックスタイム制については、前述⑴の手順により計算した時間外労働時間数を時間外労働の上限規制の範囲内（労基法36条参照）としなければならない。

フレックスタイム制のもとで、休日労働（1週間に1日の法定休日に労働すること）を行った場合には、休日労働の時間は、清算期間における総労働時間や時間外労働とは別個のものとして取り扱われる。

したがって、法定休日に労働した時間はすべて休日労働として計算され、休日労働以外の時間について、上記の手順で時間外労働を算出する。

142

5 フレックスタイム制の時間外労働協定

　１日について延長することができる時間を協定する必要はなく、清算期間を通算して時間外労働をすることができる時間を協定すれば足りる（昭63.1.1 基発１号、平11.3.31 基発168号）。

6 適用除外

　以下の者にはフレックスタイム制は適用されない。
①　満18歳未満の年少者（労基法60条）
②　一般職の地方公務員（地公法58条３項）

7 本条違反

　本条は、労基法第32条の労働時間規制の解除を規定しているだけなので、本条第１項から第３項までの違反に対する罰則規定はない。本条に違反した状態で、労基法第32条の法定労働時間を超えて労働させた場合には労基法第32条違反として罰則の適用を受ける。

　第32条の３第４項に違反した使用者に対しては、30万円以下の罰金が科される（労基法120条１号）。

■ **時間外・休日労働協定及び割増賃金との関係**

問　清算期間が１か月を超える場合において、区分した各期間を平均して１週当り50時間を超えて労働させた場合、法第36条第１項の協定（以下「時間外・休日労働協定」という。）の締結と割増賃金支払は必要か。

答　清算期間が１か月ごとに区分した各期間を平均して１週当り50時間を超えて労働させた場合は時間外労働に該当するものであり、時間外・休日協定締結及び届出を要し、清算期間の途中であっても当該各期間に対応した賃金支払日に割増賃金を支払わなければならない。（平30.12.28 基発1228第15号）

■ 月60時間超の時間外労働に対する割増賃金の適用

問 法第37条１項ただし書きにより、月60時間を超える時間外労働に対しては５割以上の率で計算した割増賃金を支払う必要があるが、清算期間が１か月を超えるフレックスタイム制に対してはどのように適用するのか。

答 清算期間を１か月ごとに区分した各期間を平均して１週間当たり50時間を超えて労働させた時間については、清算期間の途中であっても、時間外労働としてその都度割増賃金を支払わなければならず、当該時間が月60時間を超える場合は法第37条１項ただし書きにより５割以上の率で計算した割増賃金を支払わなければならない。

また、清算期間を１か月ごとに区分した各期間の最終の期間においては、当該最終の期間を平均して１週間当たり50時間を超えて労働させた時間に加えて、当該清算期間における総労働時間から、①当該清算期間の法定労働時間の総枠および②当該清算期間中のその他の期間において時間外労働として取り扱った時間を控除した時間が時間外労働時間として算定されるものであり、この時間が60時間を超える場合には法第37条第１項ただし書きにより５割以上の率で計算した割増賃金を支払わなければならない。（平30.12.28 基発1228第15号）

■ 法第36条第６項第２号および第３号の適用

問 法第36条第６項第２号（100時間）および第３号（80時間）は、清算期間が１か月を超えるフレックスタイム制に対してはどのように適用するのか。

答 清算期間が１か月を超えるフレックスタイム制においては、法第36条第６項第２号および第３号は、清算期間を１か月ごとに区分した各期間について、当該各期間（最終の期間を除く。）を平均して

１週間当たり50時間を超えて労働させた時間に対して適用される。

　また、清算期間を１か月ごとに区分した各期間の最終の期間においては、当該最終の期間を平均して１週間当たり50時間を超えて労働させた時間に加えて、当該清算期間おける総実労働時間から、①当該清算期間の法定労働時間の総枠及び②当該清算期間中のその他の期間において時間外労働として取り扱った時間を控除した時間が時間外労働時間として算定されるものであり、この時間について法第36条第６項第２号及び第３号が適用される。

以下略　　　　　　　　　　　　　　（平30.12.28　基発1228第15号）

　上記の回答の計算例が法違反（時間外労働の上限規制の違反）となるケースの例として、厚生労働省パンフレット「フレックスタイム制のわかりやすい解説＆導入の手引き」18頁に以下のように示されている。１か月を超えるフレックスタイム制の場合は、以下のように通常の労働時間制度や清算期間が１か月のフレックスタイム制の場合では法違反とならないケースが法違反となることがあるので注意しなければならない。

法違反（時間外労働の上限規制の違反）となるケースの例
　　　　　　　　　　　（※時間外労働の計算方法は P.13参照）
　ここでは、清算期間を４〜６月、７〜９月、10〜12月、１〜３月の各３か月とするフレックスタイム制を導入し、36協定の対象期間を４月〜翌３月としたケースについて、法違反となるケースを確認します。以下のような場合に法違反となるので注意が必要です。

（ⅰ）時間外労働が月45時間を超えた回数が、年間で７回以上となった場合
　月45時間を超えることができるのは６回以内であり、以下の例は法違反となります。

	4月	5月	6月	7月	8月	9月	10月	11月	12月	1月	2月	3月
実労働時間	260.0	220.0	135.0	270.0	220.0	130.0	220.0	270.0	140.0	220.0	200.0	140.0
週平均50時間となる時間	214.2	221.4	214.2	221.4	221.4	214.2	221.4	214.2	221.4	221.4	200.0	221.4
週平均50時間を超える時間	45.8			48.6				55.8				
法定労働時間の総枠	520.0			525.7			525.7			514.2		
法定労働時間の総枠を超える時間			49.2			45.7			48.5			45.8
時間外労働	(45.8)		(49.2)	(48.6)		(45.7)		(55.8)	(48.5)			(45.8)

45時間を7回超えてしまい、法違反

（ⅱ）単月で時間外労働＋休日労働の合計が100時間以上となった場合

以下の例のように、一度でも超えれば法違反となります。

	4月	5月	6月
実労働時間（休日労働除く）	210.0	220.0	185.0
法定労働時間の総枠	520.0		
時間外労働			95.0
休日労働			10.0
時間外労働＋休日労働の合計			(105.0)

※このケースでは、通常の労働時間制度や、清算期間が1か月であれば、各月の法定労働時間が、
4月=171.4時間、5月=177.1時間、6月=171.4時間
であるため、時間外労働はそれぞれ、
4月=38.6時間、5月=42.9時間、6月=13.6時間
となり、上限規制の範囲内となります。

100時間以上となり、法違反

（ⅲ）時間外労働＋休日労働の合計の2～6か月平均のいずれかが80時間を超えた場合

以下の例のように、3か月平均で超える場合などは法違反となります。

	4月	5月	6月	7月	8月	9月
実労働時間（休日労働除く）	210.0	220.0	179.0	271.0	295.0	150.0
週平均50時間となる時間	214.2	221.4	214.2	221.4	221.4	214.2
週平均50時間を超える時間				49.6	73.6	
法定労働時間の総枠	520.0			525.7		
法定労働時間の総枠を超える時間			89.0			67.1
時間外労働			89.0	49.6	73.6	67.1
休日労働			10.0	10.0	10.0	
時間外労働＋休日労働の合計			(99.0)	59.6	83.6	67.1

3か月平均が80時間を超えており、法違反

　清算期間の最終月においては、一般の労働時間制度であれば時間外労働の上限規制の枠内に収まるものの、清算期間が1か月を超えるフレックスタイム制を導入していることによって、上限規制違反となる場合もあるため注意が必要です。（上記（ⅱ）のケース）法定労働時間の総枠の範囲内において、日々の始業・終業時刻を労働者の決定に委ねるという制度本来の趣旨に沿って、各月の繁閑差を

あらかじめ見込んだ上で、清算期間や対象者を協定するようにしてください。

■ フレックスタイム制と会議、出張等の業務命令

Q　フレックスタイム制対象者に前日の業務の進捗と当日の業務計画を確認するための朝礼の出席や、時間を特定した出張を命じることができますか。

A　会議への出席や時間を特定した出張のためにフレキシブルタイム中の一定の時刻までの出勤や、一定時刻までの在社を命じられるか否かについては見解は分かれていますが、フレキシブルタイム中の業務命令を否定するものではないので、時間を特定しない出張命令や会議への出席を命ずることは可能です。しかし、朝礼の出席を命じることは、労働者の始業時刻の決定をできないものとし、フレックスタイム制すなわち労働者が定められた総労働時間の範囲内で各日の始業および終業の時刻を選択して働くことと反するものとなるので認められません。どうしても前日の業務の進捗と当日の業務計画を確認する必要があるのであれば、午前にコアタイムを設け、その時間帯に朝礼を設定することが考えられます。

■ フレックスタイム制の時間外労働抑制

Q　フレックスタイム制適用者の時間外労働抑制策はありますか。

A　フレックスタイム制は時間外労働をするか否かについてまで労働者に裁量権を与えたものではないので、清算期間における時間外労働時間について規制し、承認を必要とすることは可能です。具体的には、そのまま放置することにより、定時勤務者の時間外労働時間を大きく上回ったり、時間外労働協定による延長時間を超えたりすることを避けるために、「フレックスタイム勤務時間記録表」の累積労働時間が、例えば月間総労働時間を超えて30時間に達した場合に、それ以後は時間外労働の実施について所属長の承認を得なけれ

ばならないとすることが考えられます。また、フレキシブルタイム
帯を超えて労働する場合、深夜労働を行う場合および休日労働を行
う場合に事前承認を求めることについても問題がありません。

■ 働かなかった日について賃金カットはできるか

Q　コアタイムなしのフレックスタイム制を導入した場合、働いてい
ない労働日は欠勤として賃金カットできるか

A　フレックスタイム制で労働者にゆだねられるのは、始業・終業時
刻の決定であり、労働日ではないので、制度適用労働者に所定労働
日に出勤するか否かを決定する自由はありません。したがって、コ
アタイムの有無にかかわらず、労働者が出勤しなかった場合は、欠
勤として取り扱って差し支えありません。

　しかし、労働日であるにもかかわらず働かなかった日について欠
勤として賃金カットをすることは、できる場合とできない場合があ
ります。

　清算期間の総労働時間に対して欠勤に相当する時間が不足してい
る場合は、賃金カットは可能です。一方、欠勤した日の労働時間相
当の時間を他の日に余分に労働し、清算期間の総労働時間に不足が
生じていない場合には、欠勤を理由に1日分の賃金カットを行うと
労基法第24条違反となり、賃金カットはできません。

第32条の3の2　　使用者が、清算期間が1箇月を超えるものである
ときの当該清算期間中の前条第1項の規定により労働させた期間が
当該清算期間より短い労働者について、当該労働させた期間を平均
し1週間当たり40時間を超えて労働させた場合においては、その超
えた時間（第33条又は第36条第1項の規定により延長し、又は休日
に労働させた時間を除く。）の労働については、第37条の規定の例
により割増賃金を支払わなければならない。

　清算期間が１か月を超える場合において、フレックスタイム制により労働させた期間が当該清算期間よりも短い労働者については、当該労働させた期間を平均して１週間当たり40時間を超えて労働させた時間について、労基法第37条の規定の例により、割増賃金を支払わなければならない。

１年単位の変形労働時間制

第32条の４　使用者は、当該事業場に、労働者の過半数で組織する労働組合がある場合においてはその労働組合、労働者の過半数で組織する労働組合がない場合においては労働者の過半数を代表する者との書面による協定により、次に掲げる事項を定めたときは、第32条の規定にかかわらず、その協定で第２号の対象期間として定められた期間を平均し１週間当たりの労働時間が40時間を超えない範囲内において、当該協定（次項の規定による定めをした場合においては、その定めを含む。）で定めるところにより、特定された週において同条第１項の労働時間又は特定された日において同条第２項の労働時間を超えて、労働させることができる。

(1)　この条の規定による労働時間により労働させることができることとされる労働者の範囲

(2)　対象期間（その期間を平均し１週間当たりの労働時間が40時間を超えない範囲内において労働させる期間をいい、１箇月を超え１年以内の期間に限るものとする。以下この条及び次条において同じ。）

(3)　特定期間（対象期間中の特に業務が繁忙な期間をいう。第３項において同じ。）

(4)　対象期間における労働日及び当該労働日ごとの労働時間（対象期間を１箇月以上の期間ごとに区分することとした場合においては、当該区分による各期間のうち当該対象期間の初日の属する期間（以下この条において「最初の期間」という。）における労働日及び当該労働日ごとの労働時間並びに当該最初の期間を除く各

期間における労働日数及び総労働時間）

(5)　その他厚生労働省令で定める事項

2　使用者は、前項の協定で同項第4号の区分をし当該区分による各期間のうち最初の期間を除く各期間における労働日数及び総労働時間を定めたときは、当該各期間の初日の少なくとも30日前に、当該事業場に、労働者の過半数で組織する労働組合がある場合においてはその労働組合、労働者の過半数で組織する労働組合がない場合においては労働者の過半数を代表する者の同意を得て、厚生労働省令で定めるところにより、当該労働日数を超えない範囲内において当該各期間における労働日及び当該総労働時間を超えない範囲内において当該各期間における労働日ごとの労働時間を定めなければならない。

3　厚生労働大臣は、労働政策審議会の意見を聴いて、厚生労働省令で、対象期間における労働日数の限度並びに1日及び1週間の労働時間の限度並びに対象期間（第1項の協定で特定期間として定められた期間を除く。）及び同項の協定で特定期間として定められた期間における連続して労働させる日数の限度を定めることができる。

4　第32条の2第2項の規定は、第1項の協定について準用する。

1　1年単位の変形労働時間制

　1年単位の変形労働時間制とは、業務に繁閑のある事業場において、繁忙期に長い労働時間を設定し、一方、閑散期には短い労働時間を設定することにより、効率的に労働時間を配分して年間の総労働時間の短縮を図ることを目的とした制度である。あらかじめ業務の繁閑を見込んで労働時間を配分する制度であるから、突発的なものをのぞき恒常的な時間外労働はないことを前提としている。

2　1年単位の変形労働時間制導入の要件

> **1年単位の変形労働時間制導入の要件**
> 労使協定の締結

労使協定の内容

事業場の過半数労働組合、そのような労働組合がない場合は労働者の過半数を代表する者との書面による協定を締結し（労基法32条の4第1項）、所轄労働基準監督署長に届け出なければならない（労基法32条の4第4項）。

労基法第38条の4に定められた労使委員会の委員の5分の4以上の多数による決議（労基法38条の4第5項）、または労働時間等設定改善委員会の決議（労働時間等設定改善法7条）をもって労使協定に代えることができる。

> **1年単位の変形労働時間制の労使協定の内容**
> ①　対象労働者の範囲
> ②　対象期間（1か月を超え1年以内の期間に限る。）
> ③　特定期間（対象期間中の特に業務が繁忙な期間をいう。）
> ④　対象期間における労働日と労働時間
> ⑤　労使協定の有効期間

①　対象となる労働者の範囲

勤務期間が対象期間に満たない中途採用者・中途退職者などについても、賃金の清算を条件に本制度の対象とすることが認められている。

②　**対象期間**：1か月を超え1年以内の期間に限る。

③　**特定期間**：対象期間中の特に業務が繁忙な期間をいう。

特定期間は定めなくてもよいが、ない場合は「ない」と定める必要があ

る。

④ **対象期間における労働日と労働時間**

対象期間の全期間にわたって、各日、各週の所定労働時間を定めなければならない。

ただし、対象期間を1か月以上の期間に区分することとした場合には、iからivの事項を定めればよい。

　i　最初の期間における労働日

　ii　最初の期間における労働日ごとの労働時間

　iii　最初の期間を除く各期間における労働日数

　iv　最初の期間を除く各期間における総労働時間

この場合でも、最初の期間を除く各期間の労働日と労働日ごとの労働時間については、その期間の始まる少なくとも30日前に、当該事業場の労働者の過半数で組織する労働組合がある場合においてはその労働組合、そのような労働組合がない場合には労働者の過半数を代表する者の同意を得て、書面により定めなければならない。

▌**図表4-11　所定労働時間の総枠の上限**

対象期間	所定労働時間の総枠の上限
1年（365日）	2085.71時間
6か月（183日）	1045.71時間
4か月（122日）	697.14時間
3か月（92日）	525.71時間

⑤ **有効期間**（労基則12条の4第1項）

労使協定そのものの有効期間は上記②の対象期間より長い期間とする必要がある。1年単位の変形労働時間制を適切に運用するためには対象期間と同じ1年程度とすることが望ましい。

図表４-12　制限事項

制限事項	制限内容
対象期間を平均した１週間あたりの労働時間	40時間 （週44時間が認められている特例措置事業場も40時間）
連続して労働させる日数 （労基則12条の４第５項）	６日 特定期間においては１週間に１日の休日が確保できる日数（最長12日）
労働時間の限度 （労基則12条の４第４項）	１日10時間、１週52時間 対象期間が３か月を超える場合は、以下のいずれも満たさなければばらない。 ・週48時間を超える労働時間を設定するのは連続３週以内とすること。 ・３か月以内ごとに区切った各期間において、週48時間を超える労働時間を設定した週の初日の数が３以下であること。
対象期間における労働日数 （労基則12条の４第３項）※	１年間に280日 （対象期間が３か月以内の場合は制限がない。）

※　３か月を超え１年以内の期間の労働日数の限度の計算方法

$$280日 \times \frac{対象期間の歴日数}{365} = \begin{array}{l} 対象期間における労働日数の限度 \\ （１日未満切り捨て） \end{array}$$

③ 時間外労働となる時間

　１年単位の変形労働時間制（１か月を超え１年以内の期間を対象期間とするもの）を採用した場合に時間外労働となるのは、次の時間である。

図表４-13　１年単位の変形労働時間制における時間外労働時間

⑴１日	労使協定により８時間を超える労働時間を定めた日はその時間、それ以外の日は８時間を超えて労働させた時間
⑵１週間	労使協定により１週40時間を超える労働時間を定めた週はその時間、それ以外の週は１週40時間を超えて労働させた時間（⑴で時間外労働となる時間を除く。）

| ⑶対象期間 | 次の式によって計算される対象期間における法定労働時間の総枠を超えて労働させた時間（⑴又は⑵で時間外労働となる時間を除く）
40時間×（対象期間の暦日数）／7 |

4 休日振替

　通常の業務の繁閑等を理由として休日振替が通常行われるような場合は、1年単位の変形労働時間制を採用できない。

　労働日の特定時に予期しない事情が生じ、やむを得ず休日の振替を行う場合には、

① 就業規則で休日の振替がある旨の規定を設け、あらかじめ休日を振り替えるべき日を特定して振り替えること

② 対象期間（特定期間を除く）において、連続労働日数が6日以内となること

③ 特定期間においては、1週間に1日の休日が確保できる範囲内にあること

が必要である。

　また、例えば、同一週内で休日をあらかじめ8時間を超えて労働を行わせることとして特定していた日と振り替えた場合については、当初の休日は労働日として特定されていなかったものであり、労基法第32条の4第1項に照らし、当該日に8時間を超える労働を行わせることとなった場合には、その超える時間については時間外労働とすることが必要である（平6.5.31 基発330号、平9.3.28 基発210号、平11.3.31 基発168号）

5 適用除外

　年少者：変形労働時間制の下で使用してはいけない（労基法60条1項）。満15歳以後最初の4月1日から満18歳未満の者について、1日8時間、1週48時間の範囲内で適用可能（労基法60条3項、労基則34条の2）。

妊産婦が請求した場合：１週40時間、１日８時間の範囲内でしか労働させることができないので、１年単位の変形労働時間制により労働させることはできない（労基法66条１項）。

地方公務員：労基法第32条の３適用除外を参照のこと

育児を行う者、老人等の介護を行う者、職業訓練または教育を受ける者その他特別の配慮を要する者：これらの者が育児等に必要な時間を確保できるようにしなければならない（労基則12条の６）。

6　本条違反

本条第１項は禁止の解除を規定しているだけなので、法違反として成立する余地はない。本条の要件を満たさないで週または日の労働時間を超えて労働させた場合は、労基法第32条違反として罰則が適用される（６か月以下の懲役または30万円以下の罰金）。

本条４項に違反して労使協定を届け出なかった使用者は、30万円以下の罰金に処せられる（労基法120条１号）。

１年単位の変形労働時間制の賃金清算

第32条の４の２　使用者が、対象期間中の前条の規定により労働させた期間が当該対象期間より短い労働者について、当該労働させた期間を平均し１週間当たり40時間を超えて労働させた場合においては、その超えた時間（第33条又は第36条第１項の規定により延長し、又は休日に労働させた時間を除く。）の労働については、第37条の規定の例により割増賃金を支払わなければならない。

1　１年単位の変形労働時間制―労働期間が対象期間より短い者の扱い

1998年の改正で、それまでは当該制度が適用されなかった対象期間の全期間を勤務しない労働者にも１年単位の変形労働時間制が適用されること

になり、変形労働時間制のもとで労働させた期間を平均し1週間当たり40時間を超えて労働させた場合においては、その超えた時間の労働については、労基法37条の規定の例により割増賃金を支払わなければならないことになった。ただし、労基法第33条または第36条1項の規定により延長し、または休日に労働させた時間については、当然割増賃金支払い義務があったものなので、この時間は本条の対象とはならない。

対象期間の全期間を勤務しない労働者とは

・対象期間の中途で採用された者

・配転によって異動してきた者、異動していく者

・退職する者

1年単位の変形労働時間制の適用労働者が対象期間中に育児休業や産前産後休暇の取得等により、実際に労働させた期間が対象期間よりも短い場合については、本条は、途中退職者等雇用契約期間が労基法第32条の4第1項第2号に規定する対象期間よりも短い者についての規定であり、休暇中の者などには適用されない（平11.3.31 基発169号）。

2 割増賃金の支払い

対象期間より短い期間労働をした者に対しては、これらの労働者に実際に労働させた期間を平均して週40時間を超えた労働時間について、次の式により労基法第37条の規定の例による割増賃金を支払うことが必要である。

割増賃金を支払う時間	=	実労働期間における実労働時間	−	実労働期間における法定労働時間の総枠[※1]	−	実労働期間における1日、1週の時間外労働[※2]

※1　（実労働期間の歴日数÷7日）×40時間

※2　①　1日の法定時間外労働：労使協定で1日8時間を超える時間を定めた日はその時間、それ以外の日は8時間を超えて労働した時間

　　　②　1週の法定時間外労働：労使協定で1週40時間を超える時間を定めた週はその時間、それ以外の週は1週40時間を超えて労働した時間（①で時間外労働となる時間を除く。）

③　本条違反

　本条の割増賃金は、法定労働時間を超える労働に対して支払われるものではないので、労基法第37条の適用はない。したがって、本条に違反した場合に労基法第37条違反は成立しない。賃金の不払いなので、労基法第24条違反が成立する（平11.1.29 基発45号）。

１週間単位の非定型的変形労働時間制

第32条の５　使用者は、日ごとの業務に著しい繁閑の差が生ずることが多く、かつ、これを予測した上で就業規則その他これに準ずるものにより各日の労働時間を特定することが困難であると認められる厚生労働省令で定める事業であつて、常時使用する労働者の数が厚生労働省令で定める数未満のものに従事する労働者については、当該事業場に、労働者の過半数で組織する労働組合がある場合においてはその労働組合、労働者の過半数で組織する労働組合がない場合においては労働者の過半数を代表する者との書面による協定があるときは、第32条第２項の規定にかかわらず、１日について10時間まで労働させることができる。

２　使用者は、前項の規定により労働者に労働させる場合においては、厚生労働省令で定めるところにより、当該労働させる１週間の各日の労働時間を、あらかじめ、当該労働者に通知しなければならない。

３　第32条の２第２項の規定は、第１項の協定について準用する。

---

①　１週間単位の非定型的労働時間制

　日ごとの業務に著しい繁閑の差があり、業務の繁閑が定型的に定まっていない小規模な事業については、労使協定を締結することにより、忙しい日にはある程度長い時間働き、比較的暇な日は休日とする、あるいは労働

時間を短くすることにより、全体としては労働時間の短縮をすることを目的としている。

2 1週間単位の非定型的労働時間制導入の要件

1週間単位の非定型的労働時間制導入の要件

① 小売業、旅館、料理店および飲食店の事業であって、規模30人未満のもの（労基則12条の5）
② 労使協定
③ 労働者への労働時間の通知

※小売業、旅館、料理店および飲食店の事業であって、常時10人未満のものは、週の法定労働時間は44時間の特例が設定しているが、これらの事業場であっても1週40時間としなければならない。

(1) 労使協定の内容

事業場の労働者の過半数で組織する労働組合、労働者の過半数で組織する労働組合がない場合においては労働者の過半数を代表する者と以下の内容について書面による協定を行い、所轄労働基準監督署長に届け出なければならない。

ただし、労基法第38条の4に定められた労使委員会の委員の5分の4以上の多数による決議（労基法38条の4第5項）、または労働時間等設定改善委員会の決議（労働時間等設定改善法7条）をもって労使協定に代えることができる。この場合、所轄労働基準監督署長への届出も免除される。

1週間単位の非定型的労働時間制の労使協定の内容

・1週間の労働時間が40時間以下となること
・1日の労働時間の限度を10時間とすること

⑵　労働者への通知

①　労働者への通知

　1週間の各日の労働時間を、1週間の開始する前に、書面により労働者に通知しなければならない（労基則12条の5第3項）。

②　緊急でやむを得ない事由による変更

　緊急でやむを得ない事由がある場合には、使用者は、あらかじめ通知した労働時間を変更しようとする日の前日までに書面で通知することにより、あらかじめ通知した労働時間を変更することができる（労基則12条の5第3項但し書き）。

　緊急でやむを得ない事由とは、「使用者の主観的な必要性ではなく台風の接近、豪雨等の天候の急変等客観的事実により、当初想定した業務の繁閑に大幅な変更が生じた場合が該当する」（昭63.1.1 基発1号）として、緊急の場合の変更が許容される要件を厳格に解している。

③　労働者の意思の尊重

　「使用者は、1週間単位の非定型的変形労働時間制の下で労働者を労働させる場合に、1週間の各日各人の労働時間を定めるに当たっては、事前に労働者の都合を聴く等労働者の意思を尊重するよう努めなければならない」（昭63.1.1 基発1号）とされている。

③　時間外労働となる時間

　1週間単位の非定型的変形労働時間制の時間外労働時間は図表4-13のとおりである。

図表4-14　1週間単位の非定型的変形労働時間制の時間外労働時間

1日	①　事前通知により所定労働時間が8時間を超える時間とされている日についてはその所定労働時間を超えた時間 　所定労働時間が8時間以内とされている日については8時間を超えた時間
1週	②　40時間を超えた時間（①で時間外労働となる部分を除く。）

4 適用除外等

以下の者については適用除外あるいは配慮が必要とされている。

満18歳未満の労働者：変形労働時間制の下で使用してはいけない（労基法60条1項）。

妊産婦が請求した場合：1週間または1日の法定労働時間を超えて労働させてはいけない（労基法66条1項）。

育児を行う者、介護を行う者、職業訓練を受ける者または教育を受ける者その他特別の配慮を要する者等：これらの者が育児等に必要な時間を確保できるような配慮をしなければならない（労基則12条の6）。

一般職の地方公務員：適用除外とされている（地公法58条3項）。

5 本条違反

本条第1項は、労基法第32条の労働時間規制の解除を規定しているだけなので、本条違反に対する罰則規定はない。本条に違反した状態で、労基法第32条の法定労働時間を超えて労働させた場合には労基法第32条違反として罰則（6か月以下の懲役または30万円以下の罰金）の適用を受けることになる。

本条第2項に違反して、前週末までに翌週の各日の労働時間を、あらかじめ、当該労働者に通知しなかった場合には、30万円以下の罰金に処せられる（労基法120条1号）。

災害等による臨時の必要がある場合の時間外労働等

第33条　災害その他避けることのできない事由によつて、臨時の必要がある場合においては、使用者は、行政官庁の許可を受けて、その必要の限度において第32条から前条まで若しくは第40条の労働時間を延長し、又は第35条の休日に労働させることができる。ただし、事態急迫のために行政官庁の許可を受ける暇がない場合においては、事後に遅滞なく届け出なければならない。

　２　前項ただし書の規定による届出があつた場合において、行政官庁
　　がその労働時間の延長又は休日の労働を不適当と認めるときは、そ
　　の後にその時間に相当する休憩又は休日を与えるべきことを、命ず
　　ることができる。
　３　公務のために臨時の必要がある場合においては、第１項の規定に
　　かかわらず、官公署の事業（別表第一に掲げる事業を除く。）に従
　　事する国家公務員及び地方公務員については、第32条から前条まで
　　若しくは第40条の労働時間を延長し、又は第35条の休日に労働させ
　　ることができる。

1 災害等による臨時の必要がある場合の時間外労働等

　災害その他避けることのできない事由により臨時に時間外・休日労働を
させる必要がある場合においても、36協定の締結・届出を条件とすること
は実際的ではない。そのような場合には、36協定によるほか、本条によ
り、一定の要件により「必要の限度」の範囲内に限り時間外・休日労働を
させることができる。

　年少者についても労基法第60条（労働時間および休日）の制限を受けな
い。しかし、深夜業の禁止は解除されない（昭23.7.5 基収1685号、昭
63.3.14 基発150号・婦発47号、平11.3.31 基発168号）。

　なお、労基法第33条第１項による場合であっても、時間外労働・休日労
働や深夜労働についての割増賃金の支払は必要である。

　本条第３項は、公務のために臨時の必要がある場合に、その円滑な遂行
と国民または地方公共団体の住民の公共の福祉を確保するため、官公署の
事業（別表第一に掲げる事業を除く。）に従事する国家公務員および地方
公務員について、第１項の手続きを要件とせずに時間外労働または休日労
働ができるとしている。

2 災害等による臨時の必要がある場合の時間外労働等の要件

> **災害等による臨時の必要がある場合の時間外労働等の要件**
> ① 災害その他避けることのできない事由
> ② 臨時の必要がある場合
> ③ 労働基準監督署長の許可(事態が急迫している場合は事後の届出)

(1) 災害その他避けることのできない事由

「災害」とは事業場において通常発生する事故は含まれず、天災地変その他これに準ずるものをいう。

「その他避けることのできない事由」とは、業務運営上通常予想し得ない事由がある場合をいうものと解すべきであり、また、その事由のためにあらかじめ必要な時間外労働または休日労働の協定を結んでおくことや要員の配置等によって所定の労働時間内で処理することが困難であるような場合をいう。

「災害その他避けることのできない事由」のなかに、「災害の発生が客観的に予見される場合」も含まれるとされている(昭33.2.13 基発90号)。

【時間外の消火作業】

　実際に火災が発生した場合使用者が所定労働時間を終え帰宅している所属労働者を招集した場合は労基法第33条に該当する(昭23.10.23 基収3141号)。

許可基準(昭22.9.13 発基17号、昭26.10.11 基発696号)

i 単なる業務の繁忙その他これに準ずる経営上の必要は認めないこと

ii 急病、ボイラーの破裂その他人命または公益を保護するための必要は認めること

iii　事業の運営を不可能ならしめるような突発的な機械の故障の修理は認めるが、通常予見される部分的な修理、定期的な手入は認めないこと

iv　電圧低下により保安等の必要がある場合は認めること

(2)　臨時の必要がある場合

避けることのできない事由であっても、恒常的なものは該当しない。通常予想される程度を超え、あるいは恒常的な必要措置の範囲を超えて緊急の作業をしなければならない場合であることを要求される。

「必要の限度」の範囲は、社会通念によって判断されるべきであり、例えば工場火災等において、消火作業中および消火後の後始末の時間は「必要の限度」の範囲に含まれ、その後の復旧の作業はこの限度を超えるものというべきと考えられる（「平成22年版　労働基準法　上」451頁）。

(3)　労働基準監督署長への許可・届出

所轄労働基準監督署長の事前の許可を受けなければならない。ただし、事態急迫のために許可を受ける暇がない場合は、事後に遅滞なく届け出なければならない。遅滞なくとは、社会通念上相当期間内を意味する。

③　労働基準監督署長の休憩・休日付与命令

事後届出の場合、許可基準を超えて時間外・休日労働を行わせたことが判明することがありえる。そのような場合には代償措置として、その時間に相当する休憩または休日を与えるべきことを命ずる権限が、行政官庁（労働基準監督署長）に与えられている。その命令については慎重に取扱い、延長が長時間にわたるものについてこれを発することとされている（昭22.9.13 発基17号）。

【派遣労働者の第33条の取扱い】

派遣先の使用者は派遣先の事業場において、災害その他避けることのできない事由により臨時の必要がある場合には、派遣中の労働者に、法定時間外または法定休日に労働させることができる。この場合に、事前

に行政官庁の許可を受け、又はその暇がない場合に事後に遅滞なく届出をする義務を負うのは、派遣先の使用者であること（昭61.6.6 基発333号）

■ 東日本大震災の際の第33条に関する質問

【Q8－1】 今回の震災により、被害を受けた電気、ガス、水道等のライフラインの早期復旧のため、被災地域外の他の事業者が協力要請に基づき作業を行う場合に、労働者に時間外・休日労働を行わせる必要があるときは、労働基準法第33条第1項の「災害その他避けることができない事由によって、臨時の必要がある場合」に該当するでしょうか。

【A8－1】

　　（一部略）

ご質問については、被災状況、被災地域の事業者の対応状況、当該労働の緊急性・必要性等を勘案して個別具体的に判断することになりますが、今回の震災による被害が甚大かつ広範囲のものであり、一般に早期のライフラインの復旧は、人命・公益の保護の観点から急務と考えられるので、労働基準法第33条第1項の要件に該当し得るものと考えられます。

ただし、労働基準法第33条第1項に基づく時間外・休日労働はあくまで必要な限度の範囲内に限り認められるものですので、過重労働による健康障害を防止するため、実際の時間外労働時間を月45時間以内にするなどしていただくことが重要です。また、やむを得ず長時間にわたる時間外・休日労働を行わせた労働者に対しては、医師による面接指導等を実施し、適切な事後措置を講じることが重要です。（厚生労働省リーフレット「過重労働による健康障害を防ぐために」）

なお、災害発生から相当程度の期間が経過し、臨時の必要がない場合に時間外・休日労働をさせるときは、36協定を締結し、届出をしていただくこととなります。

> 厚生労働省　東日本大震災に伴う労働基準法等に関するＱ＆Ａ
> （第3版）

4　公務のための時間外・休日労働

　公務のために臨時の必要がある場合においては、官公署の事業（別表第一に掲げる事業を除く。）に従事する国家公務員及び地方公務員については、第32条から前条まで若しくは第40条の労働時間を延長し、又は第35条の休日に労働させることができる。

(1)　適用対象

　労基法別表第一の事業を除いた官公署の事業に従事し、労基法の適用を受ける国家公務員・地方公務員に適用される。しかし、非現業の国家公務員は労基法が適用されない（国公法附則16条）ので本項の適用はない。労基法が適用される特定独立行政法人等（独行等労37条1項1号）に勤務する公務員たる職員の多くは別表第一の事業に使用されているので、本項が適用されるのは管理部門の職員である。林野庁の本庁、各森林管理局等が該当する。

　非現業の地方公務員は労基法が適用される（地公法58条3項）ので本項の適用がある。地方公営企業では、特定独立行政法人と同様に管理部門の職員に適用される。都道府県家畜保健衛生所も該当する。

(2)　要件

　「公務のため臨時の必要がある場合」に、前記(1)の適用対象である国家公務員及び地方公務員については、第32条から前条まで若しくは第40条の労働時間を延長し、又は第35条の休日に労働させることができる。

　「公務」とは、国又は地方公共団体の事務のすべてのものをいう。

　「公務のため臨時の必要がある場合」の認定権は、一応使用者たる当該行政官庁に委ねられており、広く公務のための臨時の必要を含むものである（昭23.9.20 基収3352号）。

5　本条違反

　本条は禁止の解除を規定しているだけなので、法違反となることはない。災害等による臨時の必要がある場合の時間外労働等の要件である「災害その他避けることのできない事由」「臨時の必要」「労働基準監督署長の許可」のいずれかがないにもかかわらず、時間外労働あるいは休日労働を行わせた場合は、第32条、第35条違反となる。

　本条第1項の届出義務に違反した使用者は、30万円以下の罰金に処せられる（労基法120条1号）。本条第2項の労働基準監督署長による代休付与命令に違反して、命ぜられた休憩または休日を与えなかった使用者は、6か月以下の懲役または30万円以下の罰金に処せられる（労基法119条2号）。

休憩

第34条　使用者は、労働時間が6時間を超える場合においては少なくとも45分、8時間を超える場合においては少なくとも1時間の休憩時間を労働時間の途中に与えなければならない。

2　前項の休憩時間は、一斉に与えなければならない。ただし、当該事業場に、労働者の過半数で組織する労働組合がある場合においてはその労働組合、労働者の過半数で組織する労働組合がない場合においては労働者の過半数を代表する者との書面による協定があるときは、この限りでない。

3　使用者は、第1項の休憩時間を自由に利用させなければならない。

1　休憩時間

　使用者は、労働時間が6時間を超える場合においては少なくとも45分、8時間を超える場合においては少なくとも1時間の休憩時間を与えなければならない。

　休憩時間とは、単に作業に従事しない手待時間は含まず、労働者が権利として労働から離れることを保障されている時間をいう（昭22.9.13　発基17号）。

　労基法第40条（労基則32条）により、休憩を与えなくてもよい場合が定められている（40条参照）。

▌図表４-15　与えなければならない休憩時間の長さ

労働時間が 6 時間	労働時間 6 時間				休憩なし

労働時間が 6 時間を超える	労働時間 4 時間	休憩 45分	労働時間 4 時間		

労働時間が 8 時間を超える	労働時間 4 時間	休憩 45分	労働時間 4 時間	休憩 15分	時間外労働

② 　一斉付与

　休憩時間は労働時間の途中で一斉に与えなければならない。一斉に与えなければならない労働者の範囲は事業場単位と解されている（昭22.9.13　発基17号）。

　当該事業場の労働者の過半数で組織する労働組合がある場合においてはその労働組合、そのような労働組合がない場合においては労働者の過半数を代表する者との書面による協定により、交替で休憩を取らせることができる。労使協定には、「一斉に休憩を与えない労働者の範囲」および「当該労働者に対する休憩の与え方」を定めなければならない（労基則15条）。

　なお、労基法第38条の４に定められた労使委員会決議（労基法38条の４第５項）、または労働時間等設定改善委員会の決議（労働時間等設定改善法７条）をもって労使協定に代えることができる。この場合、所轄労働基準監督署長への届出も免除される。

図表4-16　一斉に休憩を付与しなくてもよい場合

労使協定（労使委員会の決議、労働時間等設定改善委員会の決議）によるもの	労基法第34条2項
一斉休憩の原則が適用されない 　運輸交通業、商業、金融・広告業、映画・演劇業、 　通信業、保健衛生業、接客娯楽業、官公署	労基法第40条 労基則第31条

【派遣労働者の場合】

　休憩時間の一せい付与義務は派遣先の使用者が負う。派遣先の使用者は、当該事業場の自己の労働者と派遣中の労働者とを含めて、全体に対して一斉に休憩を与えなければならない（昭61.6.6　基発333号、昭63.3.14　基発150号、平11.3.31　基発168号）。

③　自由利用

　使用者は休憩時間を自由に利用させなければならない（労基法34条3項、自由利用が適用されない労働者については労基法40条参照）。自由利用については、以下の3点が問題となり、解釈例規が示され、あるいは最高裁の判例がある。

①　自由利用の意義

　休憩時間の利用について事業場の規律保持上必要な制限を加えることは、休憩の目的をそこなわない限り差し支えない（昭22.9.13　発基17号）。

②　休憩時間中の外出の許可制

　休憩時間中の外出について所属長の許可を受けさせることについて「事業場内において自由に休憩し得る場合には必ずしも違法にならない（昭23.10.30　基発1575号）。

③　休憩時間中の政治活動の是非

　休憩時間の自由な利用も、企業施設内で行われる場合には、使用者の企業施設に対する管理権の合理的な行使として認められる範囲で制約を受けるのであり、許可を得ないで行ったビラ配布について懲戒処分を行っても

本条に違反するものではないと、最高裁は判示している（目黒電報電話局事件　最高裁三小　昭52.12.13判決　労判287号26頁）。

■ **目黒電報電話局事件（最高裁三小　昭52.12.13判決）**

【事件の概要】

　使用者Ｙ（目黒電報電話局）の労働者Ｘは、「ベトナム侵略反対、米軍立川基地拡張阻止」と書かれたプレートを着用して勤務したところ、これを取り外すよう上司から再三注意を受けたので、これに抗議する目的で、「職場の皆さんへの訴え」と題したビラ数10枚を、休憩時間中に休憩室と食堂で配布した。ＹはＸの無許可のビラ配布が就業規則（職場内の演説やビラ配布等には事前の管理責任者の許可を要する内容）違反・懲戒事由該当として、Ｘを戒告処分に付した。Ｘは、休憩時間中のビラ配布を懲戒処分の対象とすることは、労基法第34条第3項の定める休憩時間自由利用の原則に違反すると主張して提訴、労働者側敗訴となった。

【判決の要旨】

1～4省略

5　休憩時間中であっても、局所内における演説、集会、貼紙、掲示、ビラ配布等を行うことは、局所内の施設の管理を妨げるおそれがあり、他の職員の休憩時間の自由利用を妨げひいてはその後の作業能率を低下させるおそれがあり、その内容いかんによっては企業の運営に支障をきたし企業秩序を乱すおそれがあるから、休憩時間中にこれを行うについても局所の管理責任者の事前の許可を受けなければならない旨を定める日本電信電話公社の就業規則の規定は、休憩時間の自由利用に対する合理的な制約というべきである。

4　本条違反

　本条に違反して、休憩を与えなかった場合、または法定の休憩を与えて

も、本条に違反して一斉に与えず若しくは自由利用させなかった場合には、使用者は6か月以下の懲役または30万円以下の罰金に処せられる（労基法119条1号）。

■ **パートタイマーの休憩時間**

Q パートタイマーが早く帰りたいので休憩時間はいらないと言った場合は休憩を与えなくていいでしょうか。労働時間の最後に与えるということではだめでしょうか。

A 本人が休憩時間はいらないと言ったとしても、1日の労働時間が6時間を超える場合は、労働時間の途中で休憩を与えなければいけません。労働時間が長くなると、作業能率は落ちるし、疲労が増すと労働災害が発生する率も高くなる傾向にあります。したがって、労働時間が6時間以下であっても、途中で短い休憩をとって気分転換をすることは必要です。また、食事時間帯にかかる場合には食事をとる必要もあるので状況に応じた配慮は必要です。

休日

第35条 使用者は、労働者に対して、毎週少くとも1回の休日を与えなければならない。

2 前項の規定は、4週間を通じ4日以上の休日を与える使用者については適用しない。

1 休日

使用者は、労働者に対して、毎週少くとも1回の休日を与えなければならない。4週間を通じ4日以上の休日を与える場合は、1週1日は適用されない。

第1項（毎週1回の休日）が原則であり、第2項（4週4日の休日）は

例外である（昭22.9.13 発基17号）。

　　休日……労働契約上、労働義務のない日をいう。

【一暦日の休日】

　休日とは暦日を指し、午前零時から午後12時までの休業である（昭23.4.5 基発535号）。

【一昼夜交替の場合】

　午前８時から翌日の午前８時までの労働と、それに続く翌々日の午前８時までの非番を繰り返す一昼夜交替勤務の場合にも、暦日休日制の原則が適用され、非番の継続24時間は休日とは認めず、下図のごとくさらに非番日の翌日に休日を与えなければ、本条の休日を与えたことにはならない。図表４-16の場合、５日目の午前零時から継続した24時間が休日となる（昭23.11.9 基収2968号）。

図表４-17

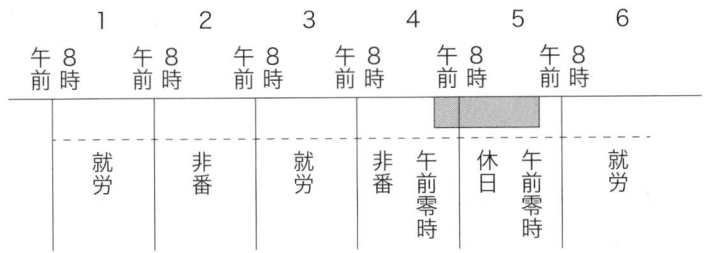

【休日の出張】

　出張中の休日はその日に旅行する等の場合であっても、旅行中における物品の監視等別段の指示がある場合の外は休日労働として取り扱わなくても差支えない（昭23.3.17 基発461号、昭33.2.13 基発 90 号）。

毎週１回の休日……週とは、起算日から数えて７日間という意味である。週の起算日は、就業規則等で決められているときはその日、決ま

りがない場合は、日曜日と解される。

4週4日の休日……労基法は4週間の計算方法を定めていないので、民法によって計算する（民法138条）。日曜日を起算日とするときは、4週目の土曜日まで、日曜日以外を起算日とするときは4週目の起算日に応答する日までとなる。

2 暦日休日の例外

番方制　番方編成による交替制の場合で次のいずれにも該当するときは、休日は継続24時間を与えれば差支えない（昭63.3.14 基発150号・婦発47号）。

① 番方編成による交替制によることが就業規則等により定められており、制度として運用されていること。

② 各番方の交替が規則的に定められているものであって、勤務割表等によりその都度設定されるものではないこと。

旅館業　フロント係、調理係、仲番および客室係に限って、原則として正午から翌日の正午までの24時間を含む継続30時間（当分の間、継続27時間）の休息が確保される場合について、当面の取扱いとして、休日暦日制の例外を認めている（昭57.6.30 基発446号、昭63.3.14 基発150号・婦発47号、平11.3.31 基発168号）。

　この場合、年間の法定休日のうち少なくとも2分の1以上は暦日によって与えること、年間に法定休日を含めて60日以上の休日を確保すること等を指導することとされている。

自動車運転者　休日は、休息期間＋24時間の連続した時間をいい、いかなる場合であっても、この時間が30時間を下回ってはならない。休息期間は原則として8時間確保されなければならないので、休日は、「休息期間8時間＋24時間＝32時間」以上の連続した時間となる。また、隔日勤務の場合、20時間以上の休息期間が確保されなければならないので、休日は、「休息期間20時間＋24時間＝44時間」以上の連続した時間となる（「自動車運転者の労働時間改善基準」）。

③　4週4日の休日

　4週4日の休日制には業種の限定はなく、業務の都合があれば採用でき
る。ただし、毎週少なくとも1回の休日が確保されることが望ましいこと
は当然であり、「第1項が原則であり第2項は例外であることを強調し徹
底させること」とされている（昭22.9.13 発基17号）

　毎週少なくとも1回の休日が確保されることが望ましく、どの4週間を
区切っても4日の休日を与えなければならないという趣旨ではない。就業
規則等に定める起算日から4週間の間に4日以上の休日があればよいとい
うものである。

　例えば、休日日数が第1週1日、第2週0日、第3週2日、第4週1
日、第5週0日、第6週2日、第7週1日、第8週1日と定められている
場合は、第2週から第5週までの4週についてみれば、休日は3日である
が、第1週から第4週および第6週から第8週までの各4週間に4日があ
るから、本条違反とはならないとしている（昭23.9.20 基発1384号）。

　このように、4週4日制の趣旨は、各週休日制を採用することが難しい
業態において、多少不規則でも4週間に4回の休日が確保されることをよ
しとするものと考えられる。24日間連続して就労させた後に、まとめて4
日の休日を付与するという方法は、労基法第35条第2項の意図するもので
はない。

④　休日の振替と代休の違い

　休日の振替とは、休日である日曜日を勤務日に変更する代わりに、勤務
日である水曜日を休日とするように休日と他の勤務日をあらかじめ振り替
えることをいう。

　代休とは、休日の振替手続きをとらず、本来の休日に労働を行わせた後
に、その代わりの休日を付与することをいう。

	振　替　休　日	代　　　　休
どんな場合に行われるか	36協定が締結されていない場合などに、休日労働をさせる必要が生じたとき	休日労働や長時間労働をさせた場合に、その代償として他の労働日を休日とするとき
行われる場合の要件	①　就業規則等に振替休日の規定があること ②　振替休日の特定 ③　振替休日は、できるだけ近接した日が望ましい ④　振替は前日までに通知	代休自体は、任意に与えることができるが、法定休日労働の場合には、36協定が必要となる。
振替後の日または代休の指定	あらかじめ使用者が指定する。	使用者が指定することもあるし、労働者の申請によって与えることもある。
賃金	振替休日が同一週の場合、休日出勤日については通常の賃金を支払えばよく、振替休日に賃金を支払う必要はない。 ＊振替休日により働いた日を含む週の労働時間が週法定労働時間を超えた場合には、この部分については時間外労働となるので、割増賃金の支払が必要となる	休日の出勤日については割増賃金を支払わなければならない。

5　本条違反

　本条違反については、6か月以下の懲役または30万円以下の罰金に処せられる（労基法119条1号）。

■ 代休の取得を一定期間内に限定することは可能か

Q　休日出勤に対しては代休を付与していますが、なかなか取得できずに何日分もためてしまう社員がいます。社員の健康管理上、また労務管理上の手間も省くため、今後、代休の取得は「休日出勤から1か月以内」に限り、その間に取得できなかった場合には「消滅」

することにしたいのですが、**問題はないでしょうか。**

A　代休は労基法で定められた制度ではないので、必ず付与しなければならないものではありません。代休には振替休日のように一定の期間内に付与しなければならないといった要件はないので、「代休の取得は『休日出勤から１か月以内』とし、その間に取得できなかった場合には『消滅』するという制度にする」ことについて問題はありません。

■ **半日単位の振替休日**

Q　半日単位の振替休日は認められるでしょうか。

A　法定休日の振替については、行政解釈では、就業規則において休日を特定したとしても、「別に休日の振替を必要とする場合休日を振り替えることができる旨の規定を設け、これによってあらかじめ振り替えるべき日を特定して振り替えた場合は、当該休日は労働日となり、休日労働にはならない。」（昭23.4.19 基収1397、昭63.3.14 基発150）としています。しかし、休日は、午前零時から午後12時までの暦日でなければならない（昭23.4.5 基発535）ので、法定休日について半日単位で振り替えることは認められません。

　週休２日制の場合は、法定休日が１日確保されていれば、もう１つの法定外休日は必ずしも必要ありません。したがって、半日単位で振り替えることにより休日が週１日になったとしても労基法第35条違反となることはありません。

■ **４週４日の休日をまとめて与えることの可否**

Q　４週４日の休日さえ確保していれば、１か月連続して勤務させても問題ないでしょうか。

A　４週４日の休日制については、まとめて与えてはいけないとか、連続勤務日数は何日以内にしなければならないという決まりはありません。特定の４週間に４日の休日があればよく、どの４週間を区切っても４日の休日の付与があることが求められているわけではありません。しかし、４週４日制の趣旨は、各週休日制を採用するこ

とが難しい業態において、多少不規則でも 4 週間に 4 回の休日が確
保されることをよしとするものと考えられます。したがって、24日
間連続して就労させた後に、まとめて 4 日の休日を付与するという
方法は、労基法第35条第 2 項の意図するものではないと考えられま
す。ちなみに、休日振替の振り替えるべき日については、振り替え
られた日以降でできる限り近接していることが望ましいとされてい
ます（昭23.7.5 基発968、昭63.3.14 基発150・婦発47）。

時間外及び休日の労働

第36条　使用者は、当該事業場に、労働者の過半数で組織する労働
　　組合がある場合においてはその労働組合、労働者の過半数で組織す
　　る労働組合がない場合においては労働者の過半数を代表する者との
　　書面による協定をし、厚生労働省令の定めるところによりこれを行
　　政官庁に届け出た場合においては、第32条から第32条の 5 まで若し
　　くは第40条の労働時間（以下この条において「労働時間」という。）
　　又は前条の休日（以下この条において「休日」という。）に関する
　　規定にかかわらず、その協定で定めるところによつて労働時間を延
　　長し、又は休日に労働させることができる。

2　前項の協定においては、次に掲げる事項を定めるものとする。

⑴　この条の規定により労働時間を延長し、又は休日に労働させる
　　ことができることとされる労働者の範囲

⑵　対象期間（この条の規定により労働時間を延長し、又は休日に
　　労働させることができる期間をいい、 1 年間に限るものとする。
　　第 4 号及び第 6 項第 3 号において同じ。）

⑶　労働時間を延長し、又は休日に労働させることができる場合

⑷　対象期間における 1 日、 1 箇月及び 1 年のそれぞれの期間につ
　　いて労働時間を延長して労働させることができる時間又は労働さ
　　せることができる休日の日数

　(5)　労働時間の延長及び休日の労働を適正なものとするために必要
　　　な事項として厚生労働省令で定める事項

3　前項第 4 号の労働時間を延長して労働させることができる時間
　は、当該事業場の業務量、時間外労働の動向その他の事情を考慮し
　て通常予見される時間外労働の範囲内において、限度時間を超えな
　い時間に限る。

4　前項の限度時間は、1 箇月について45時間及び 1 年について360
　時間（第32条の 4 第 1 項第 2 号の対象期間として 3 箇月を超える期
　間を定めて同条の規定により労働させる場合にあつては、1 箇月に
　ついて42時間及び 1 年について320時間）とする

5　第 1 項の協定においては、第 2 項各号に掲げるもののほか、当該
　事業場における通常予見することのできない業務量の大幅な増加等
　に伴い臨時的に第 3 項の限度時間を超えて労働させる必要がある場
　合において、1 箇月について労働時間を延長して労働させ、及び休
　日において労働させることができる時間（第 2 項第 4 号に関して協
　定した時間を含め100時間未満の範囲内に限る。）並びに 1 年につい
　て労働時間を延長して労働させることができる時間（同号に関して
　協定した時間を含め720時間を超えない範囲内に限る。）を定めるこ
　とができる。この場合において、第 1 項の協定に、併せて第 2 項第
　2 号の対象期間において労働時間を延長して労働させる時間が 1 箇
　月について45時間（第32条の 4 第 1 項第 2 号の対象期間として 3 箇
　月を超える期間を定めて同条の規定により労働させる場合にあつて
　は、1 箇月について42時間）を超えることができる月数（1 年につ
　いて 6 箇月以内に限る。）を定めなければならない。

6　使用者は、第 1 項の協定で定めるところによつて労働時間を延長
　して労働させ、又は休日において労働させる場合であつても、次の
　各号に掲げる時間について、当該各号に定める要件を満たすものと
　しなければならない。

　(1)　坑内労働その他厚生労働省令で定める健康上特に有害な業務に

ついて、1日について労働時間を延長して労働させた時間　2時間を超えないこと。

(2)　1箇月について労働時間を延長して労働させ、及び休日において労働させた時間　100時間未満であること。

(3)　対象期間の初日から1箇月ごとに区分した各期間に当該各期間の直前の1箇月、2箇月、3箇月、4箇月及び5箇月の期間を加えたそれぞれの期間における労働時間を延長して労働させ、及び休日において労働させた時間の1箇月当たりの平均時間　80時間を超えないこと。

7　厚生労働大臣は、労働時間の延長及び休日の労働を適正なものとするため、第1項の協定で定める労働時間の延長及び休日の労働について留意すべき事項、当該労働時間の延長に係る割増賃金の率その他の必要な事項について、労働者の健康、福祉、時間外労働の動向その他の事情を考慮して指針を定めることができる。

8　第1項の協定をする使用者及び労働組合又は労働者の過半数を代表する者は、当該協定で労働時間の延長及び休日の労働を定めるに当たり、当該協定の内容が前項の指針に適合したものとなるようにしなければならない。

9　行政官庁は、第7項の指針に関し、第1項の協定をする使用者及び労働組合又は労働者の過半数を代表する者に対し、必要な助言及び指導を行うことができる。

10　前項の助言及び指導を行うに当たつては、労働者の健康が確保されるよう特に配慮しなければならない。

11　第3項から第5項まで及び第6項（第2号及び第3号に係る部分に限る。）の規定は、新たな技術、商品又は役務の研究開発に係る業務については適用しない。

1 時間外及び休日の労働

(1) 時間外労働・休日労働に関する協定届（様式第9号）

法定労働時間を超えて時間外労働を行わせたり法定休日に労働させたりする場合は、あらかじめ、「時間外労働・休日労働に関する協定」を締結し、所轄労働基準監督署長に届け出なければならない。この協定のことを労基法第36条に規定されていることから、通称「36（サブロク）協定」という。

労基法上の労使協定の効力は、その協定の定めるところによって労働させても労基法に違反しないという免罰効果をもつものであり、労働者の民事上の義務は、当該協定から直接生じるものではなく、労働協約、就業規則等の根拠が必要である（昭63.1.1　基発1号）。

(2) 特別条項付き時間外労働・休日労働に関する協定届（様式第9号の2）

臨時的な特別の事情があるため、時間外労働の限度時間（月45時間・年360時間）を超えて時間外労働を行わせる必要がある場合には、(1)の協定（1枚目）に特別条項（2枚目）を加えた36協定届（様式第9号の2）を所轄労働基準監督署長に届け出なければならない（労基法36条5項）。

(3) 労使委員会の決議及び労働時間等設定改善委員会の決議による適用の特例

労基法第38条の4に定められた労使委員会の委員の5分の4以上の多数による決議（労基法38条の4第5項）、または労働時間等設定改善委員会の委員の5分の4以上の多数による決議（労働時間等設定改善法7条）をもって労使協定に代えることができる。ただし、労使委員会の決議は様式9号の6、労働時間等設定改善委員会の決議は様式9号の7により労働基準監督署長への届出を行わなければならない。

また、特別条項を届け出る場合は、特別条項（様式9号の2）を使用し、それぞれの委員会の委員数、氏名、労働者代表であること等を記載した書類を添付し、また、「協定」を「労使委員会」と読み替えるなど、協

定の用語の読み替えをするとしている。詳細は、様式9号の2の2枚目裏面、記載心得を参照すること。

いわゆる時間外労働の義務を定めた就業規則と労働者の義務

■ **日立製作所武蔵工場事件**（最高裁一小　平3.11.28判決　労判594号7頁）

【事件の概要】

　従業員Ｘは、トランジスターの品質および歩留りの向上を管理する係の作業に従事していた。上司は、Ｘによる手抜き作業の追完、補正のためＸに残業を指示したが拒否し、翌日この業務を行った。残業拒否について、会社は14日の出勤停止・始末書の提出を命じたが、Ｘは残業義務はないとの態度を変えず、始末書にも反省の色がないと受理されなかった。過去に、Ｘは合計4回の懲戒処分歴があることもあって、会社はＸを懲戒解雇した。Ｘは、懲戒解雇無効を主張し、従業員たる地位確認の訴えを提起したが、会社側の主張が認められた。

【判決の要旨】

　使用者が、労基法第36条所定の書面による協定を締結し、これを所轄労働基準監督署長に届け出た場合において、当該事業場に適用される就業規則に右協定の範囲内で一定の業務上の事由があれば労働契約に定める労働時間を延長して時間外労働をさせることができる旨を定めているときは、当該就業規則の規定の内容が合理的なものである限り、労働者は、その定めるところに従い、労働契約に定める労働時間を超えて時間外労働をする義務を負う。

（補足意見がある。）

2　協定の当事者

(1)　労働者側

①　事業場の労働者の過半数で組織する労働組合

② 　①のような労働組合がない場合は、「労働者の過半数を代表する者」
「労働者の過半数を代表する者」は、次の各号のいずれにも該当する者でなければならない（労基則 6 条の 2 第 1 項）。

　　i 　労基法第41条 2 号に規定する監督または管理の地位にある者でないこと。

　　ii 　労基法に規定する協定等をする者を選出することを明らかにして実施される投票、挙手等の方法による手続により選出された者であって使用者の意向に基づき選出された者でないこと。

　社員親睦会の幹事などを自動的に過半数代表者にした場合、その人は36協定を締結するために選出されたわけではないので、協定は無効となる。

過半数代表者の不利益取扱いを禁止

　①労働者が過半数代表者であること、②過半数代表者になろうとしたこと、③過半数代表者として正当なことをしたことなどを理由として解雇、賃金の減額、降格等について不利益な取扱いをすることは禁止されている（労基則 6 条の 2 第 3 項）。

事務の円滑な遂行に対する配慮

　使用者は、過半数代表者が法に規定する協定等に関する事務を円滑に遂行することができるように必要な配慮を行う義務がある（労基則 6 条の 2 第 4 項）。

■ **トーコロ事件**（最高裁二小　平13.6.22判決　労判808号11頁、東京高裁　平9.11.17判決　労判729号44頁）

【事件の概要】

　卒業記念アルバムの製造等を業とする Y 会社と「会員相互の親睦と生活の向上、福利の増進を計り、融和団結の実をあげる」ことを目的とする親睦団体（トーコロ友の会）の代表者である A との間で36協定が結ばれていた。Y が、繁忙期にこの36協定に基づいて残業命

令を行ったところ、従業員Xは拒否した。Yはこのことを理由にXを解雇した。XはYに対し、解雇を不服として提訴した。

【判決の要旨】

　所論の点に関する原審の事実認定は、原判決挙示の証拠関係に照らして首肯するに足り、上記事実関係の下においては、協定当事者が労働者の過半数を代表する者ではないから本件36協定が有効であるとは認められず、被上告人が本件残業命令に従う義務があったということはできないとし、被上告人に対する本件解雇を無効とした原審の判断は、正当として是認することができる。

⑵　使用者側

労基法第10条が規定する使用者であり、事業主に限らず、工場長、支店長のような管理監督者や職務分掌による労務担当者が該当する。

■ **労働者代表の選出方法1**

Q　36協定の労働者代表を選ぶために社員が全員集まるということができないのですが、どうすればいいでしょうか。

A　選出手続きは、投票、挙手の他に、労働者の話し合いや持ち回り決議などでも構いません。

■ **労働者代表の選出方法2**

Q　去年までは欠席者からは委任状を取り、一部の者が集まって決めて、集まれなかった人に回覧で知らせたのですが、この方法でいいでしょうか。

A　許容範囲です。話し合いや回覧には、パートタイマーやアルバイトなどを含めたすべての労働者が手続きに参加できるようにしてください。

---

③ 時間外労働・休日労働協定における協定事項

(1) 時間外労働・休日労働協定（様式第 9 号第 9 号の 2 表面）

① 時間外・休日労働をさせることができる労働者の範囲……業務の種類と労働者数

② 対象期間：1 年間の上限を適用する期間

　事業が完了または業務が終了する期間が 1 年未満であっても対象期間は 1 年間としなければならない。

③ 時間外・休日労働をさせることができる具体的事由

④ 1 日、1 か月、1 年間の延長時間または労働させることができる休日の日数

⑤ 時間外・休日労働協定の有効期間の定め（労基則17条 1 項 1 号）

⑥ 1 年間の起算日（労基則17条 1 項 2 号）

⑦ 労基法第36条第 6 項第 2 号（1 か月100時間未満）および第 3 号（1 か月当たりの平均時間が80時間未満）に定める要件を満たすこと（労基則17条 1 項 3 号）

　チェックボックスにチェック（下の枠内）がないものは無効の協定となる。

> 上記で定める時間数にかかわらず、時間外労働及び休日労働を合算した時間数は、1 箇月について100時間未満でなければならず、かつ 2 箇月から 6 箇月までを平均して80時間を超過しないこと。□
> （チェックボックスに要チェック）

(2) 時間外労働・休日労働協定（特別条項付き）（様式 9 号の 2 裏面）の協定事項

時間外労働・休日労働協定（特別条項付き）（様式 9 号の 2）の協定事項は以下のとおりである。

① 臨時的に限度時間を超えて労働させる場合における

1か月の時間外労働＋休日労働の合計時間数（100時間未満）

　　1年の時間外労働時間数（720時間以内）

② 　限度時間を超えることができる回数（年6回以内）

③ 　限度時間を超えて労働させることができる場合

・臨時的に限度時間を超えて労働させる必要がある場合とは、通常予見することのできない業務量の大幅な増加など、臨時的な特別の事情がある場合に限る。

・臨時的に限度時間を超えて労働させる必要がある場合の事由については、できる限り、具体的に定めなければならない。

・「業務の都合上必要な場合」「業務上やむを得ない場合」など、恒常的な長時間労働を招くおそれがあるものは認められない。

> **臨時的に必要がある場合の例**
> ・予算、決算業務　・ボーナス商戦に伴う業務の繁忙　・納期のひっ迫　・大規模なクレームへの対応　・機械のトラブルへの対応

④ 　限度時間を超えて労働させる労働者に対する健康および福祉を確保するための措置（労基則17条1項5号）

> **労働者の健康・福祉を確保するための措置**
> (1)　医師による面接指導　(2)　深夜業の回数制限　(3)　終業から始業までの休息期間の確保（勤務間インターバル）　(4)　代償休日・特別な休暇の付与　(5)　健康診断　(6)　年次有給休暇の連続取得　(7)　心とからだの相談窓口の設置　(8)　配置転換　(9)　産業医による助言・指導や保健指導

⑤ 　限度時間を超えた労働に係る割増賃金の率（労基則17条1項6号）

⑥ 　限度時間を超えて労働させる場合における手続き（労基則17条1項7号）

4 時間外労働の上限

(1) 時間外労働の上限（「限度時間」）

時間外労働の上限（「限度時間」）

・月45時間・年360時間であり、

　　臨時的な特別の事情がなければこれを超えることはできない（労基
法36条３項、４項）。

・一か月について労働時間を延長して労働させ、及び休日において労働
させた時間100時間未満であること（労基法36条６項２号）。

・時間外労働と休日労働の合計について、「２か月平均」「３か月平均」
「４か月平均」「５か月平均」「６か月平均」が全て１月当たり80時間
以内（労基法36条６項３号）

・特別条項の有無に関わらず、１年を通して常に、時間外労働と休日
労働の合計は、月100時間未満、２～６か月平均80時間以内にしな
ければならない（労基法36条６項３号）。

！例えば時間外労働が45時間以内に収まって特別条項にはならない場
合であっても、時間外労働＝44時間、休日労働＝56時間、のように
合計が月100時間以上になると法律違反となる。

臨時的な特別の事情があって労使が合意する場合

・時間外労働が**年720時間以内**（労基法36条５項）

・時間外労働と休日労働の合計が**月100時間未満**（労基法36条５項）

・時間外労働が月45時間を超えることができるのは、**年６か月が限度**
（労基法36条５項）。

時間外労働と休日労働の合計について、「2か月平均」「3か月平均」「4か月平均」「5か月平均」「6か月平均」の計算方法

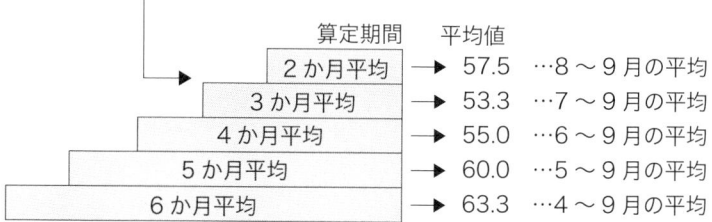

✓例えば、2021年9月については、前月までの実績をもとに以下のように2～6か月平均を算出します。

	2021/4	2021/5	2021/6	2021/7	2021/8	2021/9
時間外労働	80	60	45	35	35	80
休日労働		20	15	10		
合計	80.0	80.0	60.0	45.0	35.0	80.0

算定期間	平均値	
2か月平均	→ 57.5	…8～9月の平均
3か月平均	→ 53.3	…7～9月の平均
4か月平均	→ 55.0	…6～9月の平均
5か月平均	→ 60.0	…5～9月の平均
6か月平均	→ 63.3	…4～9月の平均

✓同様に他の月についても2～6か月平均を算出するため、すべての月について、隣接する2～6か月の平均が80時間以内となるよう管理しなければなりません。

⑵ 1日の延長時間の限度

ア 1日の延長時間の限度

1日の延長時間の限度についての規制はない。ただし、労働時間等設定改善法第2条により勤務間インターバル制度を導入する努力義務が課されている。

勤務間インターバル制度導入の努力義務

勤務間インターバル制度とは、1日の勤務終了後、翌日の始業時間までの間に、一定時間以上の休息時間（インターバル）を確保する仕組をいう。

事業主は、健康及び福祉を確保するために必要な終業から始業までの時刻の設定を講ずるように努めなければならない（労働時間等の設

定の改善に関する特別措置法 2 条）。

イ　危険有害業務の延長時間の限度（労基法36条 6 項 1 号、労基則18条）

以下の枠内の危険有害業務に従事する者の時間外労働の上限は、 1 日 2 時間とされている。

・有害要因の発散源が密閉されている場合または有害業務を遠隔操作によって隔離室において行なう場合等であって、有害要因の影響を受けない業務は時間外労働の制限に該当しない（昭43.7.24 基発472号、昭46.3.18 基発223号、昭63.3.14 基発150号、平11.3.31 基発168号）。

・有害業務とは有害な作業を主たる内容とする業務を指すものであり、有害な業務に従事した時間のみを指すものではなく、関連する作業を含めた不可分一体の一連の業務を含むもの」である。

・ 2 時間の制限は有害業務に従事している時間に対してであり、有害業務以外の業務に従事する時間は制限の対象にならない。

（昭41.9.19 基発997号、昭63.3.14 基発150号・婦発47号、平11.3.31 基発168号）

---

1 日の延長時間が制限される危険有害業務（労基則18条）

1　多量の高熱物体を取り扱う業務及び著しく暑熱な場所における業務

2　多量の低温物体を取り扱う業務及び著しく寒冷な場所における業務

3　ラジウム放射線、エックス線その他の有害放射線にさらされる業務

4　土石、獣毛等のじんあい又は粉末を著しく飛散する場所における業務

5　異常気圧下における業務

6　削岩機、鋲（びよう）打機等の使用によって身体に著しい振動

を与える業務

7　重量物の取扱い等重激なる業務

8　ボイラー製造等強烈な騒音を発する場所における業務

9　鉛、水銀、クロム、砒（ひ）素、黄りん、弗（ふつ）素、塩素、塩酸、硝酸、亜硫酸、硫酸、一酸化炭素、二硫化炭素、青酸、ベンゼン、アニリン、その他これに準ずる有害物の粉じん、蒸気又はガスを発散する場所における業務

10　前各号のほか、厚生労働大臣の指定する業務

5　上限規制の適用猶予・経過措置

⑴　中小企業への上限規制の適用猶予

・中小企業への上限規制の適用は2020年4月1日からとなる（附則3条）

・中小企業の範囲は、「資本金の額または出資の総額」と「常時使用する労働者の数」のいずれかが以下の基準を満たしていること。

・事業場単位ではなく企業単位で判断される。

業種 (※)	資本金の額または出資の総額		常時使用する労働者の数
小売業	5,000万円以下		50人以下
サービス業	5,000万円以下		100人以下
卸売業	1億円以下	または	100人以下
その他			
（製造業、建設業、運輸業、その他）	3億円以下		300人以下

※業種の分類は、日本標準産業分類による。

⑵　経過措置

2019年4月1日（中小企業は2020年4月1日）以後の期間のみを定めた36協定に対して上限規制が適用される。

2019年３月31日（中小企業は2020年３月31日）を含む期間について定めた36協定については、その協定の初日から１年間は引き続き有効となり、上限規制は適用されない。

⑶　上限規制への適用が猶予・除外となる事業・業務

┃図表４-19　時間外労働時間の上限規制の適用猶予・除外の事業・業務

自動車運転の業務（労基法140条）	改正法施行５年後に、上限規制が適用される。 （ただし、適用後の上限時間は、年960時間とし、将来的な一般則の適用については引き続き検討される。）
建設事業（労基法139条）	改正法施行５年後に、上限規制が適用される。 （ただし、災害時における復旧・復興の事業については、複数月平均80時間以内・１か月100時間未満の要件は適用されない。将来的な一般則の適用について引き続き検討される。）
医師（労基法141条）	改正法施行５年後に、上限規制が適用される。 （ただし、具体的な上限時間等については、医療界の参加による検討の場において、規制の具体的あり方、労働時間の短縮策等について検討し、結論を得ることとされている。）
鹿児島県及び沖縄県における砂糖製造業（労基法142条）	改正法施行５年後に、上限規制が適用される。
新技術・新商品等の研究開発業務（労基法36条第11項）	医師の面接指導^(※)、代替休暇の付与等の健康確保措置を設けた上で、時間外労働の上限規制は適用されない。 ※時間外労働が一定時間を超える場合には、事業主は、その者に必ず医師による面接指導を受けさせなければならない（安衛法66条の８の２）。

⑥　36協定の締結に当たり留意すべき事項（指針※）

※「労働基準法第36条第１項の協定で定める労働時間の延長及び休日の労働について留意すべき事項等に関する指針」（平30.9.7 厚労告323号）

① 時間外労働・休日労働は必要最小限にとどめること。（指針２条）

② 36協定の範囲内で労働させた場合であっても、労契法第５条の安全配慮義務を負う（指針３条）。

「脳血管疾患及び虚血性心疾患等（負傷に起因するものを除く。）の
認定基準について」（平13.12.12 基発1063号）において、

・1週間当たり40時間を超える労働時間が月45時間を超えて長くなる
　ほど、業務と脳・心臓疾患の発症との関連性が徐々に強まるとされ
　ていること
・1週間当たり40時間を超える労働時間が月100時間又は2～6か月
　平均で80時間を超える場合には、業務と脳・心臓疾患の発症との関
　連性が強いとされていること

に留意しなければならない（指針3条）。

③　労働時間を延長し、または休日に労働させることができる業務の種
　類については、業務の区分を細分化し、業務の範囲を明確にしなけれ
　ばならない（指針4条）。

④　臨時的な特別の事情がなければ、限度時間（月45時間・年360時間）
　を超えることはできない。限度時間を超えて労働させる必要がある場
　合は、できる限り具体的に定めなければならない。この場合にも、時
　間外労働は、限度時間にできる限り近づけるように努めなければなら
　ない（指針5条）。

・限度時間を超えて労働させることができる場合を定めるに当たって
　は、通常予見することのできない業務量の大幅な増加等に伴い臨時
　的に限度時間を超えて労働させる必要がある場合をできる限り具体
　的に定めなければならない。「業務の都合上必要な場合」「業務上や
　むを得ない場合」など恒常的な長時間労働を招くおそれがあるもの
　は認められない。
・時間外労働は原則として限度時間を超えないものとされていること
　に十分留意し、(1)1か月の時間外労働及び休日労働の時間、(2)1年
　の時間外労働時間、を限度時間にできる限り近づけるように努めな
　ければならない。
・限度時間を超える時間外労働については、25％を超える割増賃金率
　とするように努めなければならない。

⑤　1か月未満の期間で労働する労働者の時間外労働は、目安時間（※）を超えないように努めなければならない（指針6条）。

　　（※）　1週間：15時間、2週間：27時間、4週間：43時間

⑥　休日労働の日数及び時間数をできる限り少なくするように努めなければならない（指針7条）。

⑦　限度時間を超えて労働させる労働者の健康・福祉を確保するための措置について、次の中から協定することが望ましいことに留意しなければならない（指針8条）。

労働者の健康・福祉を確保するための措置

(1)　医師による面接指導、(2)　深夜業の回数制限、(3)　終業から始業までの休息時間の確保（勤務間インターバル）、(4)　代償休日・特別な休暇の付与、(5)　健康診断、(6)　連続休暇の取得、(7)　心とからだの相談窓口の設置、(8)　配置転換、(9)　産業医による助言・指導や保健指導

---

⑧　限度時間が適用除外・猶予されている事業・業務についても、限度時間を勘案し、健康・福祉を確保するよう努めなければならない（指針9条、附則3項）。

・限度時間が適用除外されている新技術・新商品の研究開発業務については、限度時間を勘案することが望ましいことに留意しなければならない。また、月45時間・年360時間を超えて時間外労働を行う場合には、⑦の健康・福祉を確保するための措置を協定するよう努めなければならない。

・限度時間が適用猶予されている事業・業務については、猶予期間において限度時間を勘案することが望ましいことに留意しなければならない。

7　所轄労働基準監督署長への届出

　時間外・休日労働協定は所轄労働基準監督署長に届け出なければならない（労基則17条）。届け出ることなく時間外・休日労働を行わせるのは違法である。

届出の実務：36協定届の新様式

用途に応じて以下の様式が定められている。

様式	用途
様式第 9 号	一般労働者について、時間外・休日労働を行わせる場合
様式第 9 号の 2	限度時間を超えて、時間外・休日労働を行わせる場合
様式第 9 号の 3※	新技術・新商品等の研究開発業務に従事する労働者に時間外・休日労働を行わせる場合
様式第 9 号の 4	適用猶予期間中における、適用猶予事業・業務に係る時間外・休日労働を行わせる場合
様式第 9 号の 5	適用猶予期間中における、適用猶予事業・業務において、事業場外労働のみなし労働時間に係る協定の内容を36協定に付記して届出する場合
様式第 9 号の 6	適用猶予期間中において、労使委員会の決議を届出する場合
様式第 9 号の 7	適用猶予期間中において、労働時間等設定改善委員会の決議を届出する場合

※新技術・新商品等の研究開発業務や、適用猶予事業・業務に従事する労働者についても、上限規制に対応できる場合には、様式第 9 号、様式 9 号の 2 によって提出することができます。
　その場合、一般の労働者と同じ様式に記載することも可能です。
　労働者派遣等により、複数種類の様式を用いる必要がある場合には、便宜的に一つの様式に記載することも可能である。

□36協定届等作成支援ツール

　https://www.startup-roudou.mhlw.go.jp/agreement/login.php
　労働基準監督署に届出が可能な書面を作成することができる。

□36協定の電子申請

　36協定届や就業規則の届出など、労働基準法にかかる届出等は、電子申請を利用すれば労働基準監督署の窓口に行かなくてもよい。

8 本社一括届

以下の要件を備える場合において、36協定の本社一括届出が可能であ

る。

　本社一括届を行う場合は、本社分に加え、必要事業場分の36協定を作成し、さらに「届出事業一覧表（事業場の名称、住所（電話番号）、管轄労働基準監督署名を記載＝様式は任意)」を添えて、本社を管轄する労働基準監督署長に届出る（平15.2.15 基発第0215002号)。

本社一括届の要件

・36協定届の様式（様式第９号等）の記載欄のうち、事業の「種類、名称、所在地、労働者数」の４点以外はすべて同一であること。

・36協定は、労働者代表が同一であること。したがって、事業場の労働者の過半数が組織されている労働組合においてのみ可能である。一般事業場が広く利用できるものではない。

9　本条違反

　「時間外労働・休日労働に関する協定」の届出をせずに時間外または休日労働を行わせた場合には、それぞれ第32条、第35条または第40条違反として罰則の適用を受ける（労基法119条１号、３号)。36協定で定めた時間を超えて労働させた場合も同様である。

　本条１項但し書きの規定（有害業務の時間外労働の制限）に違反して、１日２時間を超える時間外労働を行わせた場合には、６か月以下の懲役または30万円以下の罰金に処せられる（労基法119条１号)。

■ 36協定の届出が遅れてしまった

Q　毎年３月中に36協定を届出していたのですが、今年は忙しくてうっかり４月の半ばになっても届出せずに放置していました。今から監督署に36協定を持っていったら何か処分されるのでしょうか。

A 控えの36協定に、 届出日以後のみ有効 というゴム印を押されます。有効期間の前に届け出るよう注意を受けますが、処分されることはありません。

■ **法内残業と36協定**

Q 「法内残業」であれば、時間外労働協定は必要ないのでしょうか。

A 法内残業、すなわち所定外労働であるが法定労働時間内である時間帯に労働することを命じる場合には、時間外労働協定の締結・届出の必要はありません。しかし、法内残業であっても、労働契約に定められている所定労働時間を超えて労働させるのですから、法定外労働と同様に労働協約、就業規則、労働条件通知書などに労働契約に定める所定労働時間を延長して労働させることがあるということが明記されていなければ、労働者に対して所定外労働を命じることはできません。

■ **36協定オーバーと司法処分・是正勧告**

Q 突発的な業務でやむなく36協定を超過する時間外労働を行わせた場合、ただちに労基法違反を問われるのでしょうか。

A たまたま36協定オーバーのあった時期に労働基準監督官の臨検監督があった場合には、是正勧告書を交付され、それに対して、今後は、36協定の延長時間を超えて労働させないように労働時間管理を徹底するという是正報告書を提出すれば、その監督指導は終了します。

　時間外・休日労働協定に刑事上の免責効力が認められるのは、あくまでその協定の範囲内において時間外・休日労働を行わせている場合に限られ、その延長時間の範囲を超えて労働させた場合は、免責は認められず、元に戻って労基法第32条違反が成立し、罰則の適用を受ける可能性があります。しかし、36協定オーバーがあった場合に即司法処分されるのではなく、その法違反が悪質である場合に司法処分に付されます。平成11年の衆議院予算委員会の議事録で当時の労働省労働基準局長が、(労基法第37条および第24条違反につ

いて）それに法違反があったからといって直ちに司法処理に至るの
ではなく、法違反の発生していた経緯、それに対する事業主の対
応、繰り返して行われること等、総合的に見て悪質か否かの判断を
すると答弁しています。したがって、1度ぐらいの36協定オーバー
で即司法処分にされることはないと考えられます。

■ **対象期間の途中における破棄・再締結**

問　対象期間の途中で時間外・休日労働協定を破棄・再締結し、対象
期間の起算日を当初の時間外・休日労働協定から変更することはで
きるか。

答　対象期間の途中で時間外・休日労働協定を破棄・再締結し、対象
期間の起算日を当初の時間外・休日労働協定時間外労働の上限規制
の実効性を確保する観点から、法第36条第4項の1年についての限
度時間及び同条第5項の月数は厳格に適用すべきものであり、設問
のように対象期間の起算日を変更することは原則として認められな
い。

　なお、複数の事業場を有する企業において、対象期間を全社的に
統一する場合のように、やむを得ず対象期間の起算日を変更する場
合は、時間外・休日労働協定を再締結した後の期間においても、再
締結後の時間外・休日労働協定を遵守することに加えて、当初の時
間外・休日労働協定の対象期間における1年の延長時間及び限度時
間を超えて労働させることができる月数を引き続き遵守しなければ
ならない。（平30.12.28　基発1228第5号）

■ **転勤の場合**

問　同一企業内のA事業場からB事業場へ転勤した労働者につい
て、①法第36条第4項に規定する限度時間、②同条第5項に規定
する1年についての延長時間の上限、③同条第6項第2号及び第
3号の時間数の上限は、両事業場における当該労働者の時間外労

働時間数を通算して適用するのか。

答 ①法第36条第4項に規定する限度時間及び②同条第5項に規定する1年についての延長時間の上限は、事業場における時間外・休日労働協定の内容を規制するものであり、特定の労働者が転勤した場合は通算されない。

これに対して、③同条第6項第2号及び第3号の時間数の上限は、労働者個人の実労働時間を規制するものであり、特定の労働者が転勤した場合は法第38条第1項の規定により通算して適用される。（平30.12.28 基発1228第5号）

■ 指針※に適合しない時間外・休日労働協定の効力

問 指針に適合しない時間外・休日労働協定の効力如何

答 指針は、時間外・休日労働を適正なものとするために留意すべき事項等を定めたものであり、法定要件を満たしているが、指針に適合しない時間外・休日労働協定は直ちには無効とはならい。

なお、指針に適合しない時間外・休日労働協定は法第36条第9項の規定に基づく助言及び指導の対象となるものである。（平30.12.28 基発1228第5号）

※ 36協定で定める時間外労働及び休日労働について留意すべき事項に関する指針

時間外、休日及び深夜の割増賃金

第37条 使用者が、第33条又は前条第1項の規定により労働時間を延長し、又は休日に労働させた場合においては、その時間又はその日の労働については、通常の労働時間又は労働日の賃金の計算額の2割5分以上5割以下の範囲内でそれぞれ政令で定める率以上の率で計算した割増賃金を支払わなければならない。ただし、当該延長して労働させた時間が1箇月について60時間を超えた場合においては、その超えた時間の労働については、通常の労働時間の賃金の計

　算額の５割以上の率で計算した割増賃金を支払わなければならない。

2　前項の政令は、労働者の福祉、時間外又は休日の労働の動向その他の事情を考慮して定めるものとする。

3　使用者が、当該事業場に、労働者の過半数で組織する労働組合があるときはその労働組合、労働者の過半数で組織する労働組合がないときは労働者の過半数を代表する者との書面による協定により、第１項ただし書の規定により割増賃金を支払うべき労働者に対して、当該割増賃金の支払に代えて、通常の労働時間の賃金が支払われる休暇（第39条の規定による有給休暇を除く。）を厚生労働省令で定めるところにより与えることを定めた場合において、当該労働者が当該休暇を取得したときは、当該労働者の同項ただし書に規定する時間を超えた時間の労働のうち当該取得した休暇に対応するものとして厚生労働省令で定める時間の労働については、同項ただし書の規定による割増賃金を支払うことを要しない。

4　使用者が、午後10時から午前５時まで（厚生労働大臣が必要であると認める場合においては、その定める地域又は期間については午後11時から午前６時まで）の間において労働させた場合においては、その時間の労働については、通常の労働時間の賃金の計算額の２割５分以上の率で計算した割増賃金を支払わなければならない。

5　第１項及び前項の割増賃金の基礎となる賃金には、家族手当、通勤手当その他厚生労働省令で定める賃金は算入しない。

1　割増賃金

　本条は、時間外労働、休日労働、深夜労働に対して割増賃金の支払いを義務付けることにより、労働者への補償を行うとともに、使用者に割増賃金という経済的負担を課すことでこれらの労働を抑制することを目的としている。

労基法第33条または第66条の手続を行っていない違法な時間外労働や休日労働に対しても割増賃金支払義務がある（小島撚糸事件　最高裁一小昭35.7.14判決）。

割増賃金率は図表4-20のとおりである（「労働基準法第37条第1項の時間外及び休日の割増賃金に係る率の最低限度を定める政令」（平成6年政令第5号））。この政令は労働者の福祉、時間外又は休日の労働の動向その他の事情を考慮して定められている（労基法37条2項）。

▌図表4-20　割増賃金率

時間外労働	1週40時間、1日8時間の法定労働時間を超えた労働	25％以上
	1か月60時間を超える時間外労働	50％以上※
休日労働	週1回、4週4日の法定休日の労働	35％以上
深夜労働	22：00～5：00までの労働	25％以上
時間外労働＋深夜労働	深夜時間帯に行われた時間外労働	25％＋25％＝50％以上
	1か月60時間を超える時間外労働	25％＋50％＝75％以上
休日労働＋深夜労働	深夜時間帯に行われた法定休日の労働	25％＋35％＝60％以上

※中小企業は2023年4月1日から適用される。

② 割増賃金支払い義務がある場合

(1) 時間外労働

割増賃金支払い義務がある時間外労働とは、法定時間を超えた時間外労働である。

法定時間外労働 ……100％＋割増賃金
法内時間外労働 ……100％

労基法第33条、第36条の手続きを経ていない違法な法定時間外労働に対

しても割増賃金の支払い義務がある（小島撚糸事件　最高裁一小　昭35.7.14判決）。

┃2暦日にまたがる労働の割増賃金

①　時間外労働が引き続き翌日の所定労働時間におよんだ場合には、その「翌日の所定労働時間の始期までの超過時間に対して、法第37条の割増賃金を支払えば法第37条の違反にはならない（昭26.2.26 基収3406号、昭63.3.14 基発150号・婦発47号、平11.3.31 基発168号）。

┃図表 4 –21　　2 暦日にまたがる労働の割増賃金

②　平日の勤務が引き続き翌日の法定休日におよび、法定休日労働をさせる場合には一勤務として取り扱うが、割増賃金の支払い方としては、法定休日に係る割増賃金率はあくまで暦日単位で適用するものであることから、法定休日の午前 0 時以降は 3 割 5 分以上の率で計算された割増賃金を支払わなければならない。

┃図表 4 –22　　2 暦日にまたがる労働の割増賃金

■ 遅刻をした日の残業手当

Q　午前中交通事故治療後のリハビリに通院し、午後２時ごろ会社に出勤していますが、その日の残業手当はつかないと言われました。正しいでしょうか。

A　労働時間は午後２時から計算するので、実働時間が８時間を超えるまで残業手当（割増分）は支払義務はありません。所定終業時刻後に働いたかどうかではなく、８時間を超えて働いたかどうかで計算されます。

■ 60時間超えの時間外労働時間数と深夜の時間外労働時間数の合算による端数処理

Q　１か月60時間を超える時間外労働時間数と時間外労働が深夜に及んだ時間数について割増率が同じなので、１か月分を合算して端数処理をしてよいでしょうか。

A　解釈例規では各々処理するようにと書かれているので、合算はできません。

⑵　休日労働

割増賃金支払い義務がある休日労働とは、法定休日労働である。

法定休日労働 ……100％＋割増賃金（35％）

法定外休日労働 ……100％、または100％＋割増賃金（25％：時間外労働に対する割増※）

※　法定外休日労働により週法定労働時間を超える場合には、時間外労働の割増賃金が発生する（昭23.4.5 基発537号、昭63.3.14 基発150号）

【休日の振替と時間外労働】

法定休日について適法な休日振替が行われた場合には、もとの休日における労働は休日労働ではなくなり、割増賃金も発生しない。ただし、

この場合にも、振り替えられたことにより当該週の労働時間が週法定労働時間を超えるときは、時間外労働に対する割増賃金を支払う必要がある（（昭22.11.27 基発401号、昭63.3.14 基発150号）。

■ **休日労働が 8 時間を超える場合**

Q　法定休日労働が 8 時間を超えた場合、休日労働の割増率35％に加えて時間外労働　の割増率25％を加えて60％の割増賃金を支払う必要があるのでしょうか。

A　法定休日労働の割増率35％でいいです。

■ **休日労働が深夜に及んだ場合**

Q　法定休日労働が深夜に及んだ場合、深夜手当は必要でしょうか。

A　休日労働の割増率35％に加えて深夜労働の割増率25％を加えて60％の割増賃金を支払う必要があります。

---

(3)　深夜労働

深夜労働（午後10時から午前 5 時までの労働、厚生労働大臣が必要であると認める場合においては、その定める地域または期間については午後11時から午前 6 時まで）に対して割増賃金の支払義務があり、法定労働時間であっても支払い義務を免れない。

労基法第41条に該当する労働者（管理監督者等）に対しても深夜労働については割増賃金の支払い義務がある。

【監視断続労働者の深夜業の割増賃金】

労働協約、就業規則その他によって深夜業の割増賃金を含めて所定賃金が定められていることが明らかな場合には、別に深夜業の割増賃金を支払う必要はない（昭63.3.14 基発150号）。

③ 割増賃金の算定基礎と計算方法

⑴ 割増賃金の算定基礎から除外される賃金

割増賃金の算定基礎となる賃金から以下の枠内の手当が除外される（労基法37条5項、労基則21条）。

これらの賃金は限定列挙であり（小里機材事件　最高裁　昭63.7.14 判決 労判523号6頁）、また名称ではなく実質によって判断される。

割増賃金の算定基礎から除外される賃金

① 家族手当、② 通勤手当、③ 別居手当、④ 子女教育手当、⑤ 住宅手当、⑥ 臨時に支払われた賃金（結婚手当など）、⑦ 1か月を超える期間ごとに支払われる賃金（賞与など）

【危険作業手当】

危険作業手当が加給される定めになっているときは、危険作業が法第32条および第40条の労働時間外におよぶ場合においては、その危険作業手当を割増賃金の基礎となる賃金に算入して計算した割増賃金を支払分ければならない（昭23.11.22 基発1681号）。

【夜間看護手当】

深夜に行われる看護等の業務に従事したときに支給される夜間看護手当は労基法第37条第1項の通常の賃金または労働日の賃金とは認められないから。同項の割増賃金の基礎となる賃金に算入しなくともさしつかえない（昭41.4.2 基収1262号）。

⑵ 計算方法

通常の労働時間または通常の労働日の賃金の計算額の計算方法は図表4-22の方法で計算した1時間当たり賃金額に時間外労働、休日労働または深夜労働の時間数を乗じたものである（労基則19条1項）。

図表 4-23　通常の労働時間または通常の労働日の賃金の計算額の計算方法

支払形態	計算方法
①　時間給	時間給額
②　日給	日給÷1日の所定労働時間数※ ※日によって所定労働時間数が異る場合には1週間における1日平均所定労働時間数
③　週給	$\dfrac{週給}{週の所定労働時間数※}$ ※週によって所定労働時間数が異る場合には4週間における1週平均所定労働時間数
④　月給制	$\dfrac{月給額}{1か月の所定労働時間数※}$ ※月によって所定労働時間数が異なる場合には1年間における1か月平均所定労働時間数
⑤　月、週以外の期間	②〜④　に準じて計算した額
④　出来高払制	出来高払制によって計算された賃金の総額÷当該賃金算定期間における総労働時間数

端数処理については、第24条賃金の支払の100ページを参照のこと。

【年俸制適用労働者に係る割増賃金】

　一般的には、年俸に時間外労働等の割増賃金が含まれていることが労働契約の内容であることが明らかであって、割増賃金相当部分と通常の労働時間に対応する賃金部分とに区別することができ、かつ、割増賃金相当部分が法定の割増賃金以上支払われている場合は労基法第37条に違反しないと解される。年俸に割増賃金を含むとしていても、割増賃金相当額がどれほどになるのかが不明であるような場合及び労使双方の認識が一致しているとは言い難い場合については、労基法第37条違反として取り扱う（平12.3.8 基収78号）。

■　日、時間によって時間単価が違う場合の割増賃金

Q　パートタイマーの時間給が日と時間によって違っている場合、時間外労働の割増賃金はどのように計算すればよいのでしょうか。月

曜日から金曜日までの昼は1500円、夜1600円、土曜日1600円です。

A　その日の時間単価によって時間外労働の割増賃金を計算してください。

■ 時間外労働手当の分割払いの可否

Q　時間外労働手当の不払い分を遡及して支払う場合、分割払いは可能でしょうか。

A　不払いの時間外労働手当は既に履行期が到来しているので、労基法第37条により一括して払わなければなりません。しかし、その額が相当高額になり一括払いをする資金繰りがつかない場合、社員の同意が得られるならば分割払いにすることは可能です。納得を得るために遅延利息の提示が必要なこともあるでしょう。分割払いの手続きについていえば、①一括して支払えない事情を十分に説明し、②分割払い計画を作成し、③該当する社員一人ひとりと、個人事業主であれば経営者の実印を、法人であれば代表者印を押印した分割払いについての契約書を作成します。④支払いは、社員名義の預金口座に振り込みで行うことにします。それによって支払い記録が残り、遅払いや不払いについて争いが生じた場合には支払い事実の証明になります。そして、⑤分割払い計画に従って確実に支払うことが重要です。

　　一括で払わないと労働基準監督署により送検されるのではないかという心配があります。送検された事案は再三労働基準監督官から是正勧告されても是正しなかったとか、是正したと虚偽の報告をしたというような悪質なものです。不払い時間外労働手当が相当高額で一括支払が困難な事情について労働者の納得を得、分割払いの同意を得た上で、周到な計画の下に誠実に支払っている限り、いきなり送検されるという心配はないでしょう。しかし、分割払い計画によって労基法違反が免除されるわけではありません。もし分割払計画が履行されなくなり、労働基準監督署に社員が申告する（労基法104条）というような事態になった場合には、労基法による刑事責

任の追及が行われる（送検される）可能性は残っています。

■ 未払いの割増賃金の遡及期間

Q　社内調査を行ったところ、5年以上前から時間外労働手当の未払いがあったことが判明しました。どのくらいまで遡って支払うべきでしょうか。

A　労基法の規定による賃金、災害補償その他の請求権は、時効によって2年間（退職手当の請求権は5年間）で消滅します（労基法115条）。しかし、時効が完成しても、消滅時効を援用しなければ当然には債務は消滅しません（民法145条）。したがって、社員は2年以上前の未払い割増賃金でも請求できますが、通常は最長でも2年遡及しているようです。

■ 事前承認制の厳格な運用

Q　当社では、時間外労働の事前承認制をとっていますが、上司承認の残業時間より遅く在社した場合、超過時間を残業と認めない取り扱いは問題でしょうか。

A　時間外労働の事前承認制は必ずしも違法とはなりません。しかし、時間外労働の事前承認制とは、不当な時間外手当の請求を防止するための工夫を定めたものにすぎず、業務命令に基づいて時間外労働が行われたことが認められる場合にも手続き不備を理由とする時間外手当の請求権が失われることを意味するものではありません（昭和観光事件　大阪地裁　平18.10.6判決　労判930号43頁）。

　ご質問のように、「業務上やむを得ない場合を除いて、上司による事前の承認時間を超えた分の残業は認めない（残業代は支払わない）」という定めをしても、業務命令に基づくものと認められる時間外労働が行われている場合は、時間外手当を支払わなければなりません。

　なお、事前承認制を採用している企業において、時間外労働を認定する資料として、入退館記録表（タイムカード）によるべきか、時間外勤務命令書によるべきか争われた事件（ヒロセ電機事件　東

京地裁　平25.5.22判決　労判1095号63頁）で、裁判所は、①就業規則
で所属長の命じていない時間外勤務は認めないとされていること、
②実際の運用としても、時間外勤務については、本人からの希望を
踏まえて、毎日個別具体的に時間外命令書によって命じられていた
こと、③時間外勤務が終了後に本人が「実時間」を記載し、翌日そ
れを所属長が確認することによって把握されていたことが明らかで
あるので、被告会社における時間外労働時間は、時間外勤務命令書
によって管理されていたというべきであるとし、入退館記録表によ
るべきであるとする主張を退けています。これは、事前承認制の運
用にあたっては企業が厳格な管理を行うべきことを示しているもの
です。

■ **労働時間管理方法の明示と実行**

Q　**時間外労働手当は、必ずタイムカードの打刻時刻どおりに支払わ
なければならないのでしょうか。**

A　タイムカードの打刻は労働時間を記録するものではなく、勤怠管
理のための記録にすぎないと考えられています（三好屋事件　東京
地裁　昭63.5.27判決　労判519号59頁）。一方、打刻時刻を労働時間
と認定する裁判例もあります。例えば、三晃印刷事件（東京地裁
平 9.3.13判決　労判714号21頁）では、会社作成の個人別出勤表の労
働時間がタイムカードの記録を基に記載されていることなど、タイ
ムカードの記録により従業員の労働時間を把握していたという事実
がある場合は、タイムカードを打刻すべき時刻に関して労使間で特
段の取り決めのない本件においては、タイムカードの記録を労働時
間として認定するとしています。このように、タイムカードの打刻
時刻が労働時間であると認定されるか否かについては, 実際にどの
ような労働時間管理が行われていたかによります。

　したがって、タイムカードを労働時間管理の方法とした場合に、
漫然と在社している時間を時間外労働は認めず、必要な時間外労働
だけを認めるためには、労働時間の管理とその認定方法を明らかに

しておく必要があります。例えば,時間外労働を行う場合は、原則として事前に管理者に文書で申請をするなどの労働時間管理方法を明らかにし、タイムカードの打刻時刻が無条件に労働時間と認められるのではなく,管理者の指揮命令下において,命じられたとおり時間外労働を行ったときにのみ時間外労働を認めるとする労働時間管理を確立し,そのことを就業規則に明記して,確実に実行することが求められます。

■ **固定残業代**

Q　固定残業代は違法なのでしょうか。

A　固定残業代とは一定時間分の時間外労働、休日労働および深夜労働に対して定額で支払われる割増賃金のことをいいます。厚生労働省は、年俸制についての疑義照会において、年俸額に割増賃金が含まれる賃金制度について割増賃金相当部分と通常の労働時間に対応する賃金部分とに区別することができ、かつ、割増賃金相当部分が法定の割増賃金以上支払われている場合は労基法第37条違反とならないとして、固定残業代を認めています（平12.3.8 基収78号）。

　しかし、近年、従来基本給や手当として支払っていた賃金の一部を固定残業代にして賃金を引き下げる、あるいは固定残業代を含めた賃金額を求人条件として提示することで所定労働時間に対する賃金を実際より多くみせるなど固定残業代を人件費削減策として導入する企業が増えています。

　そこで、「労働時間の適正な把握のために使用者が講ずべき措置に関するガイドライン」（平29.1.20 基発0120第3号）では、「時間外労働時間の削減のための社内通達や時間外労働手当の定額払等労働時間に係る事業場の措置が、労働者の労働時間の適正な申告を阻害する要因となっていないかについて確認するとともに、当該要因となっている場合においては、改善のための措置を講ずること。」としており、固定残業代がサービス残業の原因となる場合があることを厚生労働省も認め、改善を求めています。

ハローワークは、固定残業代が割増賃金不払いの口実として行われていることに対して、求人票の記載について、職安法第5条の3および労基法第37条を根拠として、「固定残業代等の時間当たり金額が（法定の）時間外労働の割増賃金に違反していないこと、固定残業時間を超えて残業を行った場合については、超過分について通常の時間外労働と同様に、割増賃金が追加されて支給されることが明記されていること」を指導しています。

　最高裁は、「雇用契約において時間外労働等に対する割増賃金を年俸に含める旨の合意がされていたとしても、当該年俸のうち時間外労働等に対する割増賃金に当たる部分が明らかにされておらず、通常の労働時間の賃金に当たる部分と割増賃金に当たる部分とを判別することができないという事情の下では、当該年俸の支払により、時間外労働等に対する割増賃金が支払われたということはできない。」（医療法人社団康心会事件　最高裁二小　平29.7.7判決　労判1168号49頁）と判示しています。

　この最高裁判決を踏まえて、厚生労働省は「時間外労働等に対する割増賃金の解釈について」（平29.7.31 基発 0731第27号）を発出し、さらに「時間外労働等に対する割増賃金の適切な支払いのための留意事項について」（平29.7.31 基監発 0731第1号）で監督指導や窓口指導で次のことに留意することとしています。

(1)　基本賃金等の金額が労働者に明示されていることを前提に、例えぱ、時間外労働、休日労働及び深夜労働に対する割増賃金に当たる部分について、相当する時間外労働等の時間数または金額を書面等で明示するなどして、通常の労働時間の賃金に当たる部分と割増賃金に当たる部分とを明確に区別できるようにしているか確認すること。

(2)　割増賃金に当たる部分の金額が、実際の時間外労働等の時間に応じた割増賃金の額を下回る場合には、その差額を追加して所定の賃金支払日に支払わなければならない。そのため、使用者が

> 「労働時間の適正な把握のために使用者が講ずべき措置に関するガイドライン」(平29.1.20 基発 0120 第3号)を遵守し、労働時間を適正に把握しているか確認すること。

■ 医療法人社団康心会事件 (最高裁二小 平29.7.7 判決)

【事件の概要】

医療法人Yとの雇用契約では、年俸1700万円、当直・日直については別に定める当直・日直手当を支給すること等の時間外賃金規程が定められていた。そして、同規程に基づき支払われるもの以外の時間外労働等に対する「割増賃金」は年俸に含まれることが合意されていたが、年俸のうちの時間外労働等に対する割増賃金に当たる賃金額は明らかにされていなかった。Xは、解雇されるまでの期間、時間外賃金規程に基づき27.5時間分の時間外労働と13回分の日直手当(合計57万5300円)が支払われていたが(時間外労働は本給を月平均所定労働時間で除した数字を基礎として算出)、時間外を理由とする割増はされていなかった。解雇された勤務医Xは、解雇の無効確認と時間外・深夜労働に対する割増賃金の支払を求めて提訴した。

【判決の要旨】

医療法人と医師との間の雇用契約において時間外労働等に対する割増賃金を年俸に含める旨の合意がされていたとしても、当該年俸のうち時間外労働等に対する割増賃金に当たる部分が明らかにされておらず、通常の労働時間の賃金に当たる部分と割増賃金に当たる部分とを判別することができないという事情の下では、当該年俸の支払により、時間外労働等に対する割増賃金が支払われたということはできない。

---

(3) 代替休暇

1か月60時間を超える法定時間外労働に対しては、50%以上の率で計算

した割増賃金を支払わなければならない。

　引上げ分の割増賃金の代わりに有給の休暇を付与する制度（代替休暇）を設けることができる（労基法39条３項）。

　代替休暇制度導入にあたっては、過半数組合、それがない場合は過半数代表者との間で労使協定を結ぶことが必要である。この労使協定は所轄労働基準監督署長に届出る必要がない。

労使協定で定める事項

① 　代替休暇の時間数の具体的な算定方法　②　代替休暇の単位

③ 　代替休暇を与えることができる期間

④ 　代替休暇の取得日の決定方法、割増賃金の支払日

---

①　代替休暇の時間数の具体的な算定方法（労基則19条の２第１項１号）

　代替休暇の時間数の具体的な算定方法は次の計算式のとおりである。

代替休暇の時間数は、１か月 60 時間超の法定時間外労働時間に
対する引上げ分の割増賃金額に対応する時間数となります。

$$\boxed{\substack{\text{代替休暇}\\\text{の時間数}}} = \left(\boxed{\substack{\text{1か月の法定時}\\\text{間外労働時間数}}} - 60\right) \times \boxed{\text{換算率}}$$

$$\boxed{\text{換算率}} = \boxed{\substack{\text{代替休暇を取得しなかった}\\\text{場合に支払うこととされて}\\\text{いる割増賃金率}}} - \boxed{\substack{\text{代替休暇を取得した場合に}\\\text{支払うこととされている割}\\\text{増賃金率}}}$$

②　代替休暇の単位

　代替休暇はまとまった単位で与えることによって労働者の休息の機会を確保する観点から１日、半日、１日または半日のいずれかによって与えることとされている（労基則19条の２第１項２号）。

　※半日については、原則は労働者の１日の所定労働時間の半分のことで

210

あるが、厳密に所定労働時間の2分の1とせずに、例えば午前の3時間半、午後の4時間半をそれぞれ半日とすることも可能である。その場合は、労使協定でその旨を定めておく。

③　代替休暇を与えることができる期間

延長して労働させた時間が1か月について60時間を超えた当該1か月の末日の翌日から2か月以内とされている（労基則19条の2第1項3号）。

④　代替休暇の取得日の決定方法、割増賃金の支払日（平21.5.29 基発0529001号）

i　代替休暇の取得日の決定方法（意向確認の手続）

例えば、月末から5日以内に使用者が労働者に代替休暇を取得するか否かを確認し、取得の意向がある場合は取得日を決定する、というように、取得日の決定の方法について協定しておくとよい。ただし、取得するかどうかは法律上、労働者の意思に委ねられている。これを強制してはならないことはもちろん、代替休暇の取得日も労働者の意向を踏まえたものとしなければならない。

ii　割増賃金の支払日

代替休暇を取得した場合には、その分の支払が不要となることから、いつ支払っておけばよいのかが問題になる。労使協定ではどのように支払うかについても協定しておく。

4　本条違反

本条1項に違反して割増賃金を支払わない使用者は、6か月以下の懲役または30万円以下の罰金に処せられる（労基法119条1号）。

また、労働者の請求により付加金の支払いが命じられることもある（労基法114条）。

■ 代替休暇を活用できる時間数の条件に該当しない社員への対応

Q　代替休暇を1日与える場合、代替休暇の時間換算する月の時間外労働時間数は92時間、半日でも76時間になります（1日8時間労

働、換算率0.25で計算）。社員の時間外労働は月70時間以内に収まっていますが、一部の社員はその状況が常態化しているので、そのような社員に代替休暇を活用することはできないでしょうか。

A 半日や１日に満たない時間数で代替休暇を付与する方法の一つとして、労使協定で、端数の時間外労働時間数に、他の有給休暇を合わせて取得することを認めている場合は、代替休暇と他の有給休暇を合わせて半日または１日の単位として与えることができます（労基則19条の２第１項２号）。他の有給休暇には、事業場で任意に創設する有給休暇のほか、既存の休暇制度や時間単位の年次有給休暇が考えられます。ただし、年次有給休暇を合わせて使用する場合は、労働者の請求が必要です。

　端数の時間数で代替休暇を付与するもう一つの方法として、労使協定で代替休暇を与えることができる期間として１か月を超える期間を定めておくことで、前々月と前月の代替休暇の時間数を合わせて１日または半日の代替休暇として取得する方法があります。代替休暇を与えることができる期間は、１か月の時間外労働が60時間を超えた当該１か月の末日（締切日）の翌日から２か月以内とされています（同規則19条の２第１項３号）。

時間計算

第38条 労働時間は、事業場を異にする場合においても、労働時間に関する規定の適用については通算する。

2 坑内労働については、労働者が坑口に入つた時刻から坑口を出た時刻までの時間を、休憩時間を含め労働時間とみなす。但し、この場合においては、第34条第２項及び第３項の休憩に関する規定は適用しない。

1　複数の事業場で就労の場合の労働時間の通算

　労基法は事業場単位で適用されるので、1 人の労働者が A 事業場で 6 時間、B 事業場で 3 時間働いた場合でも時間外労働を行ったことにはならない。そこで、本条は異なる事業場で就労した場合にその労働時間を通算し、長時間労働から労働者を保護しようとするものである。第32条、第40条、第33条、第36条、第60条を適用するにあたっては複数の事業場における労働時間を通算する。

　同一使用者だけでなく、異なる使用者の下で労働する場合にも本条の適用がある（昭23.5.14　基発769号）。

　複数事業場に派遣される派遣労働者にも本条が適用され労働時間が通算される（昭61.6.6　基発333号）。

2　誰が36協定を届け、割増賃金を支払うのか

　36協定の手続きをとり、割増賃金を負担しなければならないのは、当該労働者と後から契約した使用者となる。

　「事業主 A のもとで法第32条第 2 項所定の労働時間労働したものを B 事業主が使用することは、法第33条または第36条の規定に基づき、それぞれ時間外労働についての法定の手続きをとれば可能」となる（昭23.10.14　基収2117号、昭63.3.14　基発2117号）。

3　適用除外

　A 事業場で 8 時間労働した年少者については、法第33条の災害その他避けることのできない事由による臨時の必要のない限り、B 事業場で労働させることはできない。

4　坑内労働の時間計算

　坑内労働※については、労働者が坑口に入った時刻から坑口を出た時刻までの時間を、休憩時間を含め労働時間とみなす。

坑内労働者が坑外で準備作業等の労働を行った場合には坑内労働とは別に労働時間が計算される（（昭23.10.30 基発1575号、昭23.12.16 基収3952号）。

　集団入坑する場合には、最初の入坑者と最後の入坑者との間に労働時間の不均衡が生じるので、使用者が集団入坑・出坑する労働者に関し、その入坑開始から入坑終了までの時間について所轄労働基準監督署長の許可を受けた場合には、入坑終了から出坑終了までの時間を、その団に属する労働者の労働時間とみなされる（労基則24条）。

　坑内労働では、休憩時間の一斉付与と自由利用はその性質上困難なので、労基法第34条第2項および第3項の休憩に関する規定は適用されない。

　※「坑内労働」の定義については「坑内労働の禁止（63条）」を参照のこと。

■ 二重就労の労働時間の通算

Q　土日は既にある会社で働いているのですが、運送会社の深夜勤務（22時から5時）に応募して土日勤務のことを正直に話したところ、二重就労すると1週40時間を超えてしまうので採用できないと言われました。本当でしょうか。

A　労基法第38条によると、複数の事業場で働いた場合には労働時間は通算されます。あなたが黙っていれば土日の仕事が運送会社に知れることはありませんでした。しかし、運送会社が深夜勤務の連続であると、二つの仕事で過重労働になる可能性があります。無理はしない方がいいと思います。

■ 二重就労する者に対する36協定の手続と割増賃金の支払い方法

Q　これから何人か採用する予定です。既に他社で働いている応募者がいて、当社で働くことで1日8時間を超える場合と、当社に勤務している者で他社でも働く予定の者もいます。どのような場合に当社が割増賃金を支払う義務があるのでしょうか。

A　原則として、後から契約した使用者が36協定の届出を行い、割増賃金を支払う義務を負うと解されています。

事業場外のみなし労働時間制

第38条の2　労働者が労働時間の全部又は一部について事業場外で業務に従事した場合において、労働時間を算定し難いときは、所定労働時間労働したものとみなす。ただし、当該業務を遂行するためには通常所定労働時間を超えて労働することが必要となる場合においては、当該業務に関しては、厚生労働省令で定めるところにより、当該業務の遂行に通常必要とされる時間労働したものとみなす。

2　前項ただし書の場合において、当該業務に関し、当該事業場に、労働者の過半数で組織する労働組合があるときはその労働組合、労働者の過半数で組織する労働組合がないときは労働者の過半数を代表する者との書面による協定があるときは、その協定で定める時間を同項ただし書の当該業務の遂行に通常必要とされる時間とする。

3　使用者は、厚生労働省令で定めるところにより、前項の協定を行政官庁に届け出なければならない。

① 事業場外労働のみなし労働時間制

　労働者が業務の全部または一部を事業場外で従事し、使用者の指揮監督がおよばないために、当該業務に係る労働時間の算定が困難な場合に、使用者の労働時間に係る算定義務を免除し、その事業場外労働については「特定の時間」を労働したとみなすことができる。

　みなし労働時間制が適用される場合であっても、休憩、深夜業、休日に関する規定の適用は排除されない（昭63.1.1 基発1号・婦発1号）。

② 事業場外のみなし労働時間適用の要件

事業場外のみなし労働時間制が適用されるための要件は、以下の①、②のどちらも満たすことである。

事業場外のみなし労働時間制が適用されるための要件
① その業務の全部または一部が事業場外で行われること
② 事業場外労働に使用者の指揮監督がおよばず、労働時間の算定が困難な業務であること

---

(1) その業務の全部または一部が事業場外で行われること

その業務の全部または一部が事業場外で行われる場合には、以下の①から④の態様がある。
① 1日の労働時間の全部を事業場外で業務に従事する。
② 1日の労働時間の一部を事業場外で業務に従事する。
③ 通常は事業場内で業務に従事している者が出張する場合
④ 在宅勤務

【情報通信機器を活用した在宅勤務に関する法第38条の2の適用について】

自宅で情報通信機器を用いて業務を行う場合の、「事業場外労働によるみなし労働時間制」適用の判断基準（平16.3.5 基発0305001号、平20.7.28 基発0728002号）

以下のすべての要件を満たす場合、「事業場外労働によるみなし労働時間制」が適用される。

① その業務が、起居寝食など私生活を営む自宅で行われること
② その業務に用いる情報通信機器が、使用者の指示により常時通信可能な状態におくこととされていないこと
③ その業務が、随時使用者の具体的な指示に基づいて行われていな

216

いこと

⑵　事業場外労働に使用者の指揮監督がおよばず、労働時間の算定が困難な業務であること

事業場外労働であっても使用者の指揮監督がおよび、労働時間の算定が可能である場合には、本条の適用はない。

次のような場合は、使用者の指揮監督がおよんでいるとして、みなし労働時間制の適用はない（昭63.1.1 基発1号・婦発1号）。

①　何人かのグループで事業場外労働に従事する場合で、そのメンバーの中に労働時間を管理する者がいる場合

②　事業場外で業務に従事する者が、携帯電話等によっていつでも連絡が取れる状態にあり、随時使用者の指示を受けながら労働している場合

③　事業場において、訪問先、帰社時刻等当日の業務の具体的指示を受けて指示どおりに業務に従事し、その後帰社する場合

■ **阪急トラベルサポート（第2）事件（最高裁二小　平26.1.24判決　労判1088号5頁）**

【事件の概要】

派遣会社Yに雇用されて添乗員として旅行会社に派遣され、同会社が主催する募集型の企画旅行の添乗業務に従事していたXが、Y社に対し、時間外割増賃金等の支払を求めた。派遣会社Yは、添乗業務については労基法第38条の2第1項にいう「労働時間を算定し難いとき」に当たるとして所定労働時間労働したものとみなされるなどと主張し、これを争った。

【判決の要旨】

募集型の企画旅行における添乗員の業務については、次の⑴、⑵など判示の事情の下では、労働基準法第38条の2第1項にいう「労働時間を算定し難いとき」に当たるとはいえない。

⑴　本件添乗業務は、旅行日程がその日時や目的地等を明らかにし

て定められることによって、その内容があらかじめ具体的に確定
されており、添乗員が自ら決定できる事項の範囲及びその決定に
係る選択の幅は限られている。
(2) 本件添乗業務について、旅行業者は、添乗員との間で、あらか
じめ定められた旅行日程に沿った旅程の管理等の業務を行うべき
ことを具体的に指示した上で、予定された旅行日程に途中で相応
の変更を要する事態が生じた場合にはその時点で個別の指示をす
るものとされ、旅行日程の終了後は内容の正確性を確認し得る添
乗日報によって業務の遂行の状況等につき詳細な報告を受けるも
のとされている。

③ 労働時間の算定方法

① 事業場外みなし労働時間制が適用される場合は、所定労働時間労働
したものとみなされる（労基法38条の2第1項本文）。

② 当該業務を遂行するためには通常所定労働時間を超えて労働するこ
とが必要となる場合においては、当該業務の遂行に通常必要とされる
時間労働したものとみなされる（労基法38条の2第1項ただし書き）。

a 労働時間の全部が事業場外の場合

労働時間の全部が労働時間の算定困難な事業場外労働であるならば、そ
の日の労働時間は次のようになる。

i 「所定労働時間≧通常必要時間」の場合（労基法38条の2第1項本文）	所定労働時間
ii 「所定労働時間＜通常必要時間」の場合（労基準第8条の2第1項ただし書）	通常必要時間

b 労働時間の一部が事業場外の場合

労働時間の一部を事業場外で業務に従事した場合には、事業場外での業
務に関してのみ、みなし労働時間制の適用があり、事業場内で業務に従事

した時間は別にきちんと算定しなければならず、結局、その日には、事業場内の労働時間と事業場外で従事した業務に係る「当該業務の遂行に通常必要とされる時間」とを加えた時間労働したことになる（昭63.3.14 基発150号・婦発47号）。

　「通常必要とされる時間」とは、「通常の状態でその業務を遂行するために客観的に必要とされる時間」をいい（昭63.1.1 基発1号・婦発1号）、客観的に判断される時間とは、経験上の平均値と考えられる。みなし労働時間が客観的に必要とされる時間と大きく違うことは許されない。

i 「所定労働時間≧通常必要時間＋事業場内の労働時間」の場合（労基法38条の2第1項本文）	所定労働時間
ii 「所定労働時間＜通常必要時間＋事業場内の労働時間」の場合（労基法38条の2第1項ただし書）	通常必要時間＋事業場内の労働時間（実際に把握する）

4　事業場外労働に関する労使協定

　事業場の労働者の過半数で組織する労働組合、そのような組合がない場合は過半数代表者との労使協定により事業場外での業務についての「当該業務を遂行するために必要とされる労働時間」を定めた場合には（労使協定は義務付けられているものではない。）、その定めた時間が**「通常必要とされる時間（通常必要時間）」**とされる（労基法38条の2第2項）。

> **事業場外労働に関する労使協定の締結事項（様式なし）**
> ①　対象とする業務、②　みなし労働時間、③　有効期間

5　労働基準監督署長への届出

　通常必要とされる労働時間が法定労働時間を超える場合は、**「事業場外労働に関する労使協定」**を所轄労働基準監督署長に届出なければならない（労基法38条の2第3項）。みなし労働時間が法定労働時間以下の場合は届

出不要である。

　なお、事業場外労働に関する労使協定の内容を時間外労働・休日労働協定届（様式9号）に付記して所轄労働基準監督署長に届け出ることによって、事業場外労働に関する協定届に代えることができる（労基則24条の2第4項）。記載方法については、様式第9号の2裏面の記載心得を参照すること。

　労使委員会（労基法38条の4）が設置されている事業場においては、その委員の5分の4以上の多数の決議によって、また、労働時間等の設定改善委員会（労働時間等設定改善法7条）が設置されている事業場においては、その委員の5分の4の多数の決議によって、本条の労使協定に代えることができ、所轄労働基準監督署長への届出も免除される（労基法38条の4第5項、労働時間等設定改善法7条）。

⑥　適用関係

　年少者および妊産婦の労働時間の算定については本条は適用されない。

⑦　本条違反

　本条3項に基づく届出義務に違反した使用者は30万円以下の罰金に処せられる（労基法120条1号）。

専門業務型裁量労働制

第38条の3　使用者が、当該事業場に、労働者の過半数で組織する労働組合があるときはその労働組合、労働者の過半数で組織する労働組合がないときは労働者の過半数を代表する者との書面による協定により、次に掲げる事項を定めた場合において、労働者を第1号に掲げる業務に就かせたときは、当該労働者は、厚生労働省令で定めるところにより、第2号に掲げる時間労働したものとみなす。

　(1)　業務の性質上その遂行の方法を大幅に当該業務に従事する労働者の裁量にゆだねる必要があるため、当該業務の遂行の手段及び

時間配分の決定等に関し使用者が具体的な指示をすることが困難なものとして厚生労働省令で定める業務のうち、労働者に就かせることとする業務（以下この条において「対象業務」という。）

(2)　対象業務に従事する労働者の労働時間として算定される時間

(3)　対象業務の遂行の手段及び時間配分の決定等に関し、当該対象業務に従事する労働者に対し使用者が具体的な指示をしないこと。

(4)　対象業務に従事する労働者の労働時間の状況に応じた当該労働者の健康及び福祉を確保するための措置を当該協定で定めるところにより使用者が講ずること。

(5)　対象業務に従事する労働者からの苦情の処理に関する措置を当該協定で定めるところにより使用者が講ずること。

(6)　前各号に掲げるもののほか、厚生労働省令で定める事項

2　前条第3項の規定は、前項の協定について準用する。

1　専門業務型裁量労働制

　専門業務型裁量労働制とは業務の性質上その遂行の手段や時間の配分などに関して使用者が具体的な指示をせず、実際の労働時間数とはかかわりなく労使の合意で定めた労働時間数を働いたものとみなす制度のことをいう。業務の性質上、業務遂行の手段や方法、時間配分等を大幅に労働者の裁量にゆだねる必要がある業務として19種の業務が定められており、それら以外の業務を専門業務型裁量労働制の対象とすることはできない（労基則24条の2の2、平成15厚労告354）。

専門業務型裁量労働制対象業務

①　新商品、新技術の研究開発の業務、または人文科学若しくは自然科学に関する研究の業務	務 ⅲ　インテリアコーディネーターの業務

② 情報処理システムの分析又は設計の業務

③ 新聞・出版の事業における取材、編集の業務又は放送番組の制作のための取材・編集の業務

④ 衣服、室内装飾、工業製品、広告等のデザイン考案の業務

⑤ 放送番組、映画等の制作事業におけるプロデューサー、ディレクターの業務

⑥ ①〜⑤のほか、厚生労働大臣の指定する業務（労基則24条の2の2）

i コピーライターの業務

ii システムコンサルタントの業

iv ゲーム用ソフトウェアの創作の業務

v 証券アナリストの業務

vi 金融工学などの知識を用いて行う金融商品の開発の業務

vii 大学での教授研究の業務

viii 公認会計士の業務

ix 弁護士の業務

x 建築士の業務

xi 不動産鑑定士の業務

xii 弁理士の業務

xiii 税理士の業務

xiv 中小企業診断士の業務

（平9労告7号、平14厚労告22号）

専門業務型裁量労働制の対象とはならない者

○ 数人でプロジェクトチームを組んで開発業務を行っている場合で、そのチーフの管理のもとに業務遂行、時間配分が行われている者やプロジェクト内で業務に附随する雑用、清掃等のみを行う者（昭63.3.14 基発150号・婦発47号、平12.1.1 基発1号）

○ 研究開発業務に従事する者を補助する助手、プログラマー等

② 専門業務型裁量労働制導入のための要件

　制度導入にあたっては、原則として以下の枠内の①から⑦の事項を事業場の労働者の過半数を組織する労働組合、そのような労働組合がないときは労働者の過半数を代表する者と締結した労使協定に定めた上で、様式第13号専門業務型裁量労働制に関する協定届により、所轄労働基準監督署長に届け出なければならない。企画業務型裁量労働制と違い、労働者個人の同意を得ることは制度導入の要件とされていないが、協定の締結にあたっては対象労働者の意見を聴く機会が確保されていることが望ましいとされている（平63.1.1 基発1号）。

　③のみなし労働時間の定め方については、その業務の遂行に通常必要と

される時間を、１日当たりの時間数として定めるものとされている（昭63.3.14 基発第150号・婦発第47号）。

専門業務型裁量労働制の労使協定の内容

①　制度の対象とする業務

②　対象となる業務遂行の手段や方法、時間配分等に関し労働者に具体的な指示をしないこと

③　労働時間としてみなす時間（１日当たりのみなし労働時間）
　　複数のみなし労働時間：事業場外の業務の遂行に要する時間が、取扱い商品、担当地区等によって異なるのであれば、それぞれのみなし労働時間を定める。

④　対象となる労働者の労働時間の状況に応じて実施する健康・福祉を確保するための措置の具体的内容

⑤　対象となる労働者からの苦情の処理のため実施する措置の具体的内容

⑥　協定の有効期間（不適切に本制度が運用されることを防ぐため３年以内とすることが望ましい。）（労基則24条の２の２）

⑦　④及び⑤に関し労働者ごとに講じた措置の記録を協定の有効期間及びその期間満了後３年間保存すること

労使協定に代えられるもの（所轄労働基準監督署長への届出も免除）

・労基法第38条の４により労使委員会が設置されている事業場において、その委員の５分の４以上の多数による議決による決議

・労働時間等設定改善法第７条の労働時間等設定改善委員会の委員の５分の４以上の多数による議決による決議

【健康及び福祉を確保するための措置及び苦情処理措置の具体的内容】

　健康及び福祉を確保するための措置及び苦情処理措置の具体的内容については、企画業務型裁量労働制における同措置の内容と同等のものと

することが望ましい（平15.10.22　基発1022001号）

■ **システムコンサルタント事件**（最高裁二小　平12.10.13決定　労判791号
6頁）

【事件の概要】

　コンピューターソフト開発会社Yに入社し、裁量労働制のもとで
システムエンジニアとして開発業務に従事していた労働者A（当時
33歳）の遺族Xが、Aは入社以来、Yからは定期健康診断の結果が
知らされ、精密検査を受けるように述べられていたものの、恒常的に
過大な労働をし、内容が困難であるプロジェクトのリーダーに就任し
てから死亡するまでの一年間は要員不足から時間的に過大な労働を強
いられたうえ、プロジェクトの実質的な責任を有する会社等からのス
ケジュール遵守の要求と協力会社のSEから負担軽減の要求及び苦情
の板挟みになり、疲労困憊していた中、休日出勤をして一日中コン
ピューターのトラブル解決に従事した翌日の午後、脳幹部出血により
死亡した。Yに対し、Aの死亡は長時間の過重労働が原因であり、
会社は安全配慮義務を怠ったとして、損害賠償を請求した。

【判決の要旨】

　Aの死亡前の業務が著しく過重であり、Aの業務と脳出血発症と
の間には相当因果関係があると認めたうえで、Aが入社直後から高
血圧に罹患し、その後相当程度増悪していたことを定期健康診断によ
り認識していたYには安全配慮義務違反が認められ、これにより発
生した損害について民法第415条に基づき損害賠償責任を免れないと
した。

　賠償額については、Aが精密検査を受けるよう指示されていたに
もかかわらず受診しなかった等、自らの健康保持について何ら配慮し
ていないこと、また境界域高血圧という基礎的要因も血圧上昇に何ら
かの影響を与えたことから、50パーセントの過失相殺を行った原審を
相当として、最高裁がYによる上告受理申立てに対し不受理の決定

をし、Yの上告を棄却、Xの附帯上告を却下した。

③　妊産婦・年少者への適用除外

裁量労働制は、労基法第4章の労働時間規制に関する労働時間の算定について適用されるものであり、第6章年少者および第6章の2妊産婦に関する労働時間規制については適用されない。したがって、専門業務型裁量労働制の適用は可能だが、妊産婦が請求した場合には、使用者は実際の労働時間が1日8時間及び1週40時間を超えないようにしなければならない。

④　本条違反

本条第2項の届出義務に違反した使用者は30万円以下の罰金に処せられる（労基法120条1号）。

■ 裁量労働制と時間外割増の考え方

Q　当社の専門業務型の裁量労働制では、みなし労働時間は7時間30分、週5日労働、週所定労働時間は37.5時間です。振替休日もあり、休日を振り替えた結果、週6日働いた週では、週の労働時間が45時間になってしまいます。この場合、裁量労働制であっても割増賃金を払う必要があるのでしょうか。

A　振替により所定労働日となった日の労働については、専門業務型裁量労働制のもとでは、現実に働いた時間とは関係なく、労使協定によるみなし労働時間を働いたとみなされます。しかし、専門業務型裁量労働制におけるみなし労働時間は1日の労働時間についてだけ適用されるものであり、1週の労働時間をみなす制度ではないので、休日を振替えた結果その週の労働時間が40時間を超えた場合は、超えた時間は時間外労働として割増賃金の支払が必要となります。

225

休日の振替により本来の休日から労働日になった日については労使協定によるみなし労働時間が適用されるので、7.5時間働いたとみなされ、1週45時間働くことになります。40時間を超える5時間は時間外労働となり、割増相当分（25％部分）を払わなければなりません。7.5時間の労働に対する賃金（100％の部分）については振替休日が与えられているので支払う必要はありません。

企画業務型裁量労働制

第38条の4　賃金、労働時間その他の当該事業場における労働条件に関する事項を調査審議し、事業主に対し当該事項について意見を述べることを目的とする委員会（使用者及び当該事業場の労働者を代表する者を構成員とするものに限る。）が設置された事業場において、当該委員会がその委員の5分の4以上の多数による議決により次に掲げる事項に関する決議をし、かつ、使用者が、厚生労働省令で定めるところにより当該決議を行政官庁に届け出た場合において、第2号に掲げる労働者の範囲に属する労働者を当該事業場における第1号に掲げる業務に就かせたときは、当該労働者は、厚生労働省令で定めるところにより、第3号に掲げる時間労働したものとみなす。

⑴　事業の運営に関する事項についての企画、立案、調査及び分析の業務であつて、当該業務の性質上これを適切に遂行するにはその遂行の方法を大幅に労働者の裁量に委ねる必要があるため、当該業務の遂行の手段及び時間配分の決定等に関し使用者が具体的な指示をしないこととする業務（以下この条において「対象業務」という。）

⑵　対象業務を適切に遂行するための知識、経験等を有する労働者であつて、当該対象業務に就かせたときは当該決議で定める時間労働したものとみなされることとなるものの範囲

(3)　対象業務に従事する前号に掲げる労働者の範囲に属する労働者の労働時間として算定される時間

(4)　対象業務に従事する第２号に掲げる労働者の範囲に属する労働者の労働時間の状況に応じた当該労働者の健康及び福祉を確保するための措置を当該決議で定めるところにより使用者が講ずること。

(5)　対象業務に従事する第２号に掲げる労働者の範囲に属する労働者からの苦情の処理に関する措置を当該決議で定めるところにより使用者が講ずること。

(6)　使用者は、この項の規定により第２号に掲げる労働者の範囲に属する労働者を対象業務に就かせたときは第３号に掲げる時間労働したものとみなすことについて当該労働者の同意を得なければならないこと及び当該同意をしなかつた当該労働者に対して解雇その他不利益な取扱いをしてはならないこと。

(7)　前各号に掲げるもののほか、厚生労働省令で定める事項

2　前項の委員会は、次の各号に適合するものでなければならない。

(1)　当該委員会の委員の半数については、当該事業場に、労働者の過半数で組織する労働組合がある場合においてはその労働組合、労働者の過半数で組織する労働組合がない場合においては労働者の過半数を代表する者に厚生労働省令で定めるところにより任期を定めて指名されていること。

(2)　当該委員会の議事について、厚生労働省令で定めるところにより、議事録が作成され、かつ、保存されるとともに、当該事業場の労働者に対する周知が図られていること。

(3)　前２号に掲げるもののほか、厚生労働省令で定める要件

3　厚生労働大臣は、対象業務に従事する労働者の適正な労働条件の確保を図るために、労働政策審議会の意見を聴いて、第１項各号に掲げる事項その他同項の委員会が決議する事項について指針を定め、これを公表するものとする。

4　第1項の規定による届出をした使用者は、厚生労働省令で定める
　ところにより、定期的に、同項第4号に規定する措置の実施状況を
　行政官庁に報告しなければならない。

5　第1項の委員会においてその委員の5分の4以上の多数による議
　決により第32条の2第1項、第32条の3第1項、第32条の4第1項
　及び第2項、第32条の5第1項、第34条第2項ただし書、第36条第
　1項、第2項及び第5項、第37条第3項、第38条の2第2項、前条
　第1項並びに次条第4項、第6項及び第9項ただし書に規定する事
　項について決議が行われた場合における第32条の2第1項、第32条
　の3第1項、第32条の4第1項から第3項まで、第32条の5第1
　項、第34条第2項ただし書、第36条、第37条第3項、第38条の2第
　2項、前条第1項並びに次条第4項、第6項及び第9項ただし書の
　規定の適用については、第32条の2第1項中「協定」とあるのは
　「協定若しくは第38条の4第1項に規定する委員会の決議（第106条
　第1項を除き、以下「決議」という。）」と、第32条の3第1項、第
　32条の4第1項から第3項まで、第32条の5第1項、第34条第2項
　ただし書、第36条第2項及び第5項から第7項まで、第37条第3
　項、第38条の2第2項、前条第1項並びに次条第4項、第6項及び
　第9項ただし書中「協定」とあるのは「協定又は決議」と、第32条
　の4第2項中「同意を得て」とあるのは「同意を得て、又は決議に
　基づき」と、第36条第1項中「届け出た場合」とあるのは「届け出
　た場合又は決議を行政官庁に届け出た場合」と、「その協定」とあ
　るのは「その協定又は決議」と、同条第8項中「又は労働者の過半
　数を代表する者」とあるのは「若しくは労働者の過半数を代表する
　者又は同項の決議をする委員」と、「当該協定」とあるのは「当該
　協定又は当該決議」と、同条第9項中「又は労働者の過半数を代表
　する者」とあるのは「若しくは労働者の過半数を代表する者又は同
　項の決議をする委員」とする。

1　企画業務型裁量労働制

　企画業務型裁量労働制とは、事業の運営に関する事項について、企画、立案、調査および分析を行う労働者であって、業務の遂行手段や時間配分を自らの裁量で決定し使用者から具体的な指示を受けない者を対象として、使用者および当該事業場の労働者を代表する者で構成する労使委員会で、対象業務・対象労働者の範囲等を決議し、当該決議を所轄労働基準監督署長に届出て、労働者を実際にその業務に就かせたとき、実際の労働時間とは関係なく、あらかじめ決議した1日当たりの労働時間数を働いたものとみなす制度である。

　労基法第35条の休日労働に関する規定と労基法第37条の深夜業に関する規定は適用される。

2　企画業務型裁量労働制導入の要件

　企画業務型裁量労働制導入のためには以下の要件を満たさなければならない。

企画業務型裁量労働制導入の要件
① 　導入可能な事業場は対象業務が存在する事業場であること
② 　労使委員会を組織すること
③ 　労使委員会で決議をすること
④ 　所轄労働基準監督署長へ決議の届出をすること
⑤ 　対象となる労働者の同意を得ること

⑴　導入可能な事業場は対象業務が存在する事業場であること

導入可能な事業場は対象業務が存在する事業場（指針第2）
① 　本社・本店
② 　その事業場が属する企業等に係る事業の運営に大きな影響を及ぼ

す決定が行われる事業場

③　本社・本店である事業場の具体的な指示を受けることなく独自に、事業の運営に大きな影響をおよぼす事業計画や営業計画の決定を行っている支社・支店等

※　個別の製造等の作業や当該作業に係る工程管理のみを行っている事業場や本社・本店又は支社・支店等である事業場の具体的な指示を受けて、個別の営業活動のみを行っている事業場は、企画業務型裁量労働制を導入することはできない。

対象業務（労基法第38条の４第１号）
①　事業の運営に関する事項についての業務であること
②　企画、立案、調査および分析の業務であること
③　当該業務の性質上これを適切に遂行するにはその遂行の方法を大幅に労働者の裁量にゆだねる必要がある業務であること
④　当該業務の遂行の手段および時間配分の決定等に関し使用者が具体的な指示をしないこととする業務であること

対象労働者の範囲
　対象労働者は次のいずれにも該当する労働者の範囲に属する労働者であること。
①　対象業務を適切に遂行するための知識、経験等を有する労働者
②　対象業務に状態として従事している者

⑵　労使委員会を組織する
　賃金、労働時間その他の当該事業場における労働条件に関する事項を調査審議し、事業主に対し当該事項について意見を述べることを目的とする使用者および当該事業場の労働者を代表する者を構成員とする委員会を設

置しなければならない。その労使委員会は以下の①から③の要件を満たしていなければならない。

労使委員会の要件（労基法第38条の４第２項）

① 委員の半数が、過半数労働組合（これがない場合は過半数代表者）に任期を定めて指名されていること

② 議事録の作成、保存（保存期間３年間）され、労働者に周知していること

③ 労使委員会の召集、定足数、議事、その他の運営に関する規定（運営規定）が定められていること

⑶　労使委員会で決議をすること（労基法38条の４第１項）

労使委員会の決議の有効期間については、「３年以内とすることが望ましい（平15・10・22 基発1022001号）」とされている。

ア　労使委員会の委員の５分の４以上の多数による議決により決議すること。

イ　労使委員会の必要的決議事項

---

① 対象業務の範囲

② 対象労働者の範囲

③ みなし労働時間：１日当たりの時間

④ 対象労働者の健康および福祉を確保するための措置の具体的内容

⑤ 対象労働者の苦情処理のため措置の具体的内容

⑥ 本制度の適用について労働者本人の同意を得なければならないこととその手続き、不同意の労働者に対し不利益取扱いをしてはならないこと

⑦ 決議の有効期間

⑧　企画業務型裁量労働制の実施状況の保存

必要的決議事項の留意事項

（「労働基準法第38条の４第１項の規定により同項第１号の業務に従事する労働者の適正な労働条件の確保を図るための指針」（平11.12.27 労告149号））

①　**対象業務の具体的要件**

例：経営状態・経営環境等について調査および分析を行い、経営に関する計画を策定する業務」など

以下のアからエまでの要件のすべてを満たした業務が対象業務となる。

ア　事業の運営に関する事項についての業務であること

イ　企画、立案、調査および分析の業務であること

ウ　業務の遂行の手段および時間配分の決定等に関し使用者が具体的な指示をしないこととする業務であること

エ　業務の遂行の手段および時間配分の決定等に関し使用者が具体的な指示をしないこととする業務であること

②　**対象労働者の具体的範囲**

例：大学を卒業して５年以上の職務経験を有し、主任（職能資格○級）以上の職能資格を有する労働者

　　対象労働者の具体的範囲は対象業務ごとに異なり得るものであるため、対象労働者となり得る者の範囲を特定するために必要な職務経験年数、職能資格等の具体的な基準を明らかにすること

③　**みなし労働時間**

１日についての時間数である。みなし労働時間について決議するにあたっては、使用者側から評価制度・賃金制度に関する説明を十分に受けて、対象業務の内容を理解した上、みなし労働時間が適切な水準のものとなるよう決議することが必要である。

④　**対象労働者の健康および福祉を確保するための措置の具体的内容**

次のいずれにも該当するものでなければならない。

ア　対象労働者の勤務状況を把握する方法は具体的に定めること。

イ　把握した勤務状況に基づいて、対象労働者の勤務状況に応じいかなる健康・福祉確保措置をどのように講ずるかを明確にするものであること。

　ⅰ　把握した対象労働者の勤務状況およびその健康状態に応じて、代償休日または特別な休暇を付与すること

　ⅱ　把握した対象労働者の勤務状況及びその健康状態に応じて、健康診断を実施すること

　ⅲ　働き過ぎの防止の観点から、年次有給休暇についてまとまった日数連続して取得することを含めてその取得を促進すること

　ⅳ　心とからだの健康問題についての相談窓口を設置すること

　ⅴ　把握した対象労働者の勤務状況及びその健康状態に配慮し、必要な場合には適切な部署に配置転換をすること

　ⅵ　働き過ぎによる健康障害防止の観点から、必要に応じて、産業医等による助言、指導を受け、または対象労働者に産業医等による保健指導を受けさせること

⑤　**対象労働者の苦情処理のため措置の具体的内容**

ア　使用者や人事担当者以外の者を申出の窓口とすること等の工夫により、対象労働者が苦情を申し出やすい仕組みとすること。企画業務型裁量労働制の実施に関する苦情のみならず、対象労働者に適用される評価制度およびこれに対応する賃金制度等企画業務型裁量労働制に付随する事項に関する苦情も含むものとする

イ　使用者は、苦情処理制度を対象労働者に周知し、苦情処理制度が企画業務型裁量労働制の運用の実態に応じて機能するよう配慮すること。

⑥　**本制度の適用について労働者本人の同意を得なければならないことおよび不同意の労働者に対し不利益取扱いをしてはならないこと**

⑦　決議の有効期間

３年以内とすることが望ましい。

⑧　企画業務型裁量労働制の実施状況に係る記録を保存すること

決議の有効期間中およびその満了後３年間

⑷　所轄労働基準監督署長へ届出（労基法38条の４第１項）

決議は所轄労働基準監督署長へ届け出なければ本制度の効果は生じない。

⑸　対象となる労働者の同意（労基法38条の４第１項６号）

使用者は、企画業務の対象となる労働者の範囲に属する労働者を対象業務に就かせたときはみなし労働時間を労働したものとみなすことについて当該労働者の同意を得なければならない。この労働者の同意は、労働者ごとに、かつ、決議の有効期間ごとに得なければならない。また、この同意をしなかった労働者に対して解雇その他不利益な取扱いをしてはならない。

③ 議事録の作成

労使委員会の開催の都度、議事録を作成し、これをその開催の日から起算して３年間保存しなければならない（労基則24条の２の４第２項）。

④ 労働者への周知

労使委員会の議事録を、次のいずれかの方法によって、事業場の労働者に周知させなければならない（労基則24条の２の４第３項）。

①　常時各作業場の見やすい場所へ掲示し、又は備え付けること。

②　書面を労働者に交付すること。

③　磁気テープ、磁気ディスクその他これらに準ずる物に記録し、かつ、各作業場に労働者が当該記録の内容を常時確認できる機器を設置すること。

5 定期報告（労基法38条の４第４項）

「決議事項」の④の健康、福祉措置の実施状況を所轄の労働基準監督署長に定期的に報告しなければならない。

6 労使委員会の特例

労使委員会は、以下の条項について、当該規定による労使協定に代えて、委員の５分の４以上の多数による決議（協定代替決議）を行うことができる。

労使委員会の決議が代替できる労使協定

制　　　度	決議等の届出
１か月単位の変形労働時間制	不要
フレックスタイム制	不要
１年単位の変形労働時間制	不要
１週間単位の非定型的変形労働時間制	不要
一せい休憩の適用除外	―
時間外・休日労働	必要
事業場外労働	不要
専門業務型裁量労働制	不要
計画年休	―
年休の期間の賃金の支払い方法	―

7 妊産婦・年少者への適用除外

裁量労働制は、労基法第４章の労働時間規制に関する労働時間の算定について適用されるものであり、第６章年少者および第６章の２妊産婦に関する労働時間規制については適用されない。詳細は、専門業務型裁量労働

制の③を参照のこと。

8　本条違反

　罰則はない。法定の要件を満たしていない企画業務型裁量労働制の実施については、労働時間は実際の労働時間によって算定されることになるため、法定労働時間を超えるときは、労基法第32条、第37条および第24条違反が成立する場合がある。

年次有給休暇

第39条　使用者は、その雇入れの日から起算して6箇月間継続勤務し全労働日の8割以上出勤した労働者に対して、継続し、又は分割した10労働日の有給休暇を与えなければならない。

2　使用者は、1年6箇月以上継続勤務した労働者に対しては、雇入れの日から起算して6箇月を超えて継続勤務する日（以下「6箇月経過日」という。）から起算した継続勤務年数1年ごとに、前項の日数に、次の表の上欄に掲げる6箇月経過日から起算した継続勤務年数の区分に応じ同表の下欄に掲げる労働日を加算した有給休暇を与えなければならない。ただし、継続勤務した期間を6箇月経過日から1年ごとに区分した各期間（最後に1年未満の期間を生じたときは、当該期間）の初日の前日の属する期間において出勤した日数が全労働日の8割未満である者に対しては、当該初日以後の1年間においては有給休暇を与えることを要しない。

6箇月経過日から起算した継続勤務年数	労働日
1 年	1 労働日
2 年	2 労働日
3 年	4 労働日
4 年	6 労働日
5 年	8 労働日

６年以上	10労働日

3　次に掲げる労働者（１週間の所定労働時間が厚生労働省令で定める時間以上の者を除く。）の有給休暇の日数については、前２項の規定にかかわらず、これらの規定による有給休暇の日数を基準とし、通常の労働者の１週間の所定労働日数として厚生労働省令で定める日数（第１号において「通常の労働者の週所定労働日数」という。）と当該労働者の１週間の所定労働日数又は１週間当たりの平均所定労働日数との比率を考慮して厚生労働省令で定める日数とする。

(1)　１週間の所定労働日数が通常の労働者の週所定労働日数に比し相当程度少ないものとして厚生労働省令で定める日数以下の労働者

(2)　週以外の期間によつて所定労働日数が定められている労働者については、１年間の所定労働日数が、前号の厚生労働省令で定める日数に１日を加えた日数を１週間の所定労働日数とする労働者の１年間の所定労働日数その他の事情を考慮して厚生労働省令で定める日数以下の労働者

4　使用者は、当該事業場に、労働者の過半数で組織する労働組合があるときはその労働組合、労働者の過半数で組織する労働組合がないときは労働者の過半数を代表する者との書面による協定により、次に掲げる事項を定めた場合において、第１号に掲げる労働者の範囲に属する労働者が有給休暇を時間を単位として請求したときは、前３項の規定による有給休暇の日数のうち第２号に掲げる日数については、これらの規定にかかわらず、当該協定で定めるところにより時間を単位として有給休暇を与えることができる。

(1)　時間を単位として有給休暇を与えることができることとされる労働者の範囲

(2)　時間を単位として与えることができることとされる有給休暇の

日数（5日以内に限る。）

(3) その他厚生労働省令で定める事項

5　使用者は、前各項の規定による有給休暇を労働者の請求する時季に与えなければならない。ただし、請求された時季に有給休暇を与えることが事業の正常な運営を妨げる場合においては、他の時季にこれを与えることができる。

6　使用者は、当該事業場に、労働者の過半数で組織する労働組合がある場合においてはその労働組合、労働者の過半数で組織する労働組合がない場合においては労働者の過半数を代表する者との書面による協定により、第1項から第3項までの規定による有給休暇を与える時季に関する定めをしたときは、これらの規定による有給休暇の日数のうち5日を超える部分については、前項の規定にかかわらず、その定めにより有給休暇を与えることができる。

7　使用者は、第1項から第3項までの規定による有給休暇（これらの規定により使用者が与えなければならない有給休暇の日数が10労働日以上である労働者に係るものに限る。以下この項及び次項において同じ。）の日数のうち5日については、基準日（継続勤務した期間を6箇月経過日から1年ごとに区分した各期間（最後に1年未満の期間を生じたときは、当該期間）の初日をいう。以下この項において同じ。）から1年以内の期間に、労働者ごとにその時季を定めることにより与えなければならない。ただし、第1項から第3項までの規定による有給休暇を当該有給休暇に係る基準日より前の日から与えることとしたときは、厚生労働省令で定めるところにより、労働者ごとにその時季を定めることにより与えなければならない。

8　前項の規定にかかわらず、第5項又は第6項の規定により第1項から第3項までの規定による有給休暇を与えた場合においては、当該与えた有給休暇の日数（当該日数が5日を超える場合には、5日とする。）分については、時季を定めることにより与えることを要

しない。

9　使用者は、第 1 項から第 3 項までの規定による有給休暇の期間又は第 4 項の規定による有給休暇の時間については、就業規則その他これに準ずるもので定めるところにより、それぞれ、平均賃金若しくは所定労働時間労働した場合に支払われる通常の賃金又はこれらの額を基準として厚生労働省令で定めるところにより算定した額の賃金を支払わなければならない。ただし、当該事業場に、労働者の過半数で組織する労働組合がある場合においてはその労働組合、労働者の過半数で組織する労働組合がない場合においては労働者の過半数を代表する者との書面による協定により、その期間又はその時間について、それぞれ、健康保険法（大正11年法律第70号）第40条第 1 項に定める標準報酬月額の30分の 1 に相当する金額（その金額に 5 円未満の端数があるときは、これを切り捨て、 5 円以上10円未満の端数があるときは、これを10円に切り上げるものとする）又は当該金額を基準として厚生労働省令で定めるところにより算定した金額を支払う旨を定めたときは、これによらなければならない。

10　労働者が業務上負傷し、又は疾病にかかり療養のために休業した期間及び育児休業、介護休業等育児又は家族介護を行う労働者の福祉に関する法律第 2 条第 1 号に規定する育児休業又は同条第 2 号に規定する介護休業をした期間並びに産前産後の女性が第65条の規定によつて休業した期間は、第 1 項及び第 2 項の規定の適用については、これを出勤したものとみなす。

1　年次有給休暇の付与要件

年次有給休暇は、労働者の心身の疲労を回復させ、労働力の維持培養を図り、ゆとりのある生活をおくることを保障することを目的として付与されるものである。正社員に限らず、パートタイム労働者、アルバイト、嘱託等の非正社員にも与えなければならない。

> **年次有給休暇の付与要件**
> ① 継続勤務 ② 全労働日の８割以上の出勤

(1) 継続勤務

「継続勤務」とは、労働契約が存続している期間、すなわち在籍期間のことであると解されている。

労働契約が存続しているか否かは実質的に判断される。形式上労働関係が終了し別の契約が成立している場合であっても、前後の契約を通じて、実質的に労働関係が継続していると認められる限りは継続勤務と判断される。

【定年退職者の再雇用】

定年退職者の再雇用、契約社員やパートタイム労働者の正社員化の場合は、労働関係が継続していると認められるので、勤続年数は通算される。

【日雇いまたは短期契約労働者の再雇用】

日雇いまたは短期契約労働者については、実態からみて引き続き雇用されていると認められる場合は継続勤務に該当する。

【出向】

在籍出向の場合には、出向元における勤務期間を通算した勤務年数に応じた年次有給休暇を付与しなければならない。

（上記３つの解釈例規は昭63.3.14 基発150号・婦発47号）

【会社の合併または事業の譲渡】

会社の合併は債権債務の包括的継承が行われるので、合併前の労働関係も合併後の会社に当然継承され、勤務関係も継続することになる（昭

24.1.25 基発168号）。会社の分割の場合も同様の扱いとなる。

⑵　全労働日の 8 割以上の出勤

ア　全労働日とは

「全労働日」とは労働契約上労働義務の課されている日、すなわち就業規則その他によって定められている所定労働日のことである。

全労働日の 8 割以上の出勤率は次の計算式で計算する。

$$出勤率 \ = \ \frac{出勤した日}{全労働日}$$

全労働日に入らない日（昭33.2.13 基発90号、昭63.3.14 基発150号、平25.7.10 基発0710第 3 号）

①　所定の休日に労働させた場合のその日

②　労働者の責めに帰すべき事由によるとはいえない不就労日は、③に該当する場合を除き、出勤率の算定に当たっては出勤日数に算入すべきものとして全労働日に含まれる。

　ex. 裁判所の判決により解雇が無効と確定した場合や。労働委員会による救済命令を受けて会社が解雇の取消しを行った場合の解雇日から復帰日までの不就労日。

③　労働者の責めに帰すべき事由によるとはいえない不就労日であっても、次の日のように当事者間の衡平等の観点から出勤日数に算入するのが相当でないもの。

　・不可抗力による休業日

　・使用者側に起因する経営、管理上の障害による休業日

　・正当なストライキその他正当な争議行為により労務の提供が全くなされなかった日（平25.7.10 基発0710第 3 号）

④　法第37条第 3 項による代替休暇を取得した日（平21.5.29 基発0529001号）

イ　出勤した日とは

「出勤した日」とは、現実に出勤した日をいう。遅刻、早退等をした日のように一部勤務した日は1日として数え、出勤した日に入れる。

現実に勤務していない日であっても、次に掲げる日は、出勤したものとして取り扱わなければならない。

出勤したものとして扱う日

①　業務上の負傷・疾病による療養のため休業した期間（労基法39条10項）

②　「育児・介護休業法」第2条第1号に規定する育児休業または同条第2号に規定する介護休業をした期間（労基法第39条10項）

③　産前産後の休業期間（労基法第39条10項）

④　出産が予定日より遅れたため6週間より長くなった産前休業（昭23.7.31　基収2675号）。

⑤　年次有給休暇を取得した期間（昭22.9.13　発基17号、平6.3.31　基発181号）

【生理休暇の取扱い】

生理日の休暇については、労基法上出勤日とはみなされないが、当事者の合意によって出勤したものとみなすことも差し支えない（昭23.7.31　基収2675号、平22.5.18　基発05181号）。

② 年次有給休暇の付与日数

雇入れの日から起算して6か月目の翌日（6か月経過日）に付与する年次有給休暇の日数は10日である。

6か月経過日から数えて継続勤務1年ごとに10労働日に1労働日ずつ加算した日数を付与しなければならない。6か月経過日から3年目以降は2労働日ずつ加算され、雇入れの日から6年6か月経過すると付与日数は20日になり、以後は加算はない。

週所定労働日数が４日以下の労働者

　週所定労働日数が４日以下の労働者は比例付与の対象となる（労基則24条の３第３項）。比例付与の対象となるか否かは所定労働日数を基準とするので、週所定労働日数が５日以上であれば、１日の労働時間が短くても比例付与の対象とならない。

週以外の期間によって所定労働日数が定められている場合

　週以外の期間によって所定労働日数が定められている場合は、１年間の所定労働日数が216日以下の労働者が比例付与の対象となる。

時効による消滅

　年次有給休暇の請求権は２年間で時効によって消滅する（労基法115条）。年次有給休暇の請求権は基準日に発生するので、基準日から起算して２年間、すなわち、当年度の初日に発生した休暇については翌年度末で時効により消滅する。

図表４-24　一般の労働者（週所定労働日数が５日以上または週所定労働時間数が30時間以上の労働者）

勤務年数	６か月	１年６か月	２年６か月	３年６か月	４年６か月	５年６か月	６年６か月以上
付与日数	10日	11日	12日	14日	16日	18日	20日

図表４-25　パートタイム労働者など（週所定労働日数が４日以下でかつ週所定労働時間30時間未満の労働者）

週所定労働日数	年間所定労働日数	継続勤務年数						
		６か月	１年６か月	２年６か月	３年６か月	４年６か月	５年６か月	６年６か月以上
４日	169～216日	7日	8日	9日	10日	12	13	15

3日	121〜 168日	5	6	6	8	9	10	11
2日	73〜 120日	3	4	4	5	6	6	7
1日	48〜72 日	1	2	2	2	3	3	3

※週所定労働時間が30時間未満であっても、週所定労働日数が5日以上の場合は一般の労働者
の表が適用されます。
第72条の適用を受ける未成年者の年次有給休暇の付与日数については、第72条参照のこと

③ 年休が付与されなかった翌年の付与日数

年次有給休暇の加算日数は継続勤務年数（在籍期間）により明示されており、前年において出勤率8割未満で年休が付与されなかったということはまったく関係がない。年休が付与されなかった昨年も在籍し、今年は継続勤務年数が5年6か月になる場合、初年度付与日数の10日に加算される日数は8労働日であり、少なくとも18日の年休を付与しなければならない。

図表4-26 一般の労働者が8割出勤しなかった場合の付与日数例

勤務年数	6か月	1年 6か月	2年 6か月	3年 6か月	4年 6か月	5年 6か月	6年 6か月以上
8割出勤	○	×	○	○	×	○	○
付与日数	10日	0日	12日	14日	0日	18日	20日

■ **エス・ウント・エー事件**（最高裁三小　平4.2.18判決　労判609号12頁）

【事件の概要】

会社は、就業規則の改正により、週休日以外の祝日・土曜日・年末年始の休日を「一般休暇日」として欠勤として扱い、年休権成立の全労働日に含ませた。そして年休権を行使した労働者の出勤率を8割以下として、年休請求権が成立しないとして、欠勤として扱い、欠勤日

数にカウントした上で、賃金と賞与を減額した。労働者は就業規則は労基法第39条に違反し無効であると主張して、賃金と賞与の支払いを求めて訴えた。

【判決の要旨】

　国民の祝日、勤務を要しない土曜日等を休日である日曜日とは別の「一般休暇日」と定め、これらが労働基準法第39条第1項にいう全労働日に含まれるものとした就業規則の規定は、当該職場における勤務関係においてこれらが休日と実質的に異ならない取扱いがされているときは、同項に違反し無効である。

4 　年次有給休暇の利用目的

　年休の趣旨は、賃金の保障を受けつつ労務から離脱できることにあり、労務からの解放という点では休日と違うところはなく，労基法が利用目的に応じて制限を設けたとする根拠はないので、労働者が年休をどのような目的で利用するかは自由である。労働者は年休の利用目的を使用者に告知する義務もない。

　白石営林署事件（最高裁二小　昭48.3.2判決　労判171号16頁）で、最高裁は、「年次休暇の利用目的は労基法の関知しないところであり、休暇をどのように利用するかは、使用者の干渉を許さない労働者の自由である」と判示している。

　この判決を受けて、「年次有給休暇を労働者がどのように利用するかは労働者の自由である。しかし、労働者がその所属の事業場においてその業務の正常な運営の阻害を目的として一斉に休暇を提出して職場を放棄する場合は、年次有給休暇に名をかりた同盟罷業にほかならないから、それは年次有給休暇権の行使ではない。」（昭48.3.6　基発110号）とする通達が出されている。

　年休の利用目的について、「労働者が休暇を病気療養のために利用する

場合も、その請求時季が事業の正常な運営を妨げるものでない限り、使用者はこれを付与しなければならない。休職発令された者が年次有給休暇を請求したときは、労働義務がない日について年次有給休暇を請求する余地がないことから、これらの休職者は、年次有給休暇請求権の行使ができない。」（昭24.12.28 基発1456号、昭31.2.13 基収489号）としている。

　年次有給休暇をどのような目的で利用するかは労働者の自由であり、使用者は利用目的に干渉できない。申請書に取得目的を記載する欄も設けることは好ましくない（前掲通達）。

　さらに、労働者が年休の利用目的を偽って請求した場合で、その取得により事業の正常な運営を阻害するに至るべきことを秘匿したとでもいうのでない限り、使用者は年休承認後にこれを取り消すことはできないとする裁判例がある（国鉄水戸機関区事件　東京地裁　昭42.10.11判決　労判25号2頁）。

■ **白石営林署事件**（最高裁二小　昭48.3.2判決　労判171号16頁）

【事件の概要】

　白石営林署に勤務する林野庁職員の X は、昭和33年12月9日に、翌10日と11日について年次有給休暇の請求をし、承認のないうちに退庁し、この両日出勤しなかった。白石営林署長は X の請求を不承認とし、欠勤として取り扱い、欠勤分を賃金から控除した。X は署長の不承認の意思表示が無効であるとして、控除分ならびに遅延損害金の支払いを求めた。

【判決の要旨】

1　労働基準法第39条第3項にいう「労働者の請求する時季」とは、労働者の指定する時季にほかならず、そこにいう「時季」とは、季節をも含めた時季を意味するものと解すべきである。

2　労働者が、その有する年次有給休暇の日数の範囲内で、始期と終期を特定して休暇の時季指定をしたときは、客観的に同条第3項但

書所定の事由が存在し、かつ、これを理由として使用者が時季変更権の行使をしないかぎり、右の指定によって年次有給休暇が成立し、当該労働日における就労義務が消滅するものと解すべきである。

3　年次有給休暇の権利は、労基法第39条第１、第２項の要件の充足により、法律上当然に労働者に生ずるものであって、その具体的な権利行使にあたっても、年次休暇の成立要件として「使用者の承認」という観念を容れる余地はない。年次休暇の利用目的は労働法の関知しないところであり、休暇をどのように利用するかは、使用者の干渉を許さない労働者の自由である。

⑤　年次有給休暇の取得単位

原則１日単位　　労基法は、年次有給休暇の付与を１日単位としている。

半日単位　　連続休暇取得および１日単位取得の阻害とならない範囲で、労働者の希望を前提として半日単位で与えることは可能である。

時間単位　　事業場に、労働者の過半数で組織する労働組合があるときはその労働組合、そのような労働組合がないときは労働者の過半数を代表する者との書面による協定により、次に掲げる事項を定めた場合において、年次有給休暇の日数のうち５日以内の日数については、時間を単位として有給休暇を与えることができる（労基法39条４項）。

年休時間単位付与の労使協定の内容

①　時間を単位として有給休暇を与えることができることとされる労働者の範囲

②　時間を単位として与えることができることとされる有給休暇の日数（５日以内に限る。）

---

③ 時間を単位として与えることができることとされる有給休暇1日の時間数（1日の所定労働時間数（日によって所定労働時間数が異なる場合には、1年間における1日平均所定労働時間数。④において同じ。）を下回らないものとする。）

④ 1時間以外の時間を単位として有給休暇を与えることとする場合には、その時間数（1日の所定労働時間数に満たないものとする。）

■ 時間単位年休を育児・介護の必要がある労働者限定とすることの可否

Q 育児や介護の必要がある労働者限定で、時間単位年休を導入することは可能ですか。

A 工場の生産ラインのように一斉に作業を行うことが必要とされる業務に従事する労働者に時間単位年休の取得はなじまないということで、事業の正常な運営との調整を図るという観点から、時間単位年休の対象労働者からこのような労働者を外すことが認められています。一部の労働者を対象外とする場合は、労使協定で事業の正常な運営との調整を図る観点からその範囲を定めることになっています（平21.5.29 基発0529001号）。

したがって、時間単位年休を育児や介護の必要がある労働者に限るということは、事業の正常な運営との調整を図るという観点からではなく、その利用目的により対象労働者の範囲を定めることになるので認められません。なお、育児・介護休業法による子の看護休暇及び介護休暇についても、時間単位または半日単位での休暇の取得を認めること等制度の弾力的な利用が可能となるように配慮することが求められています（平21.12.28 厚生労働省告示509号）。

6　年次有給休暇の請求と使用者の時季変更権

使用者は年次有給休暇を労働者の請求する時季に与えなければならない。

(1)　労働者の時季指定権

「請求」とは、取得する時季を指定することと解されている。労働者が具体的な月日を指定した場合には、使用者が時季変更権を行使しない限り、当然指定した年月日が休暇日となる。

労働者の時季指定は、使用者が事業の正常な運営を妨げる場合に当たるかどうかを判断するのに必要な時間的余裕をもって行われなければならない。

(2)　使用者の時季変更権

労働者から指定された時季に休暇を与えることが事業の正常な運営を妨げる場合には、使用者に時季変更権が認められる。「事業の正常な運営を妨げる」とは、例えば年末特に業務繁忙な時期に請求が集中したような場合などに限られる。この場合の事業とは当該労働者の業務ではなく、その所属事業場を基準とする判例（国鉄郡山工場事件　最高裁二小　昭48.3.2判決　労判171号 10頁）と、「課」の運営に生じた阻害の内容や程度が検討されている判例（電電公社関東電気通信局事件　最高裁三小　平元.7.4判決　労判543号 7頁）がある。

事業の正常な運営を妨げるとは、①指定日における当該労働者の業務が組織の運営上不可欠であること、②代替要員の確保が困難であることが必要である（菅野和夫『労働法　第11版』［弘文堂］538ページ）。

時季変更権の行使が認められる例

どのような場合に時季変更権の行使が認められるのかについては、個別的、具体的に客観的に判断されるべきもの（昭23.7.27　基収2622号）とされている。

判例では、以下のような場合に時季変更権の行使が認められている。

① 代替要員の確保が困難となるような通常とは異なる業務の繁忙の場合（津山郵便局事件　広島高裁岡山支部　昭61.12.25判決　労判490号26頁）

② 特別な業務があり、通常の配置では代替要員の確保が困難な場合（前掲電電公社関東電気通信局事件）

③ 非代替的業務の場合：高校の教員の担当科目の期末テスト実施日の時季指定（道立夕張南高校事件　最高裁一小　昭62.1.29判決　労判494号14頁）、研修・教育訓練中の　時季指定（NTT（年休）事件　最高裁二小　平12.3.31判決　労判781号18頁）

④ 多数の労働者から年休の時季指定がある場合の一部の労働者への時季変更権の行使（新潟鉄道郵便局事件　東京高裁　昭56.3.30判決　労判365号87頁）

⑤ 約1か月という長期間に及ぶ時季指定の場合（時事通信社事件　最高裁三小　平4.6.23判決　労判613号6頁）

退職する労働者に対して時季変更権を行使する余地はないので、退職時の労働者の年次有給休暇取得時季の指定については認めなくてはならない。

半日の時季変更権行使は可能か

Q　半日の時季変更件行使は可能ですか。

A　半日の時季変更件行使が可能か否かについては、年休を「日単位による取得を請求した場合に時間単位に変更することは、時季変更に当たらず、認められないものであること」（平21.5.29　基発0529001）とする解釈例規があり、日単位による取得を請求した場合の半日単位の変更についても同様に認められません。

■ **フレックスタイム制の半日年休**

Q　フレックスタイム制で半日年休を設定する場合の留意点を教えてください。

A　フレックスタイム制において、年次有給休暇の半日単位の取得を
運用するためには、フレックスタイム制の労使協定および就業規則
（就業規則に準ずるものを含む）に、半日単位の半日とはどこの部
分を指すのかを決めておく必要があります。

　この場合、コアタイムの有無やその時間帯は関係ありません。例
を示せば、「フレックスタイム制対象者が年次有給休暇を半日単位
で請求する場合は、あらかじめ前半日（正午まで）か、または後半
日（13時から）のいずれかを指定しなければならない」というよう
な内容となります。

　さらにフレックスタイム制の労使協定には、標準となる労働時間
として、例えば「標準となる 1 日の労働時間は、第〇条に定める各
清算期間の総労働時間を当該清算期間における所定労働日数で除し
た時間とし、年次有給休暇、出張等についてはこの時間を労働した
ものとみなす」と規定しておきます。半日単位の年次有給休暇を取
得した場合は、この規定の 1 日の労働時間の半分を労働したものと
みなすことになります。

7　計画的付与

　労使協定で以下の年次有給休暇を与える時季に関する定めをした場合に
は、年次有給休暇のうち、5 日を超える部分（繰越し分を含む）について
年次有給休暇の計画的付与が行える。5 日については、計画的付与の対象
とせず、労働者が自由に取得できるように残しておかなければならない。

　計画的付与の年次有給休暇については、時季指定権と時季変更権の行使
はできない（昭63.3.14基発150号、平22.5.18基発0518第 1 号）。

⑴　計画的付与の要件

　労働者の過半数で組織する労働組合と、そのような労働組合がない場合
においては労働者の過半数を代表する者と、枠内の内容の書面による協定
による。この労使協定は所轄の労働基準監督署長に届け出る必要はない。

労基法第38条の4に定められた労使委員会の委員の決議（労基法38の4第5項）、または労働時間等設定改善委員会の決議（労働時間等設定改善法7条）をもって労使協定に代えることができる。

計画的付与の労使協定の内容

① 計画的付与の対象者（あるいは対象から除く者※）

② 対象となる年次有給休暇の日数

③ 計画的付与の具体的な方法

④ 対象となる年次有給休暇を持たない者の扱い

⑥ 計画的付与日の変更

※定年など退職予定者を除いておく。

⑵計画的付与の方法

年次有給休暇の計画的付与制度には、次の3つの方法がある。

計画付与の方法（例）

・事業場全体の休業による一斉付与

・班別の交替制付与

・年休計画表による個人別付与

【一斉付与の場合の年休のない者の取扱い】

　年休の一斉付与の場合、年次有給休暇の権利のない者を休業させれば」、その者に、休業手当を支払わなければならない（昭63.3.14 基発150号）

8 年次有給休暇の時季指定義務

　年次有給休暇は、原則として、労働者が請求する時季に与えなければならないが、取得率が低調であることから、年10日以上の年次有給休暇が付与される労働者に対して、年次有給休暇の日数のうち年5日については、

使用者が時季を指定して取得させなければならない（労基法39条 7 項）。

(1)　対象者

年次有給休暇が10日以上付与される労働者（管理監督者を含む）に限る。

(2)　時季指定・取得させる義務

労働者ごとに、年次有給休暇を付与した日（基準日）から 1 年以内に 5 日について、使用者が取得時季を指定して与えなければならない。

年次有給休暇を 5 日以上取得済みの労働者に対しては、使用者による時季指定は不要である。

労働者が自ら申し出て取得した日数や、労使協定で取得時季を定めて与えた日数（計画的付与）については、 5 日から控除することができる。

(3)　時季指定の方法

①　取得時季を指定する日は、基準日以後の 1 年間のどの時点でもよい。

・基準日から一定期間が経過したとき（半年後など）で年次有給休暇の請求・取得日数が 5 日未満となっている労働者に対して、使用者から時季指定をする

・過去の実績を見て年次有給休暇の取得日数が著しく少ない労働者に対しては、基準日に使用者から時季指定をする

②　使用者は、時季指定に当たっては、労働者の意見を聴取しなければならない。

できる限り労働者の希望に沿った取得時季になるよう、聴取した意見を尊重するよう努めなければならない。

意見聴取の内容としては、労働者から年時有給休暇の取得を希望する時季を申告させることが考えられる（平30.12.28 基発1228第15号）。

(4)　基準日が法定の基準日とは異なっている場合

①　法定の基準日（雇入れの日から半年後）より前に10日以上の年次有給休暇を付与する場合

⇒使用者は付与した日から1年以内に5日指定して取得させなければ
ならない。

② 　入社した年と翌年で年次有給休暇の付与日が異なるため、5日の指
定義務がかかる1年間の期間に重複が生じる場合（全社的に起算日を
合わせるために入社2年目以降の社員への付与日を統一する場合な
ど）

⇒重複が生じるそれぞれの期間を通じた期間（前の期間の始期から後
の期間の終期までの期間）の長さに応じた日数（比例按分した日
数）を、当該期間に取得させることも認められる。

③ 　10日のうち一部を法定の基準日より前倒しで付与し、労働者が自ら
年次有給休暇を取得した場合

⇒分割して前倒しで付与した場合には、付与日数の合計が10日に達し
た日からの1年間に5日の指定義務がかかる。当該日以前に、分割
して前倒しで付与した年次有給休暇について労働者が自ら取得して
いた場合には、取得した日数を5日の指定義務から控除する必要が
ある。

9 年次有給休暇管理簿

使用者は、年次有給休暇を取得した時季、日数および基準日を労働者
ごとに明らかにした年次有給休暇管理簿を作成し、年次有給休暇を与え
た期間満了後3年間保存しなければならない（労基則24条の7）。

■ 半日単位・時間単位による時季指定の可否

問　法第39条7項の規定による時季指定（使用者による時季指定）
を半日単位や時間単位で行うことはできるか。

答　則第24条の6第1項の規定により労働者の意見を聴いた際に半日
単位の年時有給休暇の取得の希望があった場合においては、使用者
が法第39条第7項の年次有給休暇の指定を行うことは差し支えな
い。この場合に於いて、半日の年時有給休暇の日数は0.5日として

取り扱うこと。

　また、法第39条第7項の規定による時季指定を時間単位年休で行うことは認められない。

■ 前年度から繰り越された年時有給休暇の取扱い

問　前年度からの繰越分の年次有給休暇を取得した場合は、その日数分を法第39条第7項の規定により使用者が特定すべき5日の年次有給休暇から控除することができるか。

答　前年度からの繰越分の年次有給休暇を取得した場合は、その日数分を法第39条第7項の規定により使用者が特定すべき5日の年次有給休暇から控除することとなる。

　なお、法第39条第7項および第8項は、労働者が実際に取得した年次有給休暇が、前年度からの繰越分の年次有給休暇であるか当年度の基準日に付与された年次有給休暇であるかについては問わないものである。

■ 事後における時季変更の可否

問　労基法第39条第7項の規定により指定した時季を、使用者または労働者は事後に変更することはできるか。

答　労基法第39条第7項の規定により指定した時季について、使用者が則第24条の6に基づく意見聴取の手続を再度行い、その意見を尊重することによって変更することは可能である。

　また、使用者が指定した時季について、労働者が変更することはできないが、使用者が指定した後に労働者の変更の希望があれば、使用者は再度意見を聴取し、その意見を尊重することが望ましい。

（平30.12.28　基発1228第15号）

■ 法違反に関するご質問

Q　使用者が年次有給休暇の時季指定をするだけでは足りず、実際に取得させることまで必要なのでしょうか。

A　使用者が5日分の年次有給休暇の時季指定をしただけでは足りず、実際に基準日から1年以内に年次有給休暇を5日取得していな

ければ、法違反として取り扱うことになります。

Q　年次有給休暇の取得を労働者本人が希望せず、使用者が時季指定を行っても休むことを拒否した場合には、使用者側の責任はどこまで問われるのでしょうか。

A　使用者が時季指定をしたにもかかわらず、労働者がこれに従わず、自らの判断で出勤し、使用者がその労働を受領した場合には、年次有給休暇を取得したことにならないため、法違反を問われることになります。ただし、労働基準監督署の監督指導において、法違反が認められた場合は、原則としてその是正に向けて丁寧に指導し、改善を図っていただくこととしています。

（厚生労働省冊子「年5日の年次有給休暇の確実な取得わかりやすい解説」）

10　年次有給休暇中の賃金の支払い方法

年次有給休暇取得中の賃金（年休手当）については、以下のいずれかにより支払わなければならない。年休手当は、遅くとも年休取得後の最初の賃金支払日までに支払わなければならない（昭29.6.29 基発355号）。

年休手当が支払われない場合は、本条違反が成立すると同時に付加金の支払が命じられることがある（労基法114条）。

▌図表4-27　年次有給休暇中の賃金の支払い方法

①	平均賃金	就業規則その他に定めるものに規定すること
②	所定労働時間労働した場合に支払われる通常の賃金	
③	健康保険法の標準報酬日額に相当する金額	過半数労働組合または労働者の過半数代表者との書面による協定によらなければならない。 労基法第38条の4の労使委員会の決議または、労働時間等設定改善委員会の決議でも可

> ■ 日によって所定労働時間の異なる時間給制のパートタイマーの年休
> 取得日の賃金
>
> Q　日によって所定労働時間の異なる時間給制のパートタイマーの年
> 休取得日の賃金はどのように払えばいいのですか。
>
> A　年次有給休暇取得中の賃金については、通常、平均賃金と所定労
> 働時間労働した場合に支払われる賃金のふたとおりの払い方法があ
> りますが、労働時間が極端に違う場合は、休暇を取った日の労働時
> 間に応じて支払うのが妥当と考えられます。

11 本条違反

第119条違反：労働者の請求する時季に所定の年次有給休暇を与えな
　　かった場合、使用者は、６か月以下の懲役または30万円以下の罰金に
　　処せられる。

　　本条違反の行為とは労働者の請求時季に年次有給休暇を与えないこと
であり、

- ・時季変更権を行使する正当な事由がないにもかかわらず、時季の変
　更を求めた場合や、
- ・労働者の指定した日に出勤を求めた場合、
- ・休暇を与えたが賃金を減額した場合

に本条違反が成立することになる。

第120条違反：第39条第７項に違反して年５日の年次有給休暇を取得さ
　　せなかった場合、使用者は、30万円以下の罰金に処せられる。

　　裁判所は、労働者の請求によって、未払金と同一額の付加金の支払を
命ずることができる（労基法114条）。

> ■ 年休の繰越分と新規付与分の消化順序
>
> Q　繰越分と新規付与分のどちらから消化するのでしょうか。

A 繰越分から消化するのか新規付与分から消化するのかについて
は、当事者の合意によりますが、労働者の時季指定権行使は繰越分
からなされていくと推定すべきである（「平成22年版　労働基準法
上」586頁）ということです。

■ 正社員に転換したパートタイマーの年休日数

Q　パートタイマーで雇用して3年半になる労働者を正社員に転換し
た場合の年次有給休暇の付与日数は何日になるのでしょうか。

A　勤続年数3年半で、正社員の年次有給休暇の表を適用するので、
付与日数は14日です。

■ 年休の基準日統一

Q　年次有給休暇の基準日を4月1日に統一するやり方を教えてく
ださい。

A　統一基準日へ移行する過程においては、基準日が年1回か2回か
を問わず、どの労働者のどの時点についても労基法違反にならない
ように配慮しなければなりません。年1回4月1日を統一基準日と
する方式へ移行する際に、3月1日が基準日の労働者に、1か月前
に年休を14日付与したから4月1日には年休を付与しないとする
と、翌年の3月1日には違法状態になります。そこで、従来の基準
日である3月1日に14日を付与し、統一基準日である4月1日にお
いても、3月1日から統一基準日までの端数期間1か月は1年に切
り上げて、16日の年休を付与しなければなりません。

　年休の消滅時効は2年なので（労基法115条）、一斉付与方式への
移行期に発生する1年未満の期間に対して付与する年休の有効期間
もまた、2年間ということになります。したがって、しばらくは、
①基準日統一の前々年に付与され繰越されている年休、②基準日統
一前の1年未満内に付与された年休、②一斉付与日に付与された年
休という三つの年休を管理する必要があります。

■ 通勤災害による休業と出勤率

Q　通勤災害で休業した労働者の翌年の年休付与の出勤率の算定はど

うすればよいでしょうか。

A　通勤災害は業務上の負傷・疾病による療養のため休業した期間ではないので、欠勤として取り扱います。

■ 年次有給休暇の取得理由

Q　年休の取得理由が病気だということで認めたのに、当該社員がゴルフ場で取引先の社長と出会ってしまい、病気は嘘だとわかりました。病気を理由として当日に請求することを今後認めないことにしたいがかまわないでしょうか。

A　年次有給休暇をどのような目的で利用するかは労働者の自由であり、使用者は利用目的に干渉できません。取得目的を明らかにする必要もないので、記載する欄も設けることは好ましくはありません。

■ 事後の請求

Q　従業員が風邪で欠勤すると連絡してきて以来約2週間連絡がとれなくなっていました。手紙が届いて退職するとのこと、この間の無断で休んでいた日数10日について年休処理してほしいと書いてあります。年休処理しなければならないでしょうか。

A　事前申請しなければならないという取扱いが日常から徹底されているのであれば、年休処理しなくて差支えありません。日頃、事後の年休処理を認めているのであれば年休処理する必要があると思われます。

■ 退職時の買取請求

Q　きょう解雇通告され、9月20日にやめるようにと解雇通告されました。現在年休が19日残っているので、20日まで年休を取るつもりですが、それでも全部の消化はできません。残日数の買取請求はできますか。

A　年次有給休暇の買上げの予約をし、それにより年次有給休暇の日数を減らしたり、請求された日数を与えなかったりすることは労基法違反となります。しかし、労働者が年次有給休暇権を行使せず、

その後時効、退職の理由で消滅するような場合に、残日数に応じて調整的に金銭の給付をすることは、好ましくはありませんが、事前の買上げとは異なり取得の抑制にはならないので、必ずしも法違反とはなりません。

■ **計画的付与の協定**

Q 年休の計画的付与、一斉付与を考えていますが、労使協定は会社全体ですればいいでしょうか。本社とそれ以外に2か所に事業場があります。

A 労基法の規定は事業場単位で実施することとされているので、3つの事業場ごとに協定する必要があります。

■ **不利益取扱い**

Q 出勤を条件とする手当（皆勤手当等）を支給する場合、年休取得日を支給対象から外すことは差支えないでしょうか。

A 労基法第136条の不利益取扱いの禁止に違反するので、年休取得日を支給対象から外すことはできません。

不利益取扱の禁止

第136条 使用者は、第39条第1項から第4項までの規定による有給休暇を取得した労働者に対して、賃金の減額その他不利益な取扱いをしないようにしなければならない。

年次有給休暇を取得した労働者に対して、賃金の減額や精皆勤手当および賞与の算定などに際して、欠勤として取り扱うなどの不利益な取扱いをしてはならない。

裁判で不利益取扱いとされたもの

・昇給要件である出勤率算定にあたり、年休取得日を欠勤日として扱ったことを労基法上の権利を抑制し、権利の行使を保障した趣旨を実質的に失わ

260

せるものとして公序に反し無効とした（日本シェーリング事件　最高裁一小　平1.12.14判決　労判533号16頁）。

・労基法第39条第４項の趣旨からすれば、昇給・賞与の算定において年休取得日を欠勤日として扱うことはできないとして、これに反する就業規則の効力が否定された（前掲　エス・ウント・エー事件　最高裁三小　平4.2.18 判決　労判609号12頁）。

労働時間及び休憩の特例

第40条　別表第１第１号から第３号まで、第６号及び第７号に掲げる事業以外の事業で、公衆の不便を避けるために必要なものその他特殊の必要あるものについては、その必要避くべからざる限度で、第32条から第32条の５までの労働時間及び第34条の休憩に関する規定について、厚生労働省令で別段の定めをすることができる。

2　前項の規定による別段の定めは、この法律で定める基準に近いものであつて、労働者の健康及び福祉を害しないものでなければならない。

1　労働時間および休憩の特例

　法定労働時間や一せい休憩等を実施することにより公衆に不便をもたらすなどの不都合が生じないようにするために、本条は、一定の事業（運送業（４号）、貨物取扱業（５号）、非工業的業種（８号から17号まで））について、第32条から第32条の５までの労働時間に関する規定、第34条の休憩に関する規定について労基法施行規則で別段の定めをすることができるとしている。ただし、この例外規定は年少者には適用されない（労基法60条１項）。

　労基法施行規則による別段の定めは、労基法で定める基準に近いものであって、かつ労働者の健康および福祉を害しないものでなければならない。

2 労働時間に関する特例

(1) 事業場の規模が10人未満の「商業」・「映画・演劇業（映画の製作の事業を除く）」・「保健衛生業」・「接客娯楽業」）

1日8時間、1週間44時間まで労働させることが認められている（労基則25条の2第1項）。

(2) 列車等の乗務員の予備勤務者

労基法別表第1第4号運輸交通業において列車、気動車又は電車に乗務する労働者で予備の勤務に就くもの※については、1か月以内の一定の期間を平均し1週間当たりの労働時間が40時間を超えない限りにおいて、1週間について40時間、1日について8時間を超えて労働させることができる（労基則26条）。

※「列車、気動車又は電車に乗務する労働者で予備の勤務に就くもの」とは、臨時の列車、電車等の運転または交番表に予定された乗務員の不時の事故等の場合に臨時に乗務させるため待機することを指定されている者をいう（昭29.6.29 基発355号）。

3 休憩時間に関する特例

(1) 休憩時間の適用除外

労基法別表第1第4号運送の事業または郵便若しくは信書便の事業に使用される労働者のうち列車、気動車、電車、自動車、船舶又は航空機に乗務する乗務員で長距離にわたり継続して乗務するもの並びに同表第11号郵便の事業に使用される労働者で屋内勤務者30人未満の日本郵便株式会社の営業所において郵便の業務に従事するものについては、休憩時間を与えないことができる（労基則32条）。

(2) 一斉休憩の適用除外

以下の事業については、労基法第34条2項が適用されず、一斉に休憩を与えなくてもよいとされている（労基則31条）。したがって、これらの事業では、労使協定を締結することなく、交替で休憩させることができる。

運輸交通業（労基法別表 1 、 4 号）　商業（同 8 号）

金融・保険・広告業（同 9 号）映画・演劇業（同10号）

郵便、信書便または電気通信業（同11号）病院・保健衛生業（同13号）

旅館・接客娯楽業（同14号）

現業以外の官公署の事業（別表第 1 に掲げる事業を除く。）

⑶　自由利用の適用除外

以下の労働者については休憩時間の自由利用の原則は適用されない（労基則33条 1 項）。②に掲げる労働者を使用する使用者は、その員数、収容する児童数および勤務の態様について、休憩自由利用除外許可申請書（様式第13号の 5 ）によって、予め所轄労働基準監督署長の許可を受けなければならない。

① 　警察官、消防吏員、常勤の消防団員および児童自立支援施設に勤務する職員で児童と起居をともにする者

② 　乳児院、児童養護施設および障害児入所施設に勤務する職員で児童と起居をともにする者

③ 　児童福祉法第 6 条の 3 第11項に規定する居宅訪問型保育事業に使用される労働者のうち、家庭的保育者（同条 9 項 1 号に規定する家庭的保育者をいう。以下この号において同じ。）として保育を行う者（同一の居宅において、一人の児童に対して複数の家庭的保育者が同時に保育を行う場合を除く。）

④　本条違反

労基則第25条の 2 、第26条、第31条から第33条までの各規定に違反した使用者は、 6 か月以下の懲役または30万円以下の罰金に処せられる（労基法119条 3 号）。

労働時間等に関する規定の適用除外

第41条　この章、第 6 章及び第 6 章の 2 で定める労働時間、休憩及び休日に関する規定は、次の各号の一に該当する労働者については

適用しない。

(1)　別表第一第 6 号（林業を除く。）又は第 7 号に掲げる事業に従
事する者

(2)　事業の種類にかかわらず監督若しくは管理の地位にある者又は
機密の事務を取り扱う者

(3)　監視又は断続的労働に従事する者で、使用者が行政官庁の許可
を受けたもの

①　労働時間等に関する規定の適用除外

労基法第 6 章および第 6 章の 2 で定める労働時間、休憩および休日に関
する規定の適用に適していない事業や業務に従事している労働者につい
て、あらかじめそれらの規定を適用しないことを定めたものである。

本条によって適用除外される労働者と適用除外される規定は以下のとお
りある。

適用除外される労働者と適用除外される規定

①　農業または畜産・養蚕・水産の事業に従事する者 ②　事業の種類を問わず管理監督者または機密の事務を取り扱う者 ③　監視又は断続的労働に従事する者で、使用者が労働基準監督署長の許可を受けたもの：監視労働、断続的労働、宿日直	32条〜33条、36条 37条〜38条の 3 、 40条、60条、66条

深夜業については、労基法では「労働時間」とは区別して規定されてい
るところから、本条にいう「労働時間」には深夜業は含まれないと解され
るので、（昭63.3.14 基発150号）、労基法第37条第 4 項深夜割増、第61条年
少者の深夜業、第66条 3 項妊産婦の深夜業は適用除外されない。

労基法第39条の年次有給休暇も適用除外とはならない（昭22.11.25 基発
389号）。

② 適用除外対象者

(1) 農業または畜産・養蚕・水産の事業に従事する者

　農業（別表第6号、林業を除く）または畜産・養蚕・水産の事業（別表第7号）は、天候等の自然条件に左右されるので、法定労働時間および週休制になじまないということで適用除外とされている。

(2) 管理監督者または機密の事務を取り扱う者

ア　管理監督者

　「管理監督者」は労働条件の決定その他労務管理について経営者と一体的な立場にある者をいい、労基法で定められた労働時間、休憩、休日の制限を受けない。しかし、管理監督者であっても深夜労働に対する割増賃金の支払いは適用がある。

　「管理監督者」に当てはまるかどうかは、役職名ではなく、その職務内容、責任と権限、勤務態様等の実態によって判断される。

　企業内で管理職とされていても、次に掲げる判断基準に基づき総合的に判断した結果、労基法上の「管理監督者」に該当しない場合には、労基法で定める労働時間等の規制を受け、時間外割増賃金や休日割増賃金の支払が必要となる。

　管理監督者とは、「一般的には、部長、工場長等労働条件の決定その他労務管理について経営者と一体的な立場にある者の意であり、名称にとらわれず、実態に即して判断すべき」（昭22.9.13 発基17号、昭63.3.14 基発150号・婦発47号）とされている。

　管理監督者であっても健康確保を図る必要があるので、使用者は過重な長時間労働を行わせないようにするなど、適正な労働時間管理を行う責務がある（労働時間の適正な把握のために使用者が講ずべき措置に関するガイドライン）。また、安衛法第66条の8の3により長時間労働等の面接指導を実施するため、労働者の労働時間の状況を把握する義務があり、管理監督者もその対象とされる。

【管理監督者の具体的判断基準】

① 経営者と一体的な立場と呼ぶにふさわしい重要な職務内容、責任となっており、それに見合う権限の付与が行われているか。

② 重要な職務と責任を有していることから、現実の勤務が実労働時間の規制になじまないようなものとなっているか。

③ 待遇

　i 定期給与である基本給、役付手当等においてその地位にふさわしい待遇がなされているか。

　ii ボーナス等の一時金の支給率、その算定基礎賃金等についても役付者以外の一般労働者に比し優遇措置が講じられているか。

④ スタッフ職の取扱い

　経営上の重要事項に関する企画立案等の部門に配置され、ラインの管理監督者と同格以上に位置付けられる等、相当程度の処遇を受けているか。

（昭22.9.13 発基17号、昭63.3.14 基発150号・婦発47号）

■ **多店舗展開する店舗の店長等の管理監督者性の判断に当たっての特徴的な要素について、次のとおり示されています（平20年9月9日 基発第0909001号）。**

> 次の1〜3の判断要素は、いずれも管理監督者性を否定する要素に関するものですが、これらの否定要素に当たらないものがあるからといって、直ちに管理監督者として認められるというわけではありませんので、ご注意ください。

1 「職務内容、責任と権限」についての判断要素

　(1) 採用【管理監督者性を否定する重要な要素】

　　店舗に所属するアルバイト・パート等の採用に関する責任と権限が実質的にない場合。

　(2) 解雇【管理監督者性を否定する重要な要素】

266

　店舗に所属するアルバイト・パート等の解雇に関する事項が職務内容に含まれておらず、実質的にもこれに関与しない場合。

(3)　人事考課【管理監督者性を否定する重要な要素】

　人事考課の制度がある企業において、その対象となっている部下の人事考課に関する事項が職務内容に含まれておらず、実質的にもこれに関与しない場合。

(4)　労働時間の管理【管理監督者性を否定する重要な要素】

　店舗における勤務割表の作成又は所定時間外労働の命令を行う責任と権限が実質的にない場合。

2　「勤務態様」についての判断要素

(1)　遅刻、早退等に関する取扱い【管理監督者性を否定する重要な要素】

　遅刻、早退等により減給の制裁、人事考課での負の評価など不利益な取扱いがされる場合。

(2)　労働時間に関する裁量【管理監督者性を否定する補強要素】

　営業時間中は店舗に常駐しなければならない、あるいはアルバイト・パート等の人員が不足する場合にそれらの者の業務に自ら従事しなければならないなどにより長時間労働を余儀なくされている場合のように、実際には労働時間に関する裁量がほとんどないと認められる場合。

(3)　部下の勤務態様との相違【管理監督者性を否定する補強要素】

　管理監督者としての職務も行うが、会社から配布されたマニュアルに従った業務に従事しているなど労働時間の規制を受ける部下と同様の勤務態様が労働時間の大半を占めている場合。

3　「賃金等の待遇」についての判断要素

(1)　基本給、役職手当等の優遇措置【管理監督者性を否定する補強要素】

　基本給、役職手当等の優遇措置が、実際の労働時間数を勘案した場合に、割増賃金の規定が適用除外となることを考慮すると十

分でなく、当該労働者の保護に欠けるおそれがあると認められる場合。

(2) 支払われた賃金の総額【管理監督者性を否定する補強要素】

　一年間に支払われた賃金の総額が、勤続年数、業績、専門職種等の特別の事情がないにもかかわらず、他店舗を含めた当該企業の一般労働者の賃金総額と同程度以下である場合。

(3) 時間単価【管理監督者性を否定する重要な要素】

　実態として長時間労働を余儀なくされた結果、時間単価に換算した賃金額において、店舗に所属するアルバイト・パート等の賃金額に満たない場合。

　特に、当該時間単価に換算した賃金額が最低賃金額に満たない場合は、管理監督者性を否定する極めて重要な要素となる。

■ **静岡銀行事件**（静岡地裁　昭53.3.28判決　労判297号23頁）

　被告銀行には、昭和50年8月1日現在で用務行員を除いた一般男子行員が2,746名在職し、うち支店長代理以上の地位に格付けされている者が1,090名存在するので、仮に支店長代理以上の者が全て労基法第41条第2号の管理監督者に当たるとすれば、被告銀行の一般男子行員の約40パーセントの者が、労基法の労働時間・休憩・休日に関する規定の保護を受けなくなってしまうという、全く非常識な結論となるであろう。

イ　機密の事務を取り扱う者

「機密の事務を取り扱う者」とは、国際労働条約の employed in a confidential capacity の訳語で、その意味は「秘書その他職務が経営者または監督若しくは管理の地位にある者の活動と一体不可分であって厳格な労働時間管理になじまない者」をいう（昭22.9.13 発基17号）。

⑶　監視・断続労働に従事する者

　監視または断続的労働に従事する者と宿日直勤務者については、労働基準監督署長の許可を条件に労働時間等の規制を全部または一部除外している。

図表 4-28　監視・断続労働に従事する者

監視労働	原則として一定部署にあって監視するのを本来の業務として、常態として緊張の少ないものをいう。
断続的労働	労働時間が断続的であるため、休憩時間は少ないが、手待時間が多いものをいう。
宿日直	当該労働者の本来の業務は処理せず、宿日直とは、仕事の終了から翌日の仕事の開始までの時間や休日について、常態として、ほとんど労働をする必要のない勤務で、労働者を事業所で待機させ、電話の応対、火災等の予防のための巡視、緊急時の連絡等非常事態に備えての待機等を目的とする業務のことをいう。

【許可後に申請事項に変更のあった場合】

　宿日直、監視・断続労働に従事する者に対する許可等について、許可後に申請事項に変更があった場合には、原則として許可の再申請を要するが、総合的に判断して労働の態様が労働者にとり有利に変更したと認められる場合は、勤務内容に相当の変化がない限り許可を受けさせる必要はない（昭23.9.20 基収2320号）。

ア　監視労働の許可基準

【監視に従事する者】

　原則として一定の部署にあって監視することを本来の業務とし、常態として身体の疲労または精神的緊張の少ないものについては許可すること。したがって、次のようなものは許可しないこと（昭22.9.13 発基17号、昭63.3.14 基発150号）。

　①　交通関係の監視、車輛誘導を行う駐車場等の監視等の精神的緊張の高い業務

269

② プラント等における計器類を常態として監視する業務

③ 危険または有害な場所における業務

【警備業者が行う警備業務に係る監視又は断続的労働の許可について】

　警備業者が行う警備業務は、警備業法の規制のもとに行われるものであり、警備業者には委託契約上厳しい警備義務と賠償責任が課されているものであることから、警備業者に雇用され警備業務を行う警備員の労働は身体の疲労ないし精神的緊張も少なくないということを理由として、次に示すところにより総合的かつ実質的に判断すること。

(1) 監視労働の態様の警備業務については、次のいずれにも該当するものにつき許可するものとすること・

　ア　一定部署にあって監視する業務であって、かつ、常態として身体の疲労および精神的緊張の少ないものであること。

　　　立哨により行うもの、必要に応じ出入者の身体や所持品の検査を行うもの、荷の点検の業務を伴うもの、駐車場等における業務で料金等の徴収の業務または車輌の誘導の業務を伴うもの、常態としてテレビモニター等警備業務用機械装置により監視するもの、異常事態に対する措置が特に高度の技術または判断を必要とするもの等は許可の対象業務とはならない。

　イ　勤務場所が危険でなく、またその環境条件が温度、湿度、騒音、粉じん濃度等の諸点からみて有害でないこと。

　ウ　一勤務の拘束時間は12時間以内であること。

　エ　勤務と次の勤務との間に10時間以上の休息期間が確保されていること。

(2) 断続的労働の態様の警備業務については、次のいずれにも該当するものにつき許可するものとすること・

　ア　「宿直業務代行」として行われる業務であること。常態としてほとんど労働する必要のない勤務で、定時的巡視、施錠および開錠、緊急の文書または電話の収受、不意の来訪者への対応、非常

事態発生の対応等を業務内容とするものであること。

　㋐　労働態様は精神的緊張の少ないものであること。

　　　コンビナート、空港、遊園地等警備対象が広大なもの、あるいはその構造上外部からの侵入を防止することが困難なもの、高価な物品が陳列、展示または保管されている場所の警備等については許可の対象となる業務には該当しないものであること。

　㋑　巡視する場所が危険でなく、その環境条件が温度、湿度、騒音、粉じん濃度等の諸点からみて有害でないこと。

　㋒　巡視の回数は一勤務6回以下であり、かつ、巡視1回の所要時間は1時間以内であって、その合計は4時間以内であること。

　イ　一勤務の拘束時間は12時間以内（ただし、当該勤務中の夜間に継続4時間以上の睡眠時間が与えられる場合には、16時間以内）であること。

　ウ　勤務と次の勤務との間に10時間以上（ただし、当該勤務中の夜間に継続4時間以上の睡眠時間が与えられる場合には、8時間以上）の休息期間が確保されていること。

⑶　省略

イ　断続的労働（平5.2.24 基発110号）の許可基準（平5.2.24 基発110号）

断続的労働に従事する者とは、休憩時間は少ないが手待時間は多い者の意であり、その許可は概ね次の基準によって取り扱う（昭22.9.13 発基17号、昭23.4.5 基発535号、昭63.3.14 基発150号・婦発47号）。

①　修繕係等通常は業務閑散であるが、事故発生に備えて待機するもの

②　寄宿舎の賄人等については、その者の勤務時間を基礎にして作業時間と手待時間を折半程度まで許可すること。ただし、実労働時間の合計が8時間を超えるときは許可すべき限りではない。

③　鉄道踏切番等については、1日交通量10往復程度まで許可すること。

④　その他特に危険な業務に従事する者については許可しないこと。

　手待時間中の危険性、有害性または精神的緊張度の高いものは断続的労働にはならないものと解される（昭22.9.13 発基17号、昭23.4.5 基発535号、昭63.3.14 基発150号・婦発47号）。

　日によって断続的労働に従事し、他の日は通常の勤務に就くというかたちを繰り返す勤務については、「常態として断続的労働に従事する者には該当しない。」ので、許可すべきでない（昭63.3.14 基発150号・婦発47号）。

ウ　宿直または日直勤務の許可基準

　宿日直勤務は、所轄労働基準監督署長の許可を受けなければ、労基法による労働時間や休憩などの規制の適用除外とはならない（労基則23条）。その許可基準は概ね次のとおりである（昭22.9.13 発基17号、昭63.3.14 基発150号・婦発47号）。

図表 4 -29　宿日直の許可基準

要　　　件	内　　　　　容
勤務の態様	所定労働時間外または休日における勤務の一態様である。 労働者の本来の業務は処理せず、構内巡視、文書、電話の収受または非常事態に備えて待機するもの。 常態としてほとんど労働する必要がない。
宿日直の回数	宿直勤務については週 1 回、日直勤務については月 1 回を限度とすること（昭22.9.13 発基17号、昭63.3.14 基発150号・婦発47号）。 当該事業場に勤務する18歳以上の者で法律上宿直または日直を行うことができるすべての者に宿直または日直をさせてもなお不足であり、かつ勤務の労働密度が薄い場合には、宿直または日直業務の実態に応じて週 1 回を超える宿直、月 1 回を超える日直についても許可して差支えない（前掲通達）。
宿日直手当※	原則として、 1 回の宿直手当（深夜割増賃金を含む。）または 1 回の日直手当の額≧宿直・日直の勤務に就く同種の労働者に対して支払われる割増賃金の基礎となる賃金の 1 人 1 日平均額の 3 分の 1

その他	宿直については、相当の睡眠設備の設置

※病院における医師、看護師のように、賃金額に著しい差のある職種の者が、それぞれ責任度または職務内容を異にする宿日直をする場合においては、1 回の宿日直手当の最低額は宿日直につくことが予定されているすべての医師ごとまたは看護師ごとにそれぞれ計算した 1 人 1 日平均額の 3 分の 1 とすること（昭33.2.13. 基発90号）。

【医師、看護師等の宿直の許可基準】

①　通常の勤務時間の拘束から完全に解放された後のものであること。

②　宿日直中に従事する業務は、一般の宿日直業務以外には、以下のような特殊の措置を必要としない軽度の又は短時間の業務（通常の勤務時間と同態様の業務は含まれないこと。）に限ること。

・医師が、少数の要注意患者の状態の変動に対応するため、問診等による診察等（軽度の処置を含む。以下同じ。）や、看護師等に対する指示、確認を行うこと

・医師が、外来患者の来院が通常想定されない休日・夜間（例えば非輪番日であるなど）において、少数の軽症の外来患者や、かかりつけ患者の状態の変動に対応するため、問診等による診察等や、看護師等に対する指示、確認を行うこと

・看護職員が、外来患者の来院が通常想定されない休日・夜間（例えば非輪番日であるなど）において、少数の軽症の外来患者や、かかりつけ患者の状態の変動に対応するため、問診等を行うことや、医師に対する報告を行うこと

③　夜間に十分睡眠がとりうること。

　　許可を得て宿直を行う場合に、通常の勤務時間と同態様の業務に従事することが、稀にあっても許可を取り消さないが、その時間については労基法第33条、第36条による時間外労働の手続を行い、同法第37条の割増賃金を支払うこと。（令1.7.1基発0701第 8 号）

■ **中央労基署長**（大島町診療所）**事件**（東京地裁　平15.2.21判決　労判847
号45頁）

【事件の概要】

　診療所 A に勤務していた原告 X が、宿日直の許可基準が満たされ
ていないのに十分な調査を行うことなく、宿直・日直勤務の許可を
し、許可後も原告が再三調査要求したにもかかわらず、十分な調査を
行わず、許可を迅速に取り消さなかったことが、中央労働基準監督署
長の過失ある公権力の行使または不行使に該当し、これにより精神的
損害を被ったとして、国に対し国家賠償法第1条第1項に基づき損害
賠償を求めた。同署長に職務上尽くすべき注意義務に違反した過失が
あるとし、X の請求が認容された。

【判決の要旨】

　本件許可基準は、宿日直制度が労働時間法制の例外を認めるものと
して厳格な判断のもとに行われるべきものあり、しかも入院患者がい
て、救急患者対応診療所であること、医師が宿日直しない場合に看護
婦が本件許可基準の定めるような定時巡回、報告、少数要注意患者の
定時検温等の軽度又は短時間の業務に限られるとして宿日直許可をす
ることは数少ないのであるから、本件労基署長としては、本件診療所
の宿日直時間帯における看護婦の勤務態様が本件許可基準の定める内
容に合致するか否かについて慎重に調査を尽くすべき職務上の注意義
務があるというべきである。

　本件労基署長を補佐する申請担当の B 主任監督官は、申請の許否
を判断するに当たり、申請者 C 町の担当者から確認すれば十分であ
るとの態度で臨み、本件申請直前の本件労基署の労働基準監督官から
C 町長に対し診療所における労基法違反の是正勧告がなされた際の
根拠とした資料を検討することなく、看護婦からの事情聴取や看護日
誌等の看護婦の勤務態様に関する客観性のある資料を検討することな
く、漫然と、労基署長に対し申請につき許可の意見を上げたものであ

り、同主任監督官の意見に対し、改めて調査等を命ずることなく、漫然と、これを採用した本件労基署長には、職務上尽くすべき注意義務を欠いた過失があると認められる。

【社会福祉施設の宿日直】

① 通常の勤務時間の拘束から完全に解放された後のものであること。

② 夜間に従事する業務は、前記通達（昭22.9.13発基17号）で示されている一般の宿直業務のほかに少数の入所児に対して行う夜尿起こし、おむつ取替え、検温等の介助作業であって、軽度かつ短時間の作業に限ること。

　　したがって、夜間における児童の生活指導、起床後の着衣指導等通常の労働と同態様の業務は含まれないこと。

② 夜間に十分睡眠がとりうること。

③ 上記以外に、一般の宿直許可の際の条件を満たしていること。（昭49.7.26 基発387号）

■ 管理職だけの宿日直勤務と許可

Q 管理職だけを宿日直勤務させる場合も、労働基準監督署の許可は必要ですか。

A 宿日直勤務の許可は、労働時間の適用除外を認めてもらうためのものではなく、宿日直勤務を行わせることに対するものです。したがって、たとえ労基法第41条第2号により労働時間関係規定の適用除外が認められる管理監督者であっても、同条3号の許可を受けない限り宿日直の勤務を行わせることはできません。裁判例においても、「法第41条第3号による許可は、同条第1号または第2号による許可の場合と異なり当該労働に従事する者について全面的に関係規定の適用除外を認めることではなくして、当該労働そのものに対し、かつ、そのものだけに対し、関係規定の適用除外を認める趣」（静岡県教育委員会事件　静岡地裁　昭40.4.20判決）と判示されてい

ます。

③ 本条違反

この条は適用除外について定めたものであり、罰則はない。

労働時間に関する規定の適用除外

第41条の2　賃金、労働時間その他の当該事業場における労働条件に関する事項を調査審議し、事業主に対し当該事項について意見を述べることを目的とする委員会（使用者及び当該事業場の労働者を代表する者を構成員とするものに限る。）が設置された事業場において、当該委員会がその委員の5分の4以上の多数による議決により次に掲げる事項に関する決議をし、かつ、使用者が、厚生労働省令で定めるところにより当該決議を行政官庁に届け出た場合において、第二号に掲げる労働者の範囲に属する労働者（以下この項において「対象労働者」という。）であつて書面その他の厚生労働省令で定める方法によりその同意を得たものを当該事業場における第1号に掲げる業務に就かせたときは、この章で定める労働時間、休憩、休日及び深夜の割増賃金に関する規定は、対象労働者については適用しない。ただし、第3号から第5号までに規定する措置のいずれかを使用者が講じていない場合は、この限りでない。

(1)　高度の専門的知識等を必要とし、その性質上従事した時間と従事して得た成果との関連性が通常高くないと認められるものとして厚生労働省令で定める業務のうち、労働者に就かせることとする業務（以下この項において「対象業務」という。）

(2)　この項の規定により労働する期間において次のいずれにも該当する労働者であつて、対象業務に就かせようとするものの範囲
　イ　使用者との間の書面その他の厚生労働省令で定める方法による合意に基づき職務が明確に定められていること。

ロ　労働契約により使用者から支払われると見込まれる賃金の額を1年間当たりの賃金の額に換算した額が基準年間平均給与額（厚生労働省において作成する毎月勤労統計における毎月きまつて支給する給与の額を基礎として厚生労働省令で定めるところにより算定した労働者1人当たりの給与の平均額をいう。）の3倍の額を相当程度上回る水準として厚生労働省令で定める額以上であること。

(3)　対象業務に従事する対象労働者の健康管理を行うために当該対象労働者が事業場内にいた時間（この項の委員会が厚生労働省令で定める労働時間以外の時間を除くことを決議したときは、当該決議に係る時間を除いた時間）と事業場外において労働した時間との合計の時間（第5号ロ及びニ並びに第6号において「健康管理時間」という。）を把握する措置（厚生労働省令で定める方法に限る。）を当該決議で定めるところにより使用者が講ずること

(4)　対象業務に従事する対象労働者に対し、1年間を通じ104日以上、かつ、4週間を通じ4日以上の休日を当該決議及び就業規則その他これに準ずるもので定めるところにより使用者が与えること。

(5)　対象業務に従事する対象労働者に対し、次のいずれかに該当する措置を当該決議及び就業規則その他これに準ずるもので定めるところにより使用者が講ずること。

イ　労働者ごとに始業から24時間を経過するまでに厚生労働省令で定める時間以上の継続した休息時間を確保し、かつ、第37条第4項に規定する時刻の間において労働させる回数を1箇月について厚生労働省令で定める回数以内とすること。

ロ　健康管理時間を1箇月又は3箇月についてそれぞれ厚生労働省令で定める時間を超えない範囲内とすること。

ハ　1年に1回以上の継続した2週間（労働者が請求した場合においては、1年に2回以上の継続した1週間）（使用者が当該

期間において、第39条の規定による有給休暇を与えたときは、当該有給休暇を与えた日を除く。）について、休日を与えること。

　　　　ニ　健康管理時間の状況その他の事項が労働者の健康の保持を考慮して厚生労働省令で定める要件に該当する労働者に健康診断（厚生労働省令で定める項目を含むものに限る。）を実施すること。

　(6)　対象業務に従事する対象労働者の健康管理時間の状況に応じた当該対象労働者の健康及び福祉を確保するための措置であつて、当該対象労働者に対する有給休暇（第39条の規定による有給休暇を除く。）の付与、健康診断の実施その他の厚生労働省令で定める措置のうち当該決議で定めるものを使用者が講ずること。

　(7)　対象労働者のこの項の規定による同意の撤回に関する手続

　(8)　対象業務に従事する対象労働者からの苦情の処理に関する措置を当該決議で定めるところにより使用者が講ずること。

　(9)　使用者は、この項の規定による同意をしなかつた対象労働者に対して解雇その他不利益な取扱いをしてはならないこと。

　(10)　前各号に掲げるもののほか、厚生労働省令で定める事項

2　前項の規定による届出をした使用者は、厚生労働省令で定めるところにより、同項第4号から第6号までに規定する措置の実施状況を行政官庁に報告しなければならない。

3　第38条の4第2項、第3項及び第5項の規定は、第1項の委員会について準用する。

4　第1項の決議をする委員は、当該決議の内容が前項において準用する第38条の4第3項の指針に適合したものとなるようにしなければならない。

5　行政官庁は、第3項において準用する第38条の4第3項の指針に関し、第1項の決議をする委員に対し、必要な助言及び指導を行うことができる。

1　特定高度専門業務・成果型労働制（高度プロフェッショナル制度）

　「高度プロフェッショナル制度」とは、高度の専門的知識等を有し、職務の範囲が明確で一定の年収要件を満たす労働者を対象として、労使委員会の決議および労働者本人の同意を前提として、年間104日以上の休日確保措置や健康管理時間※の状況に応じた健康・福祉確保措置等を講ずることにより、労基法に定められた労働時間、休憩、休日および深夜の割増賃金に関する規定を適用しない制度をいう。

　※健康管理時間：対象労働者が事業場内にいた時間と事業場外において労働した時間との合計の時間をいう。

　「労働基準法第41条の2第1項の規定により同項第1号の業務に従事する労働者の適正な労働条件の確保を図るための指針」には、高度プロフェッショナル業務の対象業務に従事する労働者の適正な労働条件の確保を図るため、労使委員会の決議事項について具体的に明らかにする必要があると認められる事項を規定し、対象業務に従事する労働者については法第4章で定める労働時間、休憩、休日及び深夜の割増賃金に関する規定を適用しないものとするこの制度の実施に関する留意事項が定められている。

2　高度プロフェッショナル制度導入の要件

高度プロフェッショナル制度導入の要件

① 労使委員会を設置すること

② 労使委員会で決議をすること

③ 所轄労働基準監督署長へ決議の届出をすること

④ 対象となる労働者の同意を得ること

⑴　労使委員会の設置

○労使委員会の要件（労基法41条の２第３項により38条の４第２項を準用）

　・労働者代表委員が半数を占めていること

　・労使各１名計２名からなるものは「労使委員会」とは認められない。

　・労働者代表委員は、過半数代表労働組合、そのような労働組合がない場合は労働者の過半数を代表する者から、任期を定めて指名を受けなければならない。

　・賃金、労働時間その他の当該事業場における労働条件に関する事項を調査審議し、事業主に対し当該事項について意見を述べることを目的とする委員会（使用者および当該事業場の労働者を代表する者を構成員とするものに限る。）であること

　・運営規程を定めること

⑵　労使委員会で決議をすること

決議の要件：委員の５分の４以上の多数によるものであること

決議の内容

①　対象業務

②　対象労働者の範囲

　イ　使用者との間の書面その他の厚生労働省令で定める方法による合意に基づき職務が明確に定められていること。

　ロ　労働契約により使用者から支払われると見込まれる賃金の額を１年間当たりの賃金の額に換算した額が基準年間平均給与額（厚生労働省において作成する毎月勤労統計における毎月きまって支給する給与の額を基礎として厚生労働省令で定めるところにより算定した労働者１人当たりの給与の平均額をいう。）の３倍の額を相当程度上回る水準として厚生労働省令で定める額以上であること。

③　対象労働者の健康管理時間を把握することおよびその把握方法

④　対象労働者に年間104日以上、かつ、４週間を通じ４日以上の休日

を与えること

⑤　対象労働者の選択的措置

　イ　労働者ごとに始業から24時間を経過するまでに厚生労働省令で定
　　　める時間以上の継続した休息時間を確保し、かつ、第37条第４項に
　　　規定する時刻の間において労働させる回数を１箇月について厚生労
　　　働省令で定める回数以内とすること。

　ロ　健康管理時間を１箇月又は３箇月についてそれぞれ厚生労働省令
　　　で定める時間を超えない範囲内とすること。

　ハ　１年に１回以上の継続した２週間（労働者が請求した場合におい
　　　ては、１年に２回以上の継続した１週間）（使用者が当該期間にお
　　　いて、第39条の規定による有給休暇を与えたときは、当該有給休暇
　　　を与えた日を除く。）について、休日を与えること。

　ニ　健康管理時間の状況その他の事項が労働者の健康の保持を考慮し
　　　て厚生労働省令で定める要件に該当する労働者に健康診断（厚生労
　　　働省令で定める項目を含むものに限る。）を実施すること。

⑥　対象労働者の健康管理時間の状況に応じた健康・福祉確保措置労基
　　法第39条以外の有給休暇の付与、健康診断の実施その他の厚生労働省
　　令で定める措置のうち当該決議で定めるものを使用者が講ずること。

⑦　対象労働者の同意の撤回に関する手続

⑧　対象労働者の苦情処理措置を実施することおよびその具体的内容

⑨　同意をしなかった対象労働者に対して解雇その他不利益な取扱いを
　　してはならないこと。

⑩　その他労基則第34条の２第15項で定める事項（決議の有効期間等）

　一　法第41条の２第１項の決議の有効期間の定めおよび当該決議は再
　　　度同項の決議をしない限り更新されない旨

　二　法第41条の２第１項に規定する委員会の開催頻度および開催時期

　三　常時50未満の労働者を使用する事業場である場合には、労働者の
　　　健康管理等を行うのに必要な知識を有する医師を選任すること。

　四　労働者の同意及びその撤回、合意した職務の内容、支払われる賃

金の額、健康管理時間、健康確保措置として講じた措置、苦情処理に関して講じた措置、医師の選任の記録を決議の有効期間中及び有効期間終了後3年間保存すること。

⑶　決議を労働基準監督署長に届け出ること

高度プロフェッショナル制度決議届（様式14号の2）

⑷　対象労働者の同意を書面で得ること

③　高度プロフェッショナル制度の対象となる範囲

⑴　対象業務の範囲

対象業務は、対象業務に従事する時間に関し、使用者から具体的な指示を受けて行うものは含まない。

・「具体的な指示」とは、労働者から対象業務に従事する時間に関する裁量を失わせるような指示をいう。これには、業務量に比して著しく短い期限の設定その他の実質的に当該業務に従事する時間に関する指示と認められるものも含まれる。

・対象業務は働く時間帯の選択や時間配分について自らが決定できる広範な裁量が労働者に認められている業務でなければならない。実質的に業務に従事する時間に関する指示と認められる指示については、「具体的な指示」に含まれる。

具体的指示の例

①　出勤時間の指定等始業・終業時間や深夜・休日労働等労働時間に関する業務命令や指示

②　対象労働者の働く時間帯の選択や時間配分に関する裁量を失わせるような成果・業務量の要求や納期・期限の設定

③　特定の日時を指定して会議に出席することを一方的に義務付けること

④　作業工程、作業手順等の日々のスケジュールに関する指示

なお、使用者が対象労働者に対し業務の開始時に当該業務の目的、目標、期限等の基本的事項を指示することや、中途において経過の報告を受

けつつこれらの基本的事項について所要の変更の指示をすることは可能である。

高度プロフェッショナル制度の対象となる具体的な対象業務

① 　金融工学等の知識を用いて行う金融商品の開発の業務

② 　資産運用（指図を含む。以下同じ。）の業務又は有価証券の売買その他の取引の業務のうち、投資判断に基づく資産運用の業務、投資判断に基づく資産運用として行う有価証券の売買その他の取引の業務又は投資判断に基づき自己の計算において行う有価証券の売買その他の取引の業務

③ 　有価証券市場における相場等の動向又は有価証券の価値等の分析、評価又はこれに基づく投資に関する助言の業務

④ 　顧客の事業の運営に関する重要な事項についての調査又は分析及びこれに基づく当該事項に関する考案又は助言の業務

⑤ 　新たな技術、商品又は役務の研究開発の業務

⑵　対象労働者の要件（労基法第41条の２第１項２号）

対象労働者は、対象業務に常態として従事していることが原則であり、対象業務以外の業務にも常態として従事している者は対象労働者とはならない。

① 　使用者との間の合意に基づき職務が明確に定められていること

　　使用者は、次のi～iiiの内容を明らかにした書面に労働者の署名を受けることにより、職務の範囲について労働者の合意を得なければならない。

　　i 業務の内容、ii 責任の程度、iii 求められる成果

　　職務が明確に定められていることの要件

　　・業務の内容、責任の程度及び職務において求められる成果その他の職務を遂行するに当たって求められる水準が具体的に定められており、対象労働者の職務の内容とそれ以外の職務の内容との区

別が客観的になされていること

・業務の内容が具体的に定められており、使用者の一方的な指示により業務を追加することができないこと

・働き方の裁量を失わせるような業務量や成果を求めるものではないこと

② 使用者から確実に支払われると見込まれる賃金額が基準年間平均給与額の3倍の額を相当程度上回る水準として労基則第34条の2第6号で定める額（1年間当たり1075万円）以上であること。

・個別の労働契約又は就業規則等において、名称の如何にかかわらず、あらかじめ具体的な額をもって支払われることが約束され、支払われることが確実に見込まれる賃金である必要がある。

・労働者の勤務成績、成果等に応じて支払われる賞与や業績給等、その支給額があらかじめ確定されていない賃金は含まれない。

・賞与や業績給において支払われることが確実に見込まれる最低保障額が定められている場合には、その最低保障額は含まれる。

・一定の具体的な額をもって支払うことが約束されている手当は含まれるが、支給額が減少し得る手当は含まれない。

4 対象業務に就労させる上で行うべきこと

(1) 対象労働者の健康管理時間を把握

健康管理時間：対象労働者が事業場内にいた時間と事業場外において労働した時間との合計の時間をいう。

健康管理時間を把握する方法：タイムカードによる記録、パーソナルコンピュータ等の電子計算機の使用時間の記録等の客観的な方法による必要がある。ただし、事業場外において労働した場合であって、やむを得ない理由があるときは、自己申告によることができる。

(2) 休日の確保

対象労働者に年間104日以上、かつ、4週間を通じ4日以上の休日を与えなければならない。

(3)　選択的措置（労基法41条の2第1項5号）

次のいずれかに該当する措置を決議で定め、実施しなければならない。

i　勤務間インターバルの確保（11時間以上）＋深夜業の回数制限（1か月に4回以内）

ii　健康管理時間の上限措置（1週間当たり40時間を超えた時間について、1か月について100時間以内または3か月について240時間以内とすること）

iii　1年に1回以上の連続2週間の休日を与えること（本人が請求した場合は連続1週間×2回以上）

iv　臨時の健康診断（1週間当たり40時間を超えた健康管理時間が1か月当たり80時間を超えた労働者または申出があった労働者が対象）

(4)　健康管理時間の状況に応じた健康・福祉確保措置（労基法41条の2第1項6号）

次の措置のうちから決議で定め、実施しなければならない。

i　「①選択的措置」のいずれかの措置（上記①において決議で定めたもの以外）

ii　医師による面接指導

iii　代償休日または特別な休暇の付与

iv　心とからだの健康問題についての相談窓口の設置

v　適切な部署への配置転換

vi　産業医等による助言指導または保健指導

(5)　同意の撤回に関する手続（労基法41条の2第1項7号）

・撤回の申出先となる部署及び担当者、撤回の申出の方法等その具体的内容を明らかにする必要がある。

・本人同意を撤回した場合の配置及び処遇について、本人同意を撤回した対象労働者をそのことを理由として不利益に取り扱ってはならない。

・本人同意の撤回を申し出た対象労働者については、その時点から高度プロフェッショナル制度の法律上の効果は生じない。

⑹　対象労働者に苦情処理を実施すること

　苦情の申出先の部署及び担当者、取り扱う苦情の範囲、処理の手順、方法その他具体的な内容を明らかにする必要がある。

⑺　同意をしなかった労働者に不利益な取扱いをしないこと

5　監督署長への報告

　高度プロフェッショナル制度決議届を行った使用者は、決議から6か月ごとに以下の事項について高度プロフェッショナルに関する報告（様式14号の3）をしなければならない。

①　健康管理時間の状況

②　休日の取得状況

③　選択的措置及び、健康・福祉確保措置の実施状況

6　本条違反

　罰則はない。法定の要件を満たしていない高度プロフェッショナル制の実施については、労働時間は実際の労働時間によって算定されることになるため、法定労働時間を超えるときは、労基法第32条、第37条および第24条違反が成立する場合がある。

| 第 5 章 | 安全及び衛生 |

第42条 労働者の安全及び衛生に関しては、労働安全衛生法の定めるところによる。

第43条～第55条 削除

第6章

年 少 者

最低年齢

第56条　使用者は、児童が満15歳に達した日以後の最初の３月31日
　が終了するまで、これを使用してはならない。

2　前項の規定にかかわらず、別表第一第１号から第５号までに掲げ
　る事業以外の事業に係る職業で、児童の健康及び福祉に有害でな
　く、かつ、その労働が軽易なものについては、行政官庁の許可を受
　けて、満13歳以上の児童をその者の修学時間外に使用することがで
　きる。映画の製作又は演劇の事業については、満13歳に満たない児
　童についても、同様とする。

1　年少者の就労禁止の原則

　児童労働は、大切な子ども時代に教育を受け、遊び、健やかに育つこと
を妨げるので、ILO の1973年の最低年齢条約（第138号）における就労最
低年齢の基準は、義務教育の終了年齢を下回らず、いかなる場合でも15歳
を下回らないものとされている。

　使用者は、満15歳の誕生日以後最初の３月31日が終了するまで（義務教
育の就学期間が終了するまで）、児童を使用してはならない。満15歳の誕
生日以後最初の３月31日が到来していない児童との間に締結された労働契
約は、労基法第56条第２項の要件を満たした労働契約（許可を受けた労働
契約）でない限り無効となる。

② 所轄労働基準監督署長の許可による年少者の就労

年少者の就労については、以下の二つの場合は所轄労働基準監督署長の許可を受ければ就労可能であるという例外が定められている。

図表6-1　許可による年少者の就労可能業種等

年　　齢	就労可能業種等
①　満13歳～満15歳に達した日以後の最初の３月31日が終了するまで	非工業的事業で健康・福祉に有害でなく、かつ軽易なもの
②　満13歳未満の児童	映画の製作または演劇の事業

①　満13歳～満15歳に達した日以後の最初の３月31日が終了するまで

以下の二つの要件を満たせば使用することができる。

ア　非工業的業種であること

　　非工業的事業：労基法別表第一の第６号農林業、第７号畜産、養蚕、水産の事業、第８号商業、第９号金融・広告業、第10号映画・演劇業、第11号通信業、第12号教育研究業、第13号保健衛生業、第14号接客娯楽業、第15号清掃・と畜業

イ　児童の健康および福祉に有害でなく、かつ軽易であるもの

　　有害な業務（年少者則９条）：

　a　年少者則第８条に掲げる業務（後掲労基法62条参照）

　b　以下の業務。

　　i　公衆の娯楽を目的として曲馬または軽業を行う業務

　　ii　戸々について、または道路その他これに準ずる場所において、歌謡、遊芸その他の演技を行う業務

　　iii　旅館、料理店、飲食店または娯楽場における業務

　　iv　エレベーターの運転の業務

　　v　i～iv以外に、厚生労働大臣が別に定める業務（現在定められていない。）

②　満13歳未満の児童

映画の製作または演劇の事業については、満13歳に満たない児童についても所轄労働基準監督署長の許可を受けて使用することができる。

③　児童の使用許可申請手続き

以下の書類を所轄労働基準監督署に提出し、実態調査を受ける。

児童の使用許可申請に必要な書類（年少者則１条）

児童の使用許可申請書（様式第１号）

児童の年齢を証明する書類（氏名および出生年月日についての住民票記載事項証明書）

児童の就学に差し支えがないことを証明する学校長の証明書

親権者または後見人の同意書

・労働基準監督署長が許否の決定をしようとするときは、児童の居住地を管轄する労働基準監督署長の意見を聴かなければならないこと（年少者則２条）。

・出来る限り、申請にかかる児童、親権者、使用者等について、児童の就業がその健康および福祉に有害でないかどうかについて実情を調査した上で行うよう留意すること（昭29.6.29 基発355号、昭63.3.14 基発150号）。

・児童の居住地の労働基準監督署長は、調査その他適宜の措置を講じ、速やかにこれを（使用者の）所轄労働基準監督署長に通報すること（昭29.6.29 基発355号、昭63.3.14 基発150号）。

・児童の健康および福祉に有害でなく、かつ、その労働が軽易なものであるか否かについて（昭22.11.11 発婦２号、昭63.3.14 基発150号）

　①　児童の心身の状況を直接調査した上で決定すること。

　②　児童福祉法の規定に違反することのないよう十分注意すること。

　③　児童の教育上の要求について十分考慮すること。

図表6-2　年少者の就労禁止と可能な場合・備え付ける書類

	原則使用禁止
	13歳　　　　　　15歳以後の最初の　　　　　満18歳 　　　　　　　　　　　3月31日

年齢	満13才未満	満13歳～満15歳に達した日以後の最初の3月31日が終了するまで	満15歳に達した日以後の最初の4月1日～満18歳
就労可能事業等	映画の製作または演劇の事業	非工業的事業で健康・福祉に有害でなく、かつ軽易なもの	危険有害業務の就業制限 （労基法62条）
許可	所轄労働基準監督署長の許可を受けて使用可能（労基法56条2項）		
備付書類	年齢証明書の備え付け（労基法57条1項）		
	修学に差し支えないことを証明する学校長の証明書及び親権者または後見人の同意書の備え付け（労基法57条2項）		

4　本条違反

　本条違反については、1年以下の懲役または50万円以下の罰金に処せられる（労基法118条）。

　場合によっては、児童福祉法第34条違反との観念的競合※に当たることもある。

　※観念的競合：一つの行為が複数の罪名に触れることをいう。観念的競合の処罰については、その最も重い刑により処断するとされる。

■　満18歳未満の者の使用

Q　小学生・中学生・高校生の子供を新聞配達のアルバイトとして働かせたいのですが、注意すべき点がありますか。

A　小学生・中学生を働かせることは原則として禁止されています。

　しかし、製造業等工業的業種以外の業種で、健康と福祉に有害では

なく、その労働が軽易な業務であれば、例外的に、中学生について
は、使用者がその所轄労働基準監督署長の許可を得れば、修学時間
外に許可の範囲内で働かせることはできることとされています（労
基法56条）ので、新聞配達であればこの許可の対象となり得ます。
ただし、中学生以下の者にとっては、午後8時から午前5時までの
間の就業は深夜業として禁止されているので、午前5時前の朝刊配
達等をさせることはできません（労基法61条）。

　また、高校生については、一定の危険有害な業務を除き、働かせ
ることができます（労基法62条※）ので、新聞配達であれば問題あ
りません。ただし、高校生については、午後10時から午前5時まで
の間の深夜業は基本的に禁止されているので、中学生と同様、午前
5時前の朝刊配達等はさせることができません（労基法61）。

　なお、息子や娘が働く場合であっても、親がそれら未成年者に
代って労働契約を締結することは、未成年者本人の同意を得ていて
もできませんので、あくまでも労働契約は本人が締結する必要があ
ることに注意してください。（労基法58条）

　　　　　※所轄労働基準監督署長の許可を得る必要はありません。

資料出所：厚生労働省 HP

年少者の証明書

第57条　使用者は、満18才に満たない者について、その年齢を証明
　する戸籍証明書を事業場に備え付けなければならない。

2　使用者は、前条第2項の規定によつて使用する児童については、
　修学に差し支えないことを証明する学校長の証明書及び親権者又は
　後見人の同意書を事業場に備え付けなければならない。

1 年齢証明書の備付

満18歳に満たない年少者については、許可を受けて使用可能なものと、使用可能であるが労働時間や危険有害業務の禁止などの保護がされているものがある。その保護の確保のために監督上必要なものとして事業場の年齢証明書の備付が義務付けられている。

年少者については、年齢証明書を事業場に備えつけなければならない。年齢証明書は、住民票記載事項証明書でよいとされている（昭50.2.17 基発83号・婦発40号、昭63.3.14 基発150号・婦発47号、平11.3.31 基発168号）。

2 同意書等の備付

許可を受けて使用する児童については、修学に差し支えないことを証明する学校長の証明書および親権者の同意書を事業場に備えておかなければならない。

図表6-3　備え付ける書類

年齢を証明する戸籍証明書	住民票記載事項証明書でよい。
学校長の証明書	学校長の証明書に代わるものはない。
親権者または後見人の同意書	民法第5条に規定する未成年者の法律行為に関する同意書でよい。

【原子力施設の定期点検工事における年少者の放射線業務への就業に関する緊急点検の実施等について】

放射線業務に従事する労働者については、放射線管理手帳により年齢を確認することはもとより、同手帳に記載された年齢が20歳以下のものについては、併せて運転免許証、健康保険証、住民票記載事項証明書等年齢を確認できる書類（原本に限る）の提示を求め、両者を突合することにより年齢を確認すること（平20.6.12 基管発0612001号）。

3　本条違反

本条に違反した使用者は、30万円以下の罰金に処せられる（労基法120条1号）。

未成年者の労働契約

第58条　親権者又は後見人は、未成年者に代つて労働契約を締結してはならない。

2　親権者若しくは後見人又は行政官庁は、労働契約が未成年者に不利であると認める場合においては、将来に向つてこれを解除することができる。

1　親権者または後見人による労働契約締結の禁止

過去には、親が子に代わって勝手に使用者と契約を締結し、使用者から前借をして子の将来の賃金と相殺することにしたり、子に賃金を渡さずに親に送金したりするということがあった。しかも、年少者はこのような契約の下に、長時間労働を強いられるというものだった。

このような親による子の労働契約締結の弊害を避ける為に、民法の規定※1にかかわらず、親権者※2または後見人※3は未成年者に代って労働契約を締結することが禁止されている。

※1：民法では、親権者または後見人は未成年者の同意を得れば未成年者に代わって労働契約の締結ができる（民法824条、859条）。

※2：親権者とは、父母（養子の場合は養父母）をいう（民法818条）。

※3：未成年後見人は、親権者がいないかまたは親権者が管理権を有しないときに置かれる（民法838条）。

2　未成年者に不利な労働契約の解除権

親権者、後見人または所轄労働基準監督署長は、労働契約が未成年者に

不利であると認める場合においては、将来に向ってこれを解除することができる。所轄労働基準監督署長が解除する場合は、労働契約解除書（様式2号）により行う（年少者則3条）。

　未成年者の退職願いが本人の父により提出されたもので、本人の意思によるものではなく、労基法第58条第2項の要件を充たすものともいえないとして、退職願いが無効とされた裁判例がある（倉敷紡績安城加工場退職事件　名古屋地裁　昭37.2.12判決）。

③ 本条違反

⑴ 罰則
　本条第1項に違反した親権者または後見人は、30万円以下の罰金に処せられる（労基法120条1号）。

⑵ 労働契約の効力
　本条第1項違反の労働契約の効力については、無権代理として無効と解すべきということである（「平成22年版　労働基準法　下」679頁）。

未成年者の賃金請求
第59条　未成年者は、独立して賃金を請求することができる。親権者又は後見人は、未成年者の賃金を代つて受け取つてはならない。

---

① 賃金の独立の請求権

　未成年者は独立して賃金を請求することができる。

　民法によれば、未成年者は親の同意を得なければ賃金を受け取ることができない。法定代理人として親は賃金の代理受領権限を有している（民法824条）ので、親が子どもの賃金を横取りするということが可能であった。このような弊害をなくすために労基法24条により労働者への直接払いの原則を規定し、さらに、未成年者に独立の賃金受領権を付与している。

2 賃金の代理受領の禁止

　親権者または後見人は、未成年者の賃金を代って受け取ってはならず、未成年者の委任状があっても、親権者または後見人が賃金を受領することは禁止すべきと解されている。

3 本条違反

　本条に違反して賃金を受領した親権者または後見人は、30万円以下の罰金に処せられる（労基法120条1号）。

　親権者等に賃金を支払い、未成年者に賃金を支払わなかった使用者は労基法24条に違反し、使用者は重ねて未成年者に賃金を支払わなければならない。

年少者の労働時間・休日

第60条　第32条の2から第32条の5まで、第36条、第40条及び第41条の2の規定は、満18才に満たない者については、これを適用しない。

2　第56条第2項の規定によつて使用する児童についての第32条の規定の適用については、同条第1項中「1週間について40時間」とあるのは「修学時間を通算して1週間について40時間」と、同条第2項中「1日について8時間」とあるのは「、修学時間を通算して1日について7時間」とする。

3　使用者は、第32条の規定にかかわらず、満15歳以上で満18歳に満たない者については、満18歳に達するまでの間（満15歳に達した日以後の最初の3月31日までの間を除く。）、次に定めるところにより、労働させることができる。

(1)　1週間の労働時間が第32条第1項の労働時間を超えない範囲内において、1週間のうち1日の労働時間を4時間以内に短縮する場合において、他の日の労働時間を10時間まで延長すること。

(2)　1週間について48時間以下の範囲内で厚生労働省令で定める時間、1日について8時間を超えない範囲内において、第32条の2又は第32条の4及び第32条の4の2の規定の例により労働させること。

1 児童の労働時間

　長時間労働は年少者の心身の健康に悪影響を与える可能性があるので、児童（満15歳に達した日以後の最初の3月31日の終了まで）については、以下のように1週40時間、1日8時間の法定労働時間が厳格に適用される。

・時間外労働や休日労働が禁止されている。

・変形労働時間制（1か月単位の変形労働時間制、フレックスタイム制、1年単位の変形労働時間制、1週間単位の非定型的変形労働時間制）労働時間及び休憩の特例、高度プロフェッショナルの適用不可（労基法60条1項）。

・労働時間は、修学時間（当該日の授業開始の時刻から同日の最終授業終了時刻までの時間から休憩時間（昼食時間を含む。）を除いた時間）を通算して1週間に40時間、1日について7時間を超えることはできない。

・夏休みや日曜日など修学時間がない日には7時間まで働かせることができる（労基法60条2項）。

2 年少者の労働時間

　年少者（満15歳に達した日以後の最初の4月1日〜満18歳の誕生日の前々日）についても、以下のように1週40時間、1日8時間の法定労働時間が厳格に適用される。しかし、一部例外が認められている。

① 原則

・原則として時間外労働や休日労働が禁止されている。

・変形労働時間制（1か月単位の変形労働時間制、フレックスタイム制、1年単位の変形労働時間制、1週間単位の非定型的変形労働時間制）労働時間及び休憩の特例、高度プロフェッショナルの適用はされない（労基法60条1項）

② **例外措置**

法定労働時間が週44時間とされている商業・サービス業の10人未満の特例対象事業場での週休2日制の実現または1年単位の変形労働時間制による休日増を図る必要があることから、一部例外措置が認められている（労基法60条3項、H6.1.4 基発1号）。

・1週40時間の範囲内で、1週間のうち1日の労働時間を4時間以内※に短縮する場合には、他の日※の労働時間を10時間まで延長することができる。

※4時間以内：4時間以内には、全1日労働させない場合も含まれる（昭23.2.3 基発161号）。

※他の日：他の日とは他の1日に限る趣旨ではない（昭23.2.3 基発161号、昭63.3.14 基発150号）。

・1週間について48時間、1日について8時間を超えない範囲内において、1か月単位の変形労働時間制（労基法32条の2）または1年以内の変形労働時間制（労基法32条の4、第32条の4の2）の規定の例により労働させることができる。

③ 本条違反

本条第1項違反は、第32条、第34条、第35条違反として、6か月以下の懲役または30万円以下の罰金に処せられる（労基法119条1号）。

本条第2項違反、第3項違反は。第32条違反として、6か月以下の懲役または30万円以下の罰金に処せられる（労基法119条1号）。

年少者の深夜業
第61条　使用者は、満18才に満たない者を午後10時から午前5時ま

での間において使用してはならない。ただし、交替制によって使用する満16才以上の男性については、この限りでない。

2 　厚生労働大臣は、必要であると認める場合においては、前項の時刻を、地域又は期間を限つて、午後11時及び午前6時とすることができる。

3 　交替制によつて労働させる事業については、行政官庁の許可を受けて、第1項の規定にかかわらず午後10時30分まで労働させ、又は前項の規定にかかわらず午前5時30分から労働させることができる。

4 　前3項の規定は、第33条第1項の規定によつて労働時間を延長し、若しくは休日に労働させる場合又は別表第一第6号、第7号若しくは第13号に掲げる事業若しくは電話交換の業務については、適用しない。

5 　第1項及び第2項の時刻は、第56条第2項の規定によつて使用する児童については、第1項の時刻は、午後8時及び午前5時とし、第2項の時刻は、午後9時及び午前6時とする。

1 年少者の深夜業禁止の原則

深夜業は、年少者の成長、健康および福祉にとって有害であり、風紀についてもよくない影響があるという理由から制限されている。

使用者は、満18才に満たない者を午後10時から午前5時までの間において使用してはならない。

2 年少者の深夜業禁止の例外

年少者に対する使用禁止時間帯・使用可能時間帯等は表6−4のとおりである。

図表6-4　年少者の使用禁止時間帯・使用可能時間帯等（労基法61条）

年　　　齢	使用禁止時間帯・使用可能時間帯等
①　満18歳未満の者 （満15歳の誕生日以後の4月1日以降満18歳の誕生日前々日までの者）	午後10時から午前5時までの間において使用してはならない。（1項） 厚生労働大臣による深夜時間帯の変更：地域または期間を限って、午後11時から午前6時までの間に使用してはならない。（2項）
②　交替制によって使用する満16歳以上の男性※2	午後10時から午前5時までの間において使用することができる。（1項）
③　第56条第2項の規定によって使用する児童 （許可を得て使用する満13歳以上満15歳の誕生日前の者）	午後8時及び午前5時までの間において使用してはならない。（1項） 地域または期間を限って、午後9時及び午前6時までの間において使用してはならない。（2項）※1
③　交替制によって労働させる事業で、許可を受けたもの※2	午後10時30分まで労働させ、または労基法61条2項の規定にかかわらず午前5時30分から労働させることができる。
④　第33条第1項の規定によって労働時間を延長し、もしくは休日に労働させる場合又は別表第一第6号（農林）、第7号（畜産、養蚕、水産）もしくは第13号（保健衛生）に掲げる事業若しくは電話交換の業務	第1項から第3項の適用なし 深夜業を行わせることができる。

※1　映画・演劇の深夜業：第56条の規定によって演劇の事業に使用される児童（演劇子役）が、演技を行う業務に従事する場合には、（平成17年1月1日から）当分の間、法第61条第2項の時間が午後9時および6時となる。「労働基準法第61条第5項の規定により読み替えられた同条第2項に規定する厚生労働大臣が必要と認める場合及び期間」（平成16年厚労告407号）

※2　交替制によって労働させる事業：事業全体として交替制をとっている場合を意味する。必ずしも労働者全員が交替制で労働している必要はない。第1項ただし書きの「交替制によって使用する」とは、事業として交替制がとられているのではなく、特定の労働者が交替制により労働している場合をいう。この規定は、紡績工場等において、実働8時間休憩45分として深夜業に30分の例外を認めれば2交替制が採用できるという理由で設けられた規定である

【交替制の意義】

　同一労働者が一定期日ごとに、昼間勤務と夜間勤務とに交替につく勤務の態様をいう（昭23.7.5　基発971号、昭63.3.14　基発150号）。

　12時から翌日の12時までの勤務の間に睡眠４時間のほか、休憩時間を２回に分けて与え、次の24時間は非番とする週45時間の勤務形態は、本項ただし書の交替制に該当しない（昭24.4.12　基収4203号、昭63.3.14　基発150号）。

3　本条違反

　本条に違反した場合は、６か月以下の懲役または30万円以下の罰金に処せられる（労基法119条１号）。

危険有害業務の就業制限

第62条　使用者は、満18才に満たない者に、運転中の機械若しくは動力伝導装置の危険な部分の掃除、注油、検査若しくは修繕をさせ、運転中の機械若しくは動力伝導装置にベルト若しくはロープの取付け若しくは取りはずしをさせ、動力によるクレーンの運転をさせ、その他厚生労働省令で定める危険な業務に就かせ、又は厚生労働省令で定める重量物を取り扱う業務に就かせてはならない。

2　使用者は、満18才に満たない者を、毒劇薬、毒劇物その他有害な原料若しくは材料又は爆発性、発火性若しくは引火性の原料若しくは材料を取り扱う業務、著しくじんあい若しくは粉末を飛散し、若しくは有害ガス若しくは有害放射線を発散する場所又は高温若しくは高圧の場所における業務その他安全、衛生又は福祉に有害な場所における業務に就かせてはならない。

3　前項に規定する業務の範囲は、厚生労働省令で定める。

1　就業制限される危険有害業務

　本条は抵抗力が弱く、また危害を十分に自覚しない発育過程の年少者について、安全、衛生および福祉の観点から危険有害と認められる業務に就業させることを禁止するものである。

　年少者の就業が禁止されている業務は以下のとおりである。

① 　運転中の機械若しくは動力伝導装置の危険な部分の掃除、注油、検査若しくは修繕の業務

② 　運転中の機械若しくは動力伝導装置にベルト若しくはロープの取付け若しくは取りはずしをさせること

③ 　図表6-5の危険有害業務に就かせること

④ 　図表6-6の重量物の取り扱い作業の重量制限

▍図表6-5　危険有害業務（年少者則8条）

1　ボイラーの取扱いの業務	22　岩石または鉱物の破砕機または粉砕機に材料を送給する業務
2　ボイラーの溶接の業務	
3　クレーン、デリックまたは揚貨装置の運転の業務	23　土砂が崩壊するおそれのある場所または深さが5メートル以上の地穴における業務
4　緩燃性でないフィルムの上映操作の業務	
5　最大積載荷重が2トン以上の人荷共用若しくは荷物用のエレベーターまたは高さが15メートル以上のコンクリート用エレベーターの運転の業務	24　高さが5メートル以上の場所で、墜落により労働者が危害を受けるおそれのあるところにおける業務
	25　足場の組立、解体または変更の業務（地上または床上における補助作業の業務を除く。）
6　動力により駆動される軌条運輸機関、乗合自動車または最大積載量が2トン以上の貨物自動車の運転の業務	26　胸高直径が35センチメートル以上の立木の伐採の業務
	27　機械集材装置、運材索道等を用いて行う木材の搬出の業務
7　動力により駆動される巻上げ機（電気ホイスト及びエアホイストを除く。）、運搬機または索道の運転の業務	28　火薬、爆薬または火工品を製造し、または取り扱う業務で、爆発のおそれのあるもの
8　直流にあつては750ボルトを、	29　危険物（労働安全衛生法施行令

交流にあっては300ボルトを超える電圧の充電電路またはその支持物の点検、修理または操作の業務

9　運転中の原動機または原動機から中間軸までの動力伝導装置の掃除、給油、検査、修理またはベルトの掛換えの業務

10　クレーン、デリックまたは揚貨装置の玉掛けの業務（２人以上の者によって行う玉掛けの業務における補助作業の業務を除く。）

11　最大消費量が毎時400リットル以上の液体燃焼器の点火の業務

12　動力により駆動される土木建築用機械または船舶荷扱用機械の運転の業務

13　ゴム、ゴム化合物または合成樹脂のロール練りの業務

14　直径が25センチメートル以上の丸のこ盤（横切用丸のこ盤及び自動送り装置を有する丸のこ盤その他反ぱつにより労働者が危害を受けるおそれのないものを除く。）またはのこ車の直径が75センチメートル以上の帯のこ盤に木材を送給する業務

15　動力により駆動されるプレス機械の金型またはシャーの刃部の調整または掃除の業務

16　操車場の構内における軌道車両の入換え、連結または解放の業務

17　軌道内であつて、ずい道内の場所、見通し距離が400メートル以内の場所または車両の通行が頻繁な場所において単独で行う業務

18　蒸気または圧縮空気により駆動されるプレス機械または鍛造機械を用いて行う金属加工の業務

19　動力により駆動されるプレス機械、シャー等を用いて行う厚さが

別表第一に掲げる爆発性の物、発火性の物、酸化性の物、引火性の物または可燃性のガスをいう。）を製造し、または取り扱う業務で、爆発、発火または引火のおそれのあるもの

30　削除

31　圧縮ガスまたは液化ガスを製造し、または用いる業務

32　水銀、砒素、黄りん、弗化水素酸、塩酸、硝酸、シアン化水素、水酸化ナトリウム、水酸化カリウム、石炭酸その他これらに準ずる有害物を取り扱う業務

33　鉛、水銀、クロム、砒素、黄りん、弗素、塩素、シアン化水素、アニリンその他これらに準ずる有害物のガス、蒸気または粉じんを発散する場所における業務

34　土石、獣毛等のじんあいまたは粉末を著しく飛散する場所における業務

35　ラジウム放射線、エックス線その他の有害放射線にさらされる業務

36　多量の高熱物体を取り扱う業務及び著しく暑熱な場所における業務

37　多量の低温物体を取り扱う業務及び著しく寒冷な場所における業務

38　異常気圧下における業務

39　さく岩機、鋲打機等身体に著しい振動を与える機械器具を用いて行う業務

40　強烈な騒音を発する場所における業務

41　病原体によつて著しく汚染のおそれのある業務

42　焼却、清掃または と殺の業務

	8ミリメートル以上の鋼板加工の業務
20 削除
21 手押しかんな盤または単軸面取り盤の取扱いの業務

43 刑事施設（刑事収容施設及び被収容者等の処遇に関する法律第15条第1項の規定により留置施設に留置する場合における当該留置施設を含む。）または精神科病院における業務
44 酒席に侍する業務
45 特殊の遊興的接客業における業務
46 前各号に掲げるもののほか、厚生労働大臣が別に定める業務

図表6-6 重量物取扱い作業の重量制限

年令・性別		断続作業の場合	継続作業の場合
満16歳未満[1]	女	12kg	8kg
	男	15kg	10kg
満16歳以上 満18歳未満[1]	女	25kg	15kg
	男	30kg	20kg
満18歳以上	女	30kg[2]	20kg[2]
		男性の60%位まで[3]	
	男	体重の40%以下[3]	

※1 年少者則7条
※2 女性則2条、3条
※3 「職場における腰痛予防対策指針」

■ **JKビジネスと労基法違反**

Q ガールズ居酒屋やJKリフレの経営者が労基法違反容疑で逮捕されていますが、どうして労基法違反になるのですか。

A 労基法第62条第2項では、使用者は18歳未満の者を「安全、衛生または福祉に有害な場所における業務につかせてはならない」と定め、年少者則第8条第45号に「特殊の遊興的接客業における業務」とあり、それについては2つの通達で具体的な業務が示されていま

す。

　「特殊の遊興的接客業における業務」とは、カフェー、バー、ダンスホールおよびこれに準ずる場所において客に接する業務をいい、麻雀屋、パチンコ店、ゲームセンターまでは含まれません（昭24.6.7 基収第1594号、昭63.3.14 基発第150号）。さらに、昭和50年代に流行ったノーパン喫茶については、「一般的には、客に性的な慰安歓楽を与えることを一つの目的とするものであることから、「特殊の遊興的」なものであると解される」（昭56.8.11 基監発20号、年労発34号）としています。これらの通達から判断すると、ガールズ居酒屋は満18歳未満の者に下着や水着姿で接客をさせていたことが、JKリフレは満18歳未満の者に個室で添い寝やマッサージなどのサービスを行わせていたことが、前掲の「特殊の遊興的接客業における業務」にあたるとされたと考えられます。JKビジネスだから労基法違反になるのではなく、その業務の内容により判断されます。

② 本条違反

　使用者が本条に違反して年少者を危険有害業務に就かせた場合は、6か月以下の懲役または30万円以下の罰金に処せられる（労基法119条1号）。

　本条違反の罪数については、労働者1人ごとに一罪となるのか、違反日1日ごとに労働者1人ごとに一罪となるのか問題となる。裁判例は、「被告の犯意が継続的であったかどうかに関係なく、使用日ごとに各就業者別に独立に労働基準法第62条違反の罪が成立する。」とし、このようにして成立した各罪は併合罪である（海老原鋳造工業事件　浦和地裁　昭35.11.7判決）としている。労働者1人ごとに一罪とする裁判例（大平工業事件　仙台高裁昭34.5.12判決）もある。

坑内労働の禁止

第63条　使用者は、満18歳に満たない者を坑内で労働させてはならない。

1　年少者の坑内労働の禁止

　坑内労働が、発育途上にある年少者にとっては有害であることから、満18歳未満の者の坑内労働を全面的に禁止している。使用者は、満18歳未満の者を坑内で労働させてはならない。たとえ労働自体が軽易なものや事務的なものであっても、坑内において従事させることは禁止される。

　ただし、認定職業訓練を受ける満16歳以上満18歳未満の男性については、訓練に必要な限度で坑内労働が認められている（労基法70条）

【鉱山における坑の範囲】

①　労基法における坑とは、鉱山についていえば一般に地下にある鉱物を試掘または採掘する場所および地表に出ることなしにこの場所に達するためにつくられる地下の通路をいう。

②　当初から地表に貫通するためにつくられ、かつ、公道と同様程度の安全衛生が保障されており、かつ坑内夫以外の者の通行が可能である地下の通路は労基法の坑ではない。

③　本来地下にある鉱物を試掘または採掘する場所に達するためにつくられた地下の通路がたまたま地表に貫通しても、あるいは地勢の関係上部分的に地表にあらわれても、これが公道と同様な程度の安全衛生を保障されるに至り、かつ坑内夫以外の者の通行が可能である通路に変化しない限り労基法上の坑である性質は変化しない。（昭25.8.11　基発732号）

　建設中のずい道が坑に該当するか否かは、上記の解釈例規に準じて解釈

すべきである（厚生労働省労働基準局編「平成22年版　労働基準法　下」716頁）。

② 本条違反

　使用者が本条に違反して年少者を坑内労働に従事させると、１年以下の懲役または50万円以下の罰金に処せられる（労基法118条１項）。

　坑内労働違反の罪数については、労働者１人ごとに一罪となるのか、坑内労働をさせた日ごとに労働者１人ごとに一罪となるのか問題となる。裁判例は、相前後する異なった数か月間において、２人の年少者に毎日数回坑内労働に従事させた事件について、労働者１人ごとに違反日数・回数に関係なく包括一罪となるものと解し、その結果成立した各罪は併合罪であるとしている（南厚狭炭礦事件　広島高裁　昭24.10.17判決）。

帰郷旅費

第64条　満18才に満たない者が解雇の日から14日以内に帰郷する場合においては、使用者は、必要な旅費を負担しなければならない。ただし、満18才に満たない者がその責めに帰すべき事由に基づいて解雇され、使用者がその事由について行政官庁の認定を受けたときは、この限りでない。

---

① 帰郷旅費の支給要件

　年少労働者や女性労働者が解雇された場合に、かつては帰郷旅費がないために帰郷できず、退廃的な生活に落ちていくという現実があり、このような問題を防ぐために工場法施行令第27条に同様の規定があった。本条はこれを引き継いだ規定である。

　使用者が帰郷旅費を負担しなければならないのは、満18歳未満の年少者が解雇の日から14日以内に帰郷する場合である。労働者の自発的退職や契約期間の満了は含まれない。

解雇の日から14日の計算、必要な旅費：労基法第15条と同じ。

② 帰郷旅費を負担しなくてよい場合

　満18才に満たない者がその責めに帰すべき事由に基づいて解雇され、使用者がその事由について所轄労働基準監督署長の認定を受けたときは帰郷旅費の支払いを免除される。その事由が年少者の責めに帰すべき事由に該当するか否かは、第20条の考え方に準じて判断される（「平成22年版　労働基準法　下」694頁）。

　所轄労働基準監督署長の認定を受ける場合は、帰郷旅費支給除外認定申請書（様式第4号）を提出する（年少者則10条）。

　第20条の解雇予告除外認定（労基則7条）を受けた場合は、労基法第64条ただし書の認定を受けたものとみなされ、帰郷旅費の負担は免除されている（年少者則10条2項）。

③ 本条違反

　本条に違反して帰郷旅費を負担しなかった使用者は、30万円以下の罰金に処せられる（労基法120条1号）。

坑内労働の就業制限

第64条の2 使用者は、次の各号に掲げる女性を当該各号に定める業務に就かせてはならない。

(1) 妊娠中の女性及び坑内で行われる業務に従事しない旨を使用者に申し出た産後1年を経過しない女性 坑内で行われるすべての業務

(2) 前号に掲げる女性以外の満18歳以上の女性 坑内で行われる業務のうち人力により行われる掘削の業務その他の女性に有害な業務として厚生労働省令で定めるもの

1 妊産婦※1の坑内労働の禁止

施行当時の労基法では、満18歳以上の女性の坑内労働は、肉体的、生理的に過酷であることを理由として原則禁止とされていた。1985年にILO第45号条約3条を理由として、この規制の一部緩和が行われた。2006年の改正により、それまでの原則禁止を改め、女性技術者が坑内の管理・監督業務等に従事することができるよう、妊産婦が行う坑内業務および一部の業務（人力により行われる掘削の業務等）を除き坑内労働の規制が緩和された。

使用者は、妊産婦を図表6-7の禁止されている坑内※2労働に就かせてはならない。

※1　妊産婦：労基法第64条の３第１項に規定する妊娠中の女性および産後１年を経過しない女性をいう。

※2　坑内の解釈については労基法第63条参照

図表6-7　妊産婦が禁止される坑内労働

禁止対象となる女性	禁止される坑内労働
・妊娠中の女性 ・産後１年を経過しない女性で坑内で行われる業務に従事しない旨を使用者に申し出たもの	坑内で行われるすべての業務

2 満18歳以上の女性が従事することを禁止される坑内労働

満18歳以上の女性を以下の坑内労働に従事させることは禁止されている。

坑内で行われる業務のうち人力により行われる掘削の業務その他の女性に有害な業務として女性則第１条で定めるもの

① 人力により行われる土石、岩石若しくは鉱物（鉱物等）の掘削または掘採の業務※1

② 動力により行われる鉱物等の掘削または掘採の業務（遠隔操作により行うものを除く。）※2

③ 発破による鉱物等の掘削または掘採の業務※3

④ ずり、資材等の運搬若しくは覆工のコンクリートの打設等鉱物等の掘削または掘採の業務に付随して行われる業務（鉱物等の掘削または掘採に係る計画の作成、工程管理、品質管理、安全管理、保安管理その他の技術上の管理の業務並びに鉱物等の掘削または掘採の業務に従事する者及び鉱物等の掘削または掘採の業務に付随して行われる業務に従事する者の技術上の指導監督の業務を除く。）

※1 掘削または掘採の業務：ショベル、スコップ等の器具を用いて人力により行う掘削または掘採の業務をいう。

※2 動力により行われる鉱物等の掘削または掘採の業務：削岩機、車輌系建設機械等の機械を操作して行う掘削または掘採の業務をいう。

※3 発破による鉱物等の掘削または掘採の業務には、装薬のための穿孔、装薬および結線等の業務が含まれる。

【妊娠中の女性の把握】

　女性労働者が妊娠しているか否かについて、事業主は早期に把握し、適切な対応を図ることが必要であり、そのため、事業場において女性労働者からの申出、診断書の提出等所要の手続を定め、適切に運用されることが望ましい（平18.10.11　基発1011001号・雇児発1011001号）。

③　本条違反

　本条に違反して坑内労働を行わせた使用者は、1年以下の懲役または50万円以下の罰金に処せられる（労基法118条1項）。

　坑内労働の罪数については、第63条の本条違反参照のこと。

危険有害業務の就業制限

第64条の3　使用者は、妊娠中の女性及び産後1年を経過しない女性（以下「妊産婦」という。）を、重量物を取り扱う業務、有害ガスを発散する場所における業務その他妊産婦の妊娠、出産、哺育等に有害な業務に就かせてはならない。

2　前項の規定は、同項に規定する業務のうち女性の妊娠又は出産に係る機能に有害である業務につき、厚生労働省令で、妊産婦以外の女性に関して、準用することができる。

3　前2項に規定する業務の範囲及びこれらの規定によりこれらの業務に就かせてはならない者の範囲は、厚生労働省令で定める。

① 就業禁止とされている業務

母性保護を目的として、妊産婦の妊娠、出産、哺育等に有害な業務に就業させることを禁止するとともに、妊産婦以外の女性の妊娠および出産の機能に有害な業務への就業の制限についても規定している。

1985年の法改正で、医学的・専門的な検討を経て、母性保護または女性の妊娠および出産に係る機能にとって有害な業務を除き女性の就業制限が解除された。

しかし、近年の化学物質の有害性の経験や研究により、図表 6 - 9 の化学物質が発散する場所における業務が就業禁止業務に加えられた。

① 妊産婦の就業制限

使用者は、妊娠中の女性及び産後 1 年を経過しない女性（以下「妊産婦」という。）を、重量物を取り扱う業務、有害ガスを発散する場所における業務その他妊産婦の妊娠、出産、哺育等に有害な業務に就かせてはならない。

② 妊産婦以外の女性の就業制限

第 1 項に規定する業務のうち女性の妊娠または出産に係る機能に有害である以下の業務については、女性則第 3 条により、妊産婦以外の女性に関して準用する。

i 重量物を取り扱う作業

重量物を取り扱う業務について、作業方法は規定されていないが、「取り扱う」とは、直接に重量物を担うことをいい、押す場合は含まれないと解されている（「平成22年版 労働基準法 下」734頁）。

ii 有害物を発散する場所における業務

図表 6 - 9 に掲げられた化学物質が発散する場所で、以下の業務に女性労働者を就かせてはならない。

・安衛法第65条に基づく作業環境測定を行い、「第 3 管理区分」（規制対象となる化学物質の空気中の平均濃度が規制値を超える状態）となった屋内作業場での全ての業務

・タンク内、船倉内などで規制対象の化学物質を取り扱う業務で、呼吸
　用保護具の使用が義務づけられている業務

図表6-8　妊産婦などの就業が禁止されている業務

	就業禁止業務	妊娠中	産後１年	妊産婦以外
1	重量物の取扱いの業務	×	×	×重量制限 ※1
2	ボイラーの取扱いの業務	×	×（申出）	
3	ボイラーの溶接の業務	×	×（申出）	
4	つり上げ荷重が５トン以上のクレーン等の運転の業務	×	×（申出）	
5	運転中の原動機等の清掃、給油、修理等の業務	×	×（申出）	
6	クレーン等の玉掛けの業務	×	×（申出）	
7	土木建築用機械、船舶荷扱用機械の運転の業務	×	×（申出）	
8	丸のこ盤、帯のこ盤に木材を送給する業務	×	×（申出）	
9	操車場構内における軌道車両の入換え、連結、解放の業務	×	×（申出）	
10	圧縮空気等により駆動されるプレス機械等を用いて行う金属加工の業務	×	×（申出）	
11	動力プレス機械、シャー等を用いて行う厚さが８ミリ以上の鋼板加工の業務	×	×（申出）	
12	岩石、鉱物の破砕機、粉砕機に材料を送給する業務	×	×（申出）	
13	土砂崩壊のおそれのある場所、深さ５メートル以上の地穴における業務	×		
14	高さ５メートル以上の墜落のおそれのある場所における業務	×		

15	足場の組立、解体、変更の業務（地上における補助作業を除く）	×	×（申出）	
16	胸高直径が35センチメートル以上の立木の伐採の業務	×	×（申出）	
17	装置、運材索道等を用いて行う木材の搬出の業務	×	×（申出）	
18	特定化学物質中毒予防規則の適用を受ける17物質[※2]、鉛中毒予防規則の適用を受ける物質[※3]および有機溶剤中毒予防規則の適用を受ける8物質[※4]が発散する場所における以下の業務 ① タンク、船倉内などで規制対象の化学物質を取り扱う業務で、呼吸用保護具の使用が義務づけられているもの ② 労働安全衛生令に基づく作業環境測定を行い、第3管理区分（作業場所の空気中の有害物質の濃度の平均が管理濃度を超える状態）となった屋内作業場でのすべての業務	×	×	×
19	多量の高熱物体を取り扱う業務	×	×（申出）	
20	著しく暑熱な場所における業務	×	×（申出）	
21	多量の低温物体を取り扱う業務	×	×（申出）	
22	著しく寒冷な場所における業務	×	×（申出）	
23	異常気圧下における業務	×	×（申出）	

禁止されている業務に×、申出があった妊産婦に限り就業禁止となる場合を×（申出）としている。

※1　重量物取扱い作業の重量制限については、労基法62条の図表6-6参照

※2、3、4については図表6-9のとおり。

図表6-9

※2　特定化学物質中毒予防規則の適用を受けるもの
1	塩素化ビフエニル（PCB）
2	アクリルアミド

3	エチルベンゼン
4	エチレンイミン
5	エチレンオキシド
6	カドミウム化合物
7	クロム酸塩
8	五酸化バナジウム
9	水銀若しくはその無機化合物（硫化水銀を除く。）
10	塩化ニツケル（II）（粉状の物に限る。）
11	スチレン
12	テトラクロロエチレン（パークロルエチレン）
13	トリクロロエチレン
14	砒素化合物（アルシン及び砒化ガリウムを除く。）
15	ベーター—プロピオラクトン
16	ペンタクロルフエノール（PCP）若しくはそのナトリウム塩
17	マンガン［マンガン化合物を除く］

※3　鉛中毒予防規則の適用を受けるもの

18	鉛化合物およびその塩

※4　有機溶剤中毒予防規則の適用を受けるもの

19	エチレングリコールモノエチルエーテル（セロソルブ）
20	エチレングリコールモノエチルエーテルアセテート（セロソルブアセテート）
21	エチレングリコールモノメチルエーテル（メチルセロソルブ）
22	キシレン
23	N,N‐ジメチルホルムアミド
24	トルエン
25	二硫化炭素
26	メタノール

　2　上記 3、11〜13、19〜26の物質を含む有機溶剤の混合物について、作業環境測定及び
　　評価を行った結果、第 3 管理区分に区分された屋内作業場における業務については、それ
　　ぞれの物質の測定値が当該物質の管理濃度以下であっても、女性労働者を就労させてはい
　　けない。

2 本条違反

　使用者が本条に違反して、妊産婦あるいは女性を危険有害業務に従事さ
せた場合は、6 か月以下の懲役または30万円以下の罰金に処せられる（労
基法119条 1 号）。

　罪数については第62条の本条違反参照のこと。

産前産後

第65条　使用者は、6 週間（多胎妊娠の場合にあつては、14週間）
　以内に出産する予定の女性が休業を請求した場合においては、その
　者を就業させてはならない。

2　使用者は、産後 8 週間を経過しない女性を就業させてはならな
　い。ただし、産後 6 週間を経過した女性が請求した場合において、
　その者について医師が支障がないと認めた業務に就かせることは、
　差し支えない。

3　使用者は、妊娠中の女性が請求した場合においては、他の軽易な
　業務に転換させなければならない。

---

1 産前休業

　産前 6 週間（多胎妊娠の場合にあっては、14週間）以内に出産する予定
の女性が請求した場合には、その者を就業させてはならない。

　分娩予定日は、産前 6 週間に含まれる（昭26.4.2 婦発113号）。

　分娩予定日よりも遅れて出産した場合の、予定日から出産当日までの期
間は産前休業に含まれる。

2　産後休業

　産後 8 週間を経過しない女性については、請求の有無にかかわらず就業させてはならない。ただし、産後 6 週間を経過した女性が、①請求した場合で、②医師が支障がないと認めた業務に、就かせることができる。

　出産の範囲：妊娠 4 か月（ 1 か月は28日とする。）以上の分娩とし、死産を含む（昭23.12.23 基発1885号）。妊娠 4 か月以上であるかどうかは、単に最終月経の最初の日から計算して満85日以上経過しているということではなく、胎児の状態等から医師が総合的に判断するものである。

3　軽易な業務への転換

　妊産婦が請求した場合は、他の軽易な業務に転換させなければならない。

　原則として女性が請求した業務に転換させる趣旨であり、新たに軽易な業務を創設して与える義務まで課したものではない（昭61.3.20 基発151号・婦発69号）。

4　軽易な業務への転換とマタニティ・ハラスメント

　女性労働者に対して労基法第65条第 3 項に基づく妊娠中の軽易な業務への転換を契機として降格させる事業主の措置は、原則として男女雇用機会均等法第 9 条第 3 項の禁止する取扱いに当たるとされている（広島中央保健協同組合事件　最高裁一小　平26.10.23判決　労判1100号 5 頁）。

■ **広島中央保健協同組合事件**（最高裁一小　平26.10.23判決）

【事件の概要】

　医療生活協同組合（Y）の訪問介護施設 A の副主任（管理職、月額手当 9、500円）X（労働者）は、平成20年 3 月 1 日、第 2 子の妊

娠による労基法第65条第3項の軽易な業務への転換として病院リハビリ業務を希望し、異動した。平成20年3月中旬頃、Yは、Xに対し、3月1日付の異動の際に副主任を免ずる旨の辞令を発することを失念していたと説明し、副主任を免ずることについてXから渋々ながら了承を得た。Yは、平成20年4月2日、Xに対し、同年3月1日付でリハビリ科に異動と副主任を免ずる旨の辞令を発した。Xは平成21年10月11日まで育児休業を取得した。平成21年10月12日Yは、Xをリハビリ科からAに異動させたが、Aには、Xよりも6年キャリアの短い副主任がいたため、Xは副主任に任ぜられなかった。Xは、上記の希望聴取の際、副主任に任ぜられないことに強く抗議し、その後本件訴訟を提起した。

【判決の要旨】

女性労働者に対して労基法第65条第3項に基づく妊娠中の軽易な業務への転換を契機として降格させる事業主の措置は、原則として男女雇用機会均等法第9条第3項の禁止する取扱いに当たるが、当該労働者につき自由な意思に基づいて降格を承諾したものと認めるに足りる合理的な理由が客観的に存在するとき、または事業主において当該労働者につき降格の措置を執ることなく軽易な業務への転換をさせることに円滑な業務運営や人員の適正配置の確保などの業務上の必要性から支障がある場合であって、上記措置につき同項の趣旨及び目的に実質的に反しないものと認められる特段の事情が存在するときは、同項の禁止する取扱いに当たらない。

5 本条違反

本条に違反した使用者は、6か月以下の懲役または30万円以下の罰金に処せられる（労基法119条1号）。

妊産婦の労働時間等

第66条　使用者は、妊産婦が請求した場合においては、第32条の 2
第 1 項、第32条の 4 第 1 項及び第32条の 5 第 1 項の規定にかかわら
ず、 1 週間について第32条第 1 項の労働時間、 1 日について同条第
2 項の労働時間を超えて労働させてはならない。
2　使用者は、妊産婦が請求した場合においては、第33条第 1 項及び
第 3 項並びに第36条第 1 項の規定にかかわらず、時間外労働をさせ
てはならず、又は休日に労働させてはならない。
3　使用者は、妊産婦が請求した場合においては、深夜業をさせては
ならない。

1　変形労働時間制の不適用

妊産婦の請求を要件として、図表 6 -10のとおり変形労働時間制を採用
している場合でも、法定労働時間を超えて妊産婦を就労させることを禁止
している。

2　時間外労働・休日労働の不適用

妊産婦の請求を要件として、災害その他避けることのできない事由によ
り臨時の必要がある場合（労基法33条 1 項）、公務のため臨時の必要があ
る場合（同条 3 項）および時間外・休日労働協定による場合（労基法36条
1 項）であっても、妊産婦に時間外労働をさせてはならず、休日労働をさ
せてはならない（労基法66条 2 項）。

3　深夜業の不適用

妊産婦の請求を要件として、妊産婦に深夜業をさせてはならない（労基
法66条 3 項）。
労基法第41条（管理監督者など）に該当する妊産婦は、労基法第66条第

1項、第2項の適用はないが、第3項は適用され、これらの者が請求した場合にはその範囲で深夜業が制限される（昭61.3.20 基発151号・婦発69号）。

▌図表6-10　妊産婦の労働時間等の制限の内容

	制　限　の　内　容	管理監督者である女性労働者への適用
変形労働時間制	妊産婦が請求した場合、変形労働時間制によって法定労働時間を超えて労働させてはならない。管理監督者である女性労働者には適用されない。	なし
時間外・休日労働	妊産婦が請求した場合、非常災害も含めて行わせることができない。管理監督者である女性労働者には適用されない。	なし
深夜労働	妊産婦が請求した場合。深夜業をさせてはならない	あり

4　本条違反

本条に違反した使用者は6か月以下の懲役または30万円以下の罰金に処せられる（労基法119条1号）。

育児時間

第67条　生後満1年に達しない生児※を育てる女性は、第34条の休憩時間のほか、1日2回各々少なくとも30分、その生児を育てるための時間を請求することができる。

2　使用者は、前項の育児時間中は、その女性を使用してはならない。

1　育児時間の取得

本条は、生後1年未満の子どもを育てている女性労働者が、授乳をしたり、子どもの世話をしたりする時間を労基法第34条の休憩時間とは別に確保することと、産後の女性労働者に作業から離脱できる余裕を与えるために設けられている。

生後満1年に達しない生児※を育てる女性は、労基法第34条の休憩時間のほか、1日2回各々少なくとも30分、その生児※を育てるための時間を請求することができる。

育児時間は請求により与えられるもので、請求しない労働者に育児時間を与えないことは本条違反にはならない。

※生児：その女性が出産した子であるか否かを問わない

2　育児時間の与え方

①　1日1回で足りる場合

本条は8時間労働を予想しているものであるから、1日の労働時間が4時間以内であるような場合には、1日1回の育児時間でも差支えない（昭36.1.9　基収8996号）。

②　与える時間帯

育児時間をいつ与えるかは定められていないので、当事者にまかされている。

労働者が、勤務時間の始めまたは終わりに請求した場合に、その請求に係る時間にその労働者を使用することは本条に違反するとする行政解釈（昭33.6.25　基収4317号）が示されている。

③　往復時間が長い場合

往復時間が長い場合、実質的な育児時間を確保するため、労使協定によって一括して育児時間を請求できるようにすることは、全員について分割請求を認めない趣旨でない限り問題はない（「平成22年版　労働基準法下」751ページ）。

③ 変形労働時間制における育児時間

本条の規定はあくまでも最低基準を定めたものであって、第66条第1項の請求をせずに変形労働時間制のもとで労働し、1日の所定労働時間が8時間を超える場合には、具体的状況に応じ法定以上の育児時間を与えることが望ましい（昭63.1.1 基発1号・婦発1号）。

④ 有給か無給か

育児時間を有給とするか否かは自由である（昭33.6.25 基収4317号）。

⑤ 本条違反

使用者が本条による育児時間に女性を使用し、または女性が請求したにもかかわらず、育児時間を与えない場合は、6か月以下の懲役または30万円以下の罰金に処せられる（労基法119条1号）。

■ 育児時間と育児短時間勤務制度

Q　育児時間と育児短時間勤務は同時に利用できますか。

A　育児短時間勤務とは、3歳に満たない子を養育する男女労働者が希望すれば1日あるいは週または月などの所定労働時間を短縮できる制度です（育児・介護体業法23条）。育児時間と育児短時間勤務は同時に利用することができます。「育児時間と本項（育児・介護休業法23条1項）に規定する所定労働時間の短縮措置は、その趣旨及び目的が異なることから、それぞれ別に措置すべきものであること」（平211228 職発1228第4号・雇児発1228第2号）とする行政解釈が示されています。

■ 育児時間をまとめて休日にすることは可能か

Q　育児時間を毎日取得せずに、後日まとめて休日にすることはできますか。

A　育児時間は、労基34条の休憩時間とは別に利用できるものとさ

れ、その性格は休憩時間に相当するものであり、毎日の利用を想定したものです。したがって、1日2回の育児時間の利用を行使せずに、後日まとめて休日として取得することはできません。

生理日の就業が著しく困難な女性に対する措置

第68条　使用者は、生理日の就業が著しく困難な女性が休暇を請求したときは、その者を生理日に就業させてはならない。

1 生理日の就業禁止

　女性労働者が現実に生理日の就労が著しく困難な状態にある場合に休暇の請求があったときはその者を就業させてはならないこととしたものであり、生理であることのみをもって休暇を請求することを認めたものではない（昭61.3.16 基発151号・婦発69号）。

　母性保護措置ではないが、生理日の就業が著しく困難な女性がいるのは医学的にも明らかなので何らかの配慮が必要だということで、1985年の改正前に生理に有害な業務に従事する女子として一律に認められていた部分が削除され、生理休暇という表現も「生理日の就業が著しく困難な女性に対する措置」として残されたものである。日数を限定することはできない。

2 生理日に就業させない要件

生理日に就業させない要件

① 生理日の就業が著しく困難な女性

② 請求があること

---

① 生理日の就業が著しく困難な女性

生理日において、下腹痛、腰痛、頭痛等の強度の苦痛により、就業が困難な女性をいう。従事している業務を問わない。

就業が著しく困難であるか否かは、原則として特別な証明がなくても請求があった場合にはこれを与えることとし、特に証明を求める必要が認められる場合であっても、医師の診断書のような厳格な証明を求めることなく、例えば同僚の証言程度の簡単な証明によらしむるよう指導するべきものとしている（昭23.5.5 基発682号、昭63.3.14 基発150号・婦発47号）。

② 請求があること

請求は口頭、文書を問わない。請求する期間に限度はない。暦日単位である必要はなく、半日または時間単位でもよい（昭61.3.16 基発151号・婦発69号）。

③ 有給か無給か

休暇中の賃金は、労働契約、労働協約または就業規則の定めるところによって、支給しても支給しなくても差支えない（昭23.6.11 基収1898号、昭63.3.14 基発150号・婦発47号）。

精皆勤手当の減額、賞与の算定のための出勤率の計算にあたって、生理休暇を欠勤と扱うことについて、本条は禁止していない。これについては労使間において決定されるべきものであるが、当該女性に著しい不利益を課すことは本条の趣旨から好ましくないと解されている（昭49.4.1 婦収125号、昭63.3.14 基発150号・婦発47号）。

判例は、労働者が生理休暇を取得することにより精皆勤手当等の経済的利益を得られない結果となる措置は、生理休暇の取得を著しく困難にし、労基法第67条（現68条）の規定が特に設けられた趣旨を失わせると認められるものでない限り、同条に違反しない（エヌ・ビー・シー工業事件　最高裁三小　昭60.7.16判決　労判455号16頁）。また、年休、生休、産休、育児時間等による不就労を欠勤扱いとして翌年度のベースアップを含む賃金引上げの対象者から除外する旨の労働協約条項は、そのうち労基法等の権利

に基づく不就労を稼働率算定の基礎とする部分は公序に反し無効であると
している（日本シェーリング事件　最高裁一小　平1.12.14判決　労判553号
16頁）。

4 本条違反

　本条に違反して、休暇を与えないで就労させた使用者は30万円以下の罰
金に処せられる（労基法120条1号）。

<table>
<tr><td>第 **7** 章</td><td># 技能者の養成</td></tr>
</table>

徒弟の弊害排除

第69条　使用者は、徒弟、見習、養成工その他名称の如何を問わず、技能の習得を目的とする者であることを理由として、労働者を酷使してはならない。

2　使用者は、技能の習得を目的とする労働者を家事その他技能の習得に関係のない作業に従事させてはならない。

1 徒弟の弊害排除

　戦前は徒弟労働が劣悪な労働条件の典型であったので、技能習得を理由に労働者を酷使することや、技能習得に関係のない家事などの作業に従事させることを禁止し、徒弟制の弊害を排除すること規定している。

　使用者は、名称の如何を問わず、技能の習得を目的とする者であることを理由として、労働者を酷使してはならない。

2 本条第 1 項違反の成立要件

> **徒弟の弊害の成立要件**
> ① 技能の習得を目的とする者であることを理由とする。
> ② 労働者を酷使する。

① **技能習得を目的とする者**：徒弟、見習い、養成工、伝習生、習業生その他の名称を問わず、技能習得を目的として就業する労働者が対象となる。技能実習生も本条の適用を受けることは明らかである（西谷敏・野田進・和田肇編「新基本法コンメンタール　労働基準法・労働契約法」日本評論社）。

② **酷使**：酷使とは、劣悪な労働環境や労働条件の下に使用することをいう。何が酷使にあたるかは示されていない。

③ 家事その他技能習得に関係のない作業への従事禁止

使用者は、技能の習得を目的とする労働者を家事その他技能の習得に関係のない作業に従事させてはならない。

子守、炊事、使い走り等の家事の雑用に使用することは「技能習得に関係のない作業」に従事させたことになる。

機械、道具、器材等の出し入れ、整備、事業場の整頓、清掃など当該技術習得に必要と認められる作業は「技能習得に関係のない作業」には含まれず、個々の場合について、その範囲を具体的に判断される（昭22.12.9 基発53号）。

④ 本条違反

⑴ 罰則

本条違反について、罰則の定めはない。

強制労働の禁止（労基法5条）、労働条件の明示（労基法15条）等の規定や児童福祉法の虐待酷使の禁止等の規定に該当する場合は、これらの規定により処罰される。

⑵ 民事上の効果

民事的には、親権者または所轄労働基準監督署長が将来に向かって契約を解除することができる（労基法58条2項、年少者則3条）。

職業訓練に関する特例

第70条　職業能力開発促進法（昭和44年法律第64号）第24条第１項（同法第27条の２第２項において準用する場合を含む。）の認定を受けて行う職業訓練を受ける労働者について必要がある場合においては、その必要の限度で、第14条第１項の契約期間、第62条及び第64条の３の年少者及び妊産婦等の危険有害業務の就業制限、第63条の年少者の坑内労働の禁止並びに第64条の２の妊産婦等の坑内業務の就業制限に関する規定について、厚生労働省令で別段の定めをすることができる。ただし、第63条の年少者の坑内労働の禁止に関する規定については、満16歳に満たない者に関しては、この限りでない。

1　能開法24条１項の認定を受けて行う職業訓練を受ける労働者

　本条の適用対象となる労働者は、能開法第24条第１項の認定を受けて行う職業訓練を受ける労働者である。認定を受けなければ、その職業訓練が同法に基づき厚生労働省令で定める職業訓練の基準に適合するものであっても、本条の特例の適用を受けることはできない。すなわち、年少者に危険有害業務に関係する職業訓練を行うためには、使用者は同法第24条第１項の認定を受けなければならず、さらに法第71条により都道府県労働局長の許可を受けなければならない。

2　契約期間の特例

　職業訓練のために必要な場合には、労基法第14条による契約期間の制限にかかわらず、当該訓練生が受ける職業訓練の訓練課程に応じ能開法施行規則別表第６または別表第７の訓練期間の範囲内で定めることができる。

3 危険有害業務の就業制限および坑内労働禁止の特例

満18歳未満の訓練生を就かせることができる危険有害業務および坑内労働の範囲並びに使用者が講ずべき措置の基準は労基則別表第一に定められている（労基則34条の3第3項）。

能開法の認定を受けた満18歳以上の訓練生に技能を修得させるため安衛令第20条第2号、第3号、第5号から第8号まで、第11号から第16号までに掲げる業務に就かせる必要がある場合で、安衛則第42条に定められた安全衛生対策の措置を講じたときは、安衛法第61条第1項の就業制限にかかわらず、職業訓練開始後一定の期間を経過した後は、訓練生を当該業務に就かせることができる（安衛則42条）。

4 本条違反

本条に基づいて定められる労基則第34条の基準に達しない労働条件で使用した場合には、本条違反として罰則が適用される（労基法118条2項、119条4号、120条2号）。

特例の許可

第71条 前条の規定に基いて発する厚生労働省令は、当該厚生労働省令によつて労働者を使用することについて行政官庁の許可を受けた使用者に使用される労働者以外の労働者については、適用しない。

---

1 職業訓練に関する特例の適用を受けるための許可

前条の職業訓練に関する特例の適用を受けるためには、使用者は、能開法に基づく職業訓練の認定を受けることに加えて職業訓練に関する都道府県労働局長の許可を受けなければならない（労基則34条の4）。

安衛法により、満18歳以上の男性の訓練生の危険有害業務への就業につ

いては、就業時に所定の措置（安衛則42条1項職業訓練の特例）を講ずべきこととされているので、本条の許可の対象からは外されている。

　労基法第14条の契約期間の特例については、満18歳以上の男性の訓練生についても本条の許可が必要とされている。

2　特例許可の通知

　都道府県労働局長は、本条の許可をしたとき、またはしないとき、あるいは取り消したときは、その旨を事業主等が行う職業訓練の認定に関する事務を行っている都道府県知事に通知しなければならない（労基則34条の5）。

未成年者の年次有給休暇

第72条　第70条の規定に基づく厚生労働省令の適用を受ける未成年者についての第39条の規定の適用については、同条第1項中「10労働日」とあるのは「12労働日」と、同条第2項の表6年以上の項中「10労働日」とあるのは「8労働日」とする。

1　20歳未満の認定職業訓練生の年次有給休暇付与日数

　労基法第70条による職業訓練の特例の適用を受ける労働者が、一部の労働条件について一般労働者よりも不利な取扱いを受けることになるので、特に未成年者に関して、年次有給休暇の付与日数の基準を一般の労働者よりも高くすることを規定している。

　6か月継続勤務し、全労働日の8割以上勤務した、満20歳未満の訓練生に対しては12労働日の年次有給休暇を付与しなければならない。

　本条に基づいて取得した年次有給休暇の請求権は、当該労働者が労基法第70条の厚生労働省令の適用未成年者でなくなった場合も、2年間の消滅時効にかかるまでは消滅することなく存続する（昭34.5.4 基収2275号）。

勤務年数	6か月	1年 6か月	2年 6か月	3年 6か月	4年 6か月	5年 6か月	6年 6か月以上
付与日数	12日	13日	14日	16日	18日	20日	20日

2 本条違反

　本条に違反した使用者は、6か月以下の懲役または30万円以下の罰金に処せられる（労基法119条1号）。

特例許可の取消し

第73条　第71条の規定による許可を受けた使用者が第70条の規定に基いて発する厚生労働省令に違反した場合においては、行政官庁は、その許可を取り消すことができる。

　労基法第71条の許可を受けて第70条の規定に基づき発する労基則によって、危険有害業務に労働者を就かせる使用者が、労基法第70条に基づく労基則に違反した場合は行政官庁（都道府県労働局長）はその許可を取り消すことができる。

　本条の取消しは、能開法第24条に基づく職業訓練の認定には影響がないが、危険有害業務や坑内労働等に従事させることが教習の要素となっている場合は、能開法第24条第3項の認定の取消しの対象になる可能性がある。

　許可の取消しを行ったときは、都道府県労働局長は、その旨を都道府県知事に通知しなければならない（労基則35条の5）。

　許可の付款に違反した場合にも、本条の取消しを行うことができるとされている（昭33.7.3 基発416号）。

第74条　削除

<table>
<tr><td>第 8 章</td><td>災 害 補 償</td></tr>
</table>

災害補償を受けることは労働者の権利であるが、使用者による補償が確実に行われるために、政府は労災保険法による労災保険制度により労働者の権利と使用者の義務を担保している。なお、業務上か否かの判断は労働基準監督署長が行うこととなっている。

災害補償の種類としては、①療養補償、②休業補償、③障害補償、④遺族補償、⑤葬祭料があるが、これらは労災保険法により①から⑤に相当する給付が行われる。このうち労災保険から給付される休業補償は休業4日目から支給されるので、それまでの待機期間3日間は労基法による休業補償（労基法76条、平均賃金の60%）を使用者が支払わなければならない。

療養補償

第75条 労働者が業務上負傷し、又は疾病にかかつた場合においては、使用者は、その費用で必要な療養を行い、又は必要な療養の費用を負担しなければならない。

2 前項に規定する業務上の疾病及び療養の範囲は、厚生労働省令で定める。

---

1 業務上傷病の認定基準

業務上の傷病と認められるためには、業務と傷病との間に因果関係がなければならず、この因果関係のことを実務上、業務起因性という。業務起

因性が成立するためには、その第一次的な条件として業務遂行性が認められなければならない。

② 業務上の負傷

　業務上の負傷は、事故の発生場所、発生時刻、労働者の行為、状況に応じて行政解釈が示されており、それらは以下の4つに分類されている。

①　就業中の災害

　作業中に発生した災害は大部分は業務上の災害となるが、作業中であっても業務を逸脱した行為による場合は業務外とされる。

②　就業時間外の災害

　休憩時間中の災害であっても、事業場施設あるいはその管理の欠陥に起因する災害、または作業に関連する行為、合理的行為による災害は業務上とされる。

③　事業場施設外における災害

　出張中の個々の行為に際して発生した災害は、その行為が出張に当然または通常伴うものである限り、恣意的行為や私的行為により積極的に自ら招いた災害を除いては一般に業務上である。

　自宅より直接用務地へ行き直接自宅に帰る慣行があるときは、自宅を出た時から帰るまでを出張中と解すべきである（昭34.7.15　基発2980号）。

　出張の途中私用を弁じた場合は、私用のため通常の順路を離れている間は、業務が中断すると解されている。

④　その他の災害

　天災地変による災害は、就業中の発生であっても一般には業務上ではない。

③ 業務上の疾病

　「業務上の疾病」とは業務に起因する疾病をいい、災害性の疾病と、じん肺などの長時間にわたる業務に伴う有害作用が蓄積して発病する疾病がある。

　個々の疾病が業務に起因するか否かを判断することは非常に困難でその判断をめぐって争いになることも多いため、労基則第35条に基づき、業務上の疾病は別表第 1 の 2 に掲げられている。別表第 1 の 2 では、その業務に従事している者が、当該業務に起因してり患すると一般的に認められている疾病を主として有害因子の態様に応じて類型的に列挙している。

　「過労死等」については、「脳血管疾患および虚血性心疾患等（負傷に起因するものを除く。）の認定基準について」（平13.12.12 基発1063号）により、精神疾患については、「心理的負荷による精神障害等の認定基準について」（平23.12.26 基発1226第 1 号）により業務上・外の判断が行われている。

労基則別表第 1 の 2

一　業務上の負傷に起因する疾病

二　物理的因子による次に掲げる疾病

　　1　紫外線にさらされる業務による前眼部疾患又は皮膚疾患

　　2　赤外線にさらされる業務による網膜火傷、白内障等の眼疾患又は皮膚疾患

　　3　レーザー光線にさらされる業務による網膜火傷等の眼疾患又は皮膚疾患

　　4　マイクロ波にさらされる業務による白内障等の眼疾患

　　5　電離放射線にさらされる業務による急性放射線症、皮膚潰瘍等の放射線皮膚障害、白内障等の放射線眼疾患、放射線肺炎、再生不良性貧血等の造血器障害、骨壊死その他の放射線障害

　　6　高圧室内作業又は潜水作業に係る業務による潜函病又は潜水病

　　7　気圧の低い場所における業務による高山病又は航空減圧症

　　8　暑熱な場所における業務による熱中症

　　9　高熱物体を取り扱う業務による熱傷

　　10　寒冷な場所における業務又は低温物体を取り扱う業務による

凍傷

11　著しい騒音を発する場所における業務による難聴等の耳の疾患

12　超音波にさらされる業務による手指等の組織壊死

13　1から12までに掲げるもののほか、これらの疾病に付随する疾病その他物理的因子にさらされる業務に起因することの明らかな疾病

三　身体に過度の負担のかかる作業態様に起因する次に掲げる疾病

1　重激な業務による筋肉、腱、骨若しくは関節の疾患又は内臓脱

2　重量物を取り扱う業務、腰部に過度の負担を与える不自然な作業姿勢により行う業務その他腰部に過度の負担のかかる業務による腰痛

3　さく岩機、鋲打ち機、チェーンソー等の機械器具の使用により身体に振動を与える業務による手指、前腕等の末梢循環障害、末梢神経障害又は運動器障害

4　電子計算機への入力を反復して行う業務その他上肢に過度の負担のかかる業務による後頭部、頸部、肩甲帯、上腕、前腕又は手指の運動器障害

5　1から4までに掲げるもののほか、これらの疾病に付随する疾病その他身体に過度の負担のかかる作業態様の業務に起因することの明らかな疾病

四　化学物質等による次に掲げる疾病

1　厚生労働大臣の指定する単体たる化学物質及び化合物（合金を含む。）にさらされる業務による疾病であつて、厚生労働大臣が定めるもの
労働基準法施行規則別表第1の2第4号に基づく告示（平8.3.29労働省告示第33号）

2　弗素樹脂、塩化ビニル樹脂、アクリル樹脂等の合成樹脂の熱

分解生成物にさらされる業務による眼粘膜の炎症又は気道粘膜の炎症等の呼吸器疾患

3　すす、鉱物油、うるし、テレビン油、タール、セメント、アミン系の樹脂硬化剤等にさらされる業務による皮膚疾患

4　蛋白分解酵素にさらされる業務による皮膚炎、結膜炎又は鼻炎、気管支喘息等の呼吸器疾患

5　木材の粉じん、獣毛のじんあい等を飛散する場所における業務又は抗生物質等にさらされる業務によるアレルギー性の鼻炎、気管支喘ぜん息等の呼吸器疾患

6　落綿等の粉じんを飛散する場所における業務による呼吸器疾患

7　石綿にさらされる業務による良性石綿胸水又はびまん性胸膜肥厚

8　空気中の酸素濃度の低い場所における業務による酸素欠乏症

9　１から８までに掲げるもののほか、これらの疾病に付随する疾病その他化学物質等にさらされる業務に起因することの明らかな疾病

五　粉じんを飛散する場所における業務によるじん肺症又はじん肺法に規定するじん肺と合併したじん肺法施行規則第１条各号に掲げる疾病

六　細菌、ウイルス等の病原体による次に掲げる疾病

1　患者の診療若しくは看護の業務、介護の業務又は研究その他の目的で病原体を取り扱う業務による伝染性疾患

2　動物若しくはその死体、獣毛、革その他動物性の物又はぼろ等の古物を取り扱う業務によるブルセラ症、炭疽病等の伝染性疾患

3　湿潤地における業務によるワイル病等のレプトスピラ症

4　屋外における業務による恙虫病

5　１から４までに掲げるもののほか、これらの疾病に付随する

疾病その他細菌、ウイルス等の病原体にさらされる業務に起因することの明らかな疾病

七　がん原性物質若しくはがん原性因子又はがん原性工程における業務による次に掲げる疾病

1　ベンジジンにさらされる業務による尿路系腫瘍

2　ベーターナフチルアミンにさらされる業務による尿路系腫瘍

3　4―アミノジフェニルにさらされる業務による尿路系腫瘍

4　4―ニトロジフェニルにさらされる業務による尿路系腫瘍

5　ビス（クロロメチル）エーテルにさらされる業務による肺がん

6　ベリリウムにさらされる業務による肺がん

7　ベンゾトリクロライドにさらされる業務による肺がん

8　石綿にさらされる業務による肺がん又は中皮腫

9　ベンゼンにさらされる業務による白血病

10　塩化ビニルにさらされる業務による肝血管肉腫又は肝細胞がん

11　オルトートルイジンにさらされる業務による膀胱がん

12　1・2―ジクロロプロパンにさらされる業務による胆管がん

13　ジクロロメタンにさらされる業務による胆管がん

14　電離放射線にさらされる業務による白血病、肺がん、皮膚がん、骨肉腫、甲状腺がん、多発性骨髄腫又は非ホジキンリンパ腫

15　オーラミンを製造する工程における業務による尿路系腫瘍

16　マゼンタを製造する工程における業務による尿路系腫瘍

17　コークス又は発生炉ガスを製造する工程における業務による肺がん

18　クロム酸塩又は重クロム酸塩を製造する工程における業務による肺がん又は上気道のがん

19　ニッケルの製錬又は精錬を行う工程における業務による肺がん又は上気道のがん

20　砒素を含有する鉱石を原料として金属の製錬若しくは精錬を
　　行う工程又は無機砒素化合物を製造する工程における業務による
　　肺がん又は皮膚がん

21　すす、鉱物油、タール、ピッチ、アスファルト又はパラフィ
　　ンにさらされる業務による皮膚がん

22　１から21までに掲げるもののほか、これらの疾病に付随する
　　疾病その他がん原性物質若しくはがん原性因子にさらされる業務
　　又はがん原性工程における業務に起因することの明らかな疾病

八　長期間にわたる長時間の業務その他血管病変等を著しく増悪させ
　　る業務による脳出血、くも膜下出血、脳梗塞、高血圧性脳症、心筋
　　梗塞、狭心症、心停止（心臓性突然死を含む。）若しくは解離性大
　　動脈瘤又はこれらの疾病に付随する疾病

　　「脳血管疾患および虚血性心疾患等（負傷に起因するものを除
　　く。）の認定基準について」（平13.12.12　基発1063号）により取
　　扱いの基準が示されている。

九　人の生命にかかわる事故への遭遇その他心理的に過度の負担を与
　　える事象を伴う業務による精神及び行動の障害又はこれに付随する
　　疾病

　　「心理的負荷による精神障害等の認定基準について」（平
　　23.12.26　基発1226第１号）により取扱いの基準が示されている。

十　前各号に掲げるもののほか、厚生労働大臣の指定する疾病

十一　その他業務に起因することの明らかな疾病

4 必要な療養の費用負担

(1)　療養費用の支給時期

療養費用の支給時期については定めがない。

・療養補償および休業補償は毎月１回以上行わなければならない（労基
　則39条）。

・「労基法第75条に基づく療養補償を使用者が行なうべき時期について
は、同法に別段の規定はないが、同条の趣旨からいって、療養補償の
事由が発生すれば遅滞なく補償を行なうべきものと解され、そして、
労基則第39条によれば、療養補償は毎月1回以上行なうべき旨規定さ
れているから、使用者の右補償債務は、少なくとも、当該補償の事由
の生じた月の末日にその履行期が到来し、同日の経過とともに履行遅
滞に陥るものと解するのが相当である。」と判示している（伸栄製機
事件　最高裁一小　昭41.12.1判決　労判74号44頁）。

⑵　療養の範囲

療養の範囲は、以下のもので療養上相当と認められるものと定められて
いる（労基則36条）。

療養の範囲

①　診察　②　薬剤または治療材料の支給　③　処置、手術その他の
治療　④　居宅における療養上の管理およびその療養に伴う世話その
他の看護　⑤　病院または診療所への入院及びその療養に伴う世話そ
の他の看護　⑥　移送

■ 健康診断の場所への移動中の事故

Q　事業場から離れた場所へ健康診断を受けに行く途中の事故は労災
扱いになりますか。

A　一般健康診断には、労働者が自らの健康管理に役立てることがで
きるという面もありますが、①安全や健康に配慮した適正配置のた
めの検査やそのための身体状況の把握、②個々の労働者を対象とし
て、作業に起因して起こる健康障害の早期発見、③個人よりも集団
を対象とした職場の労働衛生問題の発見を目的とし、安衛法第66条
第1項および同規則第44条により事業者に課された義務です。した
がって、事業主の指示による一般健康診断を受けるために勤務場所

から病院の間の往復中の交通事故よる被災は、事業主の支配下にあるが、管理下を離れて業務に従事している場合に該当し、途中で社員が積極的私的行為を行うなど特段の事情がない限り業務の遂行性は認められます。業務起因性についても特にこれを否定すべき事情がない限り認められます。ご質問の件は労災と認められる可能性が高いといえますが、労災保険給付の請求は社員本人が行うこと（労災保険法12条の8第2項）なので、労災扱いとするか否かに会社は関与できません。

5 本条違反

　本条に違反して、療養補償を行わない使用者は、6か月以下の懲役または30万円以下の罰金に処せられる（労基法119条1号）。

休業補償

第76条　労働者が前条の規定による療養のため、労働することができないために賃金を受けない場合においては、使用者は、労働者の療養中平均賃金の100分の60の休業補償を行わなければならない。

2　使用者は、前項の規定により休業補償を行つている労働者と同一の事業場における同種の労働者に対して所定労働時間労働した場合に支払われる通常の賃金の、1月から3月まで、4月から6月まで、7月から9月まで及び10月から12月までの各区分による期間（以下4半期という。）ごとの1箇月1人当り平均額（常時100人未満の労働者を使用する事業場については、厚生労働省において作成する毎月勤労統計における当該事業場の属する産業に係る毎月きまつて支給する給与の4半期の労働者1人当りの1箇月平均額。以下平均給与額という。）が、当該労働者が業務上負傷し、又は疾病にかかつた日の属する4半期における平均給与額の100分の120をこえ、又は100分の80を下るに至つた場合においては、使用者は、そ

の上昇し又は低下した比率に応じて、その上昇し又は低下するに至つた４半期の次の次の４半期において、前項の規定により当該労働者に対して行つている休業補償の額を改訂し、その改訂をした４半期に属する最初の月から改訂された額により休業補償を行わなければならない。改訂後の休業補償の額の改訂についてもこれに準ずる。

3　前項の規定により難い場合における改訂の方法その他同項の規定による改訂について必要な事項は、厚生労働省令で定める。

1　休業補償の支給要件

労基法第75条に定められている業務上の負傷または疾病の療養のため、労働することができないために賃金を受けない場合は、使用者は、労働者の療養中平均賃金の100分の60の休業補償を行わなければならない。

休業補償はの支給要件は、以下の二つを満たしている場合である。

▍図表8-1　休業補償の支給要件

①　業務上の負傷また疾病による療養のための労働不能	労働不能とは、一般的な労働不能を意味し、負傷・疾病にかかる直前に従事していた労働をすることができない場合だけを意味するのではない。 労働不能には、所定労働時間の一部しか労働できない場合も含む。
②　賃金を受けない	「賃金を受けない」とは賃金の全部を受けない場合だけでなく、賃金の一部を受けない場合も含まれる。 賃金の一部を受けない場合とは、以下の３つの場合がある。 ・全部労働不能により、平均賃金の60％未満の金額しか受けない日 ・全部労働不能であって賃金の一部を受ける場合 ・一部労働してそれに対する賃金を受ける場合

2 支給内容

休業補償の額は、平均賃金の100分の60に相当する額と定められている。休業補償は毎月1回以上、これを行わなければならない（労基則39条）。

3 休業補償の改訂スライド

休業補償の額は事故発生当時の平均賃金により決定されるために、労働者の休業が長期にわたり、かつその間の経済情勢の変化により一般賃金が著しく変動したときは、休業補償の額を一般賃金の上昇または低下の割合に応じてスライドさせて増額または減額することで保障額の適正化が行われる。

平均給与額が20％以上変動した場合には、平均賃金の額が改訂（スライド）される（労基法76条2項、労基則38条の2～38条の8）。

なお、休業補償の額は一度改訂していても、その後再びこの要件を満たせば再改訂する必要があり、改訂後の休業補償の額の改訂に当たっては、改訂の原因となった四半期の平均給与額を基礎として計算する必要がある。

図表8-2　休業補償の額が改訂される場合

常時100人以上の労働者を使用する事業場	①　同種の労働者※がいる場合	同一の事業場における同種の労働者に対して所定労働時間労働した場合に支払われる通常の賃金の、4半期ごとの1か月1人当り平均額が、当該労働者が業務上負傷し、又は疾病にかかつた日の属する4半期における平均給与額の20％を超えて上昇し、又は低下した場合。
常時100人未満の	②　同種の労働者がいない場合	当該事業場の全労働者に対して所定労働時間労働した場合に支払われる通常の賃金の四半期ごとの平均給与額が当該労働者が業務上負傷し、又は疾病にかかった日の属する4半期の全労働者の1人当たり平均給与額の20％を超えて上昇しまたは低下した場合に行う。

労働者を使用する事業場	③ 毎月勤労統計に該当する産業があるとき	毎月きまつて支給する給与の各4半期の労働者1人当りの1か月平均額が、当該労働者が業務上負傷し、または疾病にかかつた日の属する4半期の毎月勤労統計における平均給与額の20%を超えて上昇し、又は低下した場合
	④ 毎月勤労統計に該当する産業がないとき	厚生労働大臣が告示により休業補償の額を上昇させ、または低下させた場合（労基則38条の8第1項）。
⑤ 日々雇入れられる者		厚生労働大臣が告示により休業補償の額を上昇させ、または低下させた場合（労基則38条の8第2項）。

※同種の労働者：職種、年齢、学歴、職歴、技能、経験、勤続年数、扶養家族等賃金決定の条件が同一である労働者をいう。

4 休業補償を行わなくてよい場合

労働者が次のいずれかに該当する場合は、使用者は休業補償を行わなくてもよい（労基則37条の2）。

休業補償を行わなくてよい場合

① 懲役、禁錮若しくは拘留の刑の執行のため、または死刑の言渡しを受けて刑事施設（少年法第56条第3項の規定により少年院において刑を執行する場合における当該少年院を含む。）に拘置されている場合

② 留置施設に留置されて懲役、禁錮若しくは拘留の刑の執行を受けている場合

③ 労役場留置の言渡しを受けて労役場に留置されている場合

④ 監置の裁判の執行のため監置場に留置されている場合

⑤ 少年法第24条の規定による保護処分として少年院または児童自立支援施設に送致され、収容されている場合

⑥ 売春防止法第17条の規定による補導処分として婦人補導院に収容されている場合

---

5 本条違反

本条に違反して、休業補償を行わない使用者は、6か月以下の懲役または30万円以下の罰金に処せられる（労基法119条1号）。

障害補償

第77条 労働者が業務上負傷し、又は疾病にかかり、治つた場合において、その身体に障害が存するときは、使用者は、その障害の程度に応じて、平均賃金に別表第2に定める日数を乗じて得た金額の障害補償を行わなければならない。

---

1 障害補償の支給要件

業務上の負傷または疾病により、身体障害が残った場合に、障害補償を支給することを定めている。

使用者は、労働者が以下に該当する場合に障害補償を行わなければならない。

① 労働者が業務上の傷病にかかったこと

② 治った場合に

治った場合とは、傷病が全治した場合ではなく、傷病の症状が安定した場合をいう。原則として、労基法第75条の療養補償の期間が終わった場合をいう。

③ その身体に障害が存するとき

障害が存するとは、症状固定後、身体障害が残った場合をいう。

2 障害の程度

障害の程度は、労基則別表第2に定める身体障害等級表によって1級から14級まで定められている。この障害の程度は労災保険法施行規則別表第1と同じ内容となっている。

身体の障害が2以上あるときは、重い方の身体障害の該当する等級による（労基則40条2項）ことを原則とする。

次に掲げる場合には、次の方法で等級を繰上げる（労基則40条3項）。

① 第13級以上に該当する身体障害が2以上ある場合　　1級
② 第8級以上に該当する身体障害が2以上ある場合　　2級
③ 第5級以上に該当する身体障害が2以上ある場合　　3級

別表第2に掲げるもの以外の身体障害がある者については、その障害程度に応じ、別表第2に掲げる身体障害に準じて、障害補償を行わなければならない。

既に身体障害がある者が、負傷または疾病によって同一部位について障害の程度を加重した場合には、その加重された障害の該当する障害補償の金額より、既にあった障害の該当する障害補償の金額を差し引いた金額の障害補償を行わなければならない。

③　障害補償を行うべき時期

障害補償を行う時期は、身体障害の等級が決定した日から7日以内に行わなければならない（労基則47条1項）。

決定した日とは、当該障害につき該当すべき障害等級について労使間に異議がないときはその決定した日、労使間に意見の一致がなかったときは、労働基準監督署長ないし労働者災害補償保険審査官の審査若しくは仲裁のなされた日または裁判所において決定された日をいう（昭27.9.16 基発675号）。

④　本条違反

本条の規定に違反して障害補償を行わない使用者は、6か月以下の懲役または30万円以下の罰金に処せられる（労基法119条1号）。

休業補償及び障害補償の例外

第78条　労働者が重大な過失によつて業務上負傷し、又は疾病にか

> かり、且つ使用者がその過失について行政官庁の認定を受けた場合
> においては、休業補償又は障害補償を行わなくてもよい。

1　労働者の重大な過失による場合の補償の免除

　労働者の重大な過失によって、業務上負傷し、または疾病にかかったときは、使用者がその過失について所轄労働基準監督署長の認定を受けた場合は、休業補償または障害補償を免除される。療養補償、遺族補償または葬祭料は免除されない。

　「重大な過失」とは、故意にも比すべき程度の重い過失をいう。

　「重大な過失」と「業務上の負傷または疾病」との間には相当因果関係があることを必要とする。

　重大な過失の有無については、労働環境、作業の性質、労働者の心理状況、知能および教育の程度、年齢、生理関係、経験年数、作業実施の状況、災害発生場所の地理的条件、天候等について十分考慮に入れなければならない。

解釈例規

①　労働者が法律命令に違反して業務上傷病を被った場合

　　例：無免許運転による自動車衝突事故（昭26.8.13　基収3392号）

②　事業場の就業規則、安全衛生規則または使用者の危害防止に関する注意等に違反して業務上傷病を被った場合

　　例：使用者が安衛法による危害防止措置を講じており、かつ十分注意して、その指示命令が一般的に徹底しているにもかかわらず、仕事に追われて、障害物を除くため、運転中の打綿機に手を入れて被った災害（昭26.2.27　基収562号）

2　所轄労働基準監督署長の認定

　重大な過失についての認定を受けたいときは、「業務傷病に関する重大過失認定申請書」（様式15号）に重大な過失があった事実を証明する書面

を添付して所轄労働基準監督署長に提出しなければならない（労基則41条）。提出部数は 2 部。

③ 免除される補償と免除されない補償

本条によって免除されるのは、休業補償と障害補償であり、療養補償、遺族補償および葬祭料は免責されない。

遺族補償

第79条 労働者が業務上死亡した場合においては、使用者は、遺族に対して、平均賃金の1000日分の遺族補償を行わなければならない。

---

① 遺族補償の受給要件

労働者が業務上死亡した場合に、その遺族の保護のために、使用者は遺族補償を行わなければならない。遺族補償は、労働者の死亡後遺族補償の受給権者が決定した日から 7 日以内に行わなければならない。

遺族補償の受給要件は、労働者が業務上死亡したことである。業務上死亡とは、・業務上の事故により死亡した場合と、・業務上の負傷または疾病と死亡との間に因果関係がある場合とをいう。

② 遺族の範囲

遺族の範囲は図表 8 – 3 のとおりである。

図表8-3　遺族の範囲

第一順位	配偶者（内縁の配偶者を含む。）（労基則42条 1 項）
第二順位	労働者の子、父母（養父母を先にし、実父母を後にする。）、孫および祖父母で、労働者の死亡当時その収入によって生計を維持していた者または労働者の死亡当時これと生計を一にしていた者（労基則42条 2 項）。

第三順位	労働者の子、父母、孫および祖父母で第二順位の要件を備えないもの 労働者の兄弟姉妹（労働者の死亡当時その収入によって生計を維持していた者または労働者の死亡当時その者と生計を一にしていた者を先にする。（労基則43条1項））。

　遺族補償を受けるべき同順位の者が2人以上ある場合には、遺族補償は、その人数によって等分する（労基則44条）。

　遺族補償を受けるべきであった者が死亡した場合には、その者にかかる遺族補償を受ける権利は、消滅し（労基則45条1項）、遺族の範囲の規定により死亡者を除いて、遺族補償を行わなければならない（労基則45条2項）。

③　本条違反

　本条に違反して遺族補償を行わない使用者は、6か月以下の懲役または30万円以下の罰金に処せられる（労基法119条1号）。

> **葬祭料**
> **第80条**　労働者が業務上死亡した場合においては、使用者は、葬祭を行う者に対して、平均賃金の60日分の葬祭料を支払わなければならない。

①　葬祭料の支払いと受給権者

　労働者が業務上死亡した場合に、使用者は葬祭を行う者に対して葬祭料を支払わなければならない。労災保険で葬祭料が支給されるべき場合には、使用者は本条に基づく葬祭料を支払う義務を負わない（労基法84条）。

　葬祭を行う者とは、実際に葬祭を行う者をいう。慣習上は、葬祭を行う死亡労働者の相続人または特定の遺族、あるいはこれらの者に代わって友人等が葬祭を行う場合には、友人等が受給権者となる。

2 葬祭料の金額

平均賃金の60日分の葬祭料を支払わなければならない。

3 支給方法

葬祭料は、労働者の死亡後遺族補償および葬祭料を受けるべき者が決定した日から7日以内に支払わなければならない（労基則47条2項）。

決定した日とは、労使間に異議のないときは、その決定した日、労使間の意見が一致しなかったときは、労働基準監督署長または労働者災害補償保険審査官の審査若しくは仲裁のなされた日または裁判において決定された日となる（昭27.9.16 基発675号）。

4 本条違反

本条に違反して、葬祭料を支払わない使用者は、6か月以下の懲役または30万円以下の罰金に処せられる（労基法119条1号）。

打切補償

第81条　第75条の規定によつて補償を受ける労働者が、療養開始後3年を経過しても負傷又は疾病がなおらない場合においては、使用者は、平均賃金の1200日分の打切補償を行い、その後はこの法律の規定による補償を行わなくてもよい。

---

1 打切補償とその効果

本条は、第75条により療養補償を受ける者が、療養開始後3年を経過しても傷病がなおらない場合には、使用者は平均賃金の1200日分の打切補償を行えば補償責任を免れることを規定している。

打切補償を支払うことにより、使用者は労基法に定められた療養補償、休業補償、障害補償、遺族補償および葬祭補償を行うことを免除される

（昭28.4.8 基発192号）。

打切補償が支払われた場合には、労基法第19条の解雇制限の規定の適用が解除される（労基法19条 1 項ただし書き）。

② 打切補償とは

打切補償は、 3 年経過後であればいつでも行うことができる。被災労働者から打切補償を請求することはできない（伸栄製機事件　最高裁一小 昭41.12.1 判決 労判74号44頁）。

① 療養開始後 3 年

3 年の起算点は以下のように取り扱われている（昭25.1.20 基収3689号）。

i　負傷、疾病の当初から引き続いて療養継続中の者については、その療養の開始を始めた日

ii　療養を一応中止した後、再び療養を受ける場合においては、その中止した期間を除き、最初の療養の日から起算し、現実に療養を受けた期間のみを通算する。

iii　療養継続中療養を中止し、その中止が自己療養によると認められる場合においては、その療養の中断期間は、 3 年間の中に含まれる。

② 支給額

打切補償の額は平均賃金の1200日分である。

分割補償

第82条　使用者は、支払能力のあることを証明し、補償を受けるべき者の同意を得た場合においては、第77条又は第79条の規定による補償に替え、平均賃金に別表第 3 に定める日数を乗じて得た金額を、 6 年にわたり毎年補償することができる。

---

① 分割補償の条件

使用者は、支払能力のあることを証明し、補償を受けるべき者の同意を

得ることを条件として、障害補償（77条）または遺族補償（79条）に替え、平均賃金に分割補償表（別表第3）に定める日数を乗じて得た金額を、6年にわたり毎年補償することができる。

　① 支払能力のあることの証明

証明の方法については定められてはいない。

支払能力のあることとは現在の支払能力ではなく、将来確実に支払い得るだけの経営上、財政上の基礎があることと解される（「平成22年版　労働基準法　下」851頁）。

　② 補償を受けるべき者の同意を得ること

証明を行わないで補償を受ける者の同意を得ても、分割補償は許されない。

② 分割補償の内容と時期

分割補償表（別表第3）で計算された額を1年分として、毎年、第1回の分割補償を行った月と同じ月に、第2回以後の補償を行わなければならない（労基則47条3項）。

③ 本条違反

本条による金額を6年間毎年補償しない場合に直接の罰則規定はないが、第77条または第79条違反に関する罰則第119条第1項が適用される。

補償を受ける権利

第83条　補償を受ける権利は、労働者の退職によつて変更されることはない。

2　補償を受ける権利は、これを譲渡し、又は差し押えてはならない。

1 退職後の給付請求権

補償を受ける権利は、労働者の退職によって変更されることはない。

補償を受ける権利：災害補償を受けるすべての権利をいう。

退職：労働契約の解除により雇用関係の消滅する場合をいい、解雇、任
　　意退職、契約機関満了による退職等も含まれる。

変更：権利自体の消滅、縮小、その他内容が変わることをいい、退職に
　　より療養補償、休業補償等が打ち切られることはない。

解雇された後傷病が再発した場合は、従前の使用者が補償責任を負わな
ければならず（昭24.4.8 基収206号）、現在の使用者は関係しない。

2 譲渡、差押えの禁止

補償を受ける権利は、これを譲渡し、または差し押えてはならない。質
入、権利放棄、取立委任の形式により権利を担保に入れること等も許され
ず、これらの契約は無効である。

労働者の債権者は、補償を受ける権利を指し押さえることを禁止され、
差押は無効であり、相殺も禁止される（民法510条）。

労災保険法でも、本条と同様の規定が置かれている（労災保険法12条の
5）。

他の法律との関係

第84条　この法律に規定する災害補償の事由について、労働者災害
　補償保険法（昭和22年法律第50号）又は厚生労働省令で指定する法
　令に基づいてこの法律の災害補償に相当する給付が行なわれるべき
　ものである場合においては、使用者は、補償の責を免れる。

2　使用者は、この法律による補償を行つた場合においては、同一の
　事由については、その価額の限度において民法による損害賠償の責
　を免れる。

1 労災保険法等との調整

　被災労働者あるいは遺族が労災保険法または厚生労働省令「労働基準法の災害補償に相当する給付に関する法令を指定する省令」で指定する法令による保険給付が行われるべきものである場合は、使用者はそれらに相当する補償の責任を免除される。例えば、労災保険法の休業補償給付が支給されない休業最初の3日間（待期期間）を除き、使用者は労基法による補償責任を免除されることになる（昭41.1.31 基発73号）。

　「労働基準法の災害補償に相当する給付に関する法令を指定する省令」による指定する法令は以下のとおりである。

　国家公務員災害補償法

　公立学校の学校医、学校歯科医および学校薬剤師の公務災害補償に関する法律

　地方公務員災害補償法第69条第1項の規定に基づく条例

　「行われるべきものである場合」とは、保険給付を現実に受けた場合のことではなく、所定の事由が発生して保険給付を受けることができる場合をいう（丸高タクシー事件　大阪地裁 昭42.3.1判決）。

図表8-4　労基法による補償と労災保険法による給付

労基法による補償	労災保険法による給付
療養補償	療養補償給付
休業補償	休業補償給付
障害補償	障害補償給付
遺族補償	遺族補償給付
葬祭料	葬祭料
打切補償	傷病補償年金

2 民法の損害賠償との調整

　被災労働者や遺族が労災保険給付の請求とともに民事上の損害賠償の請

求を行うことができる。しかし、一つの災害について二重に損害の填補を受けるということは不合理であることから、労基法による災害補償を行った場合には、使用者は同一の事由については、その価額の限度において民事上の損害賠償責任を免れると定められている。

この「同一の事由」とは、労働災害が同一であることは当然であるが、損害の種類も同一でなければならない。民事上の損害賠償の対象となる損害は次のようになっている。

▌図表8-5　民事上の損害賠償の対象となる損害

財産的損害	消極的損害	休業による損害、後遺損害または死亡による逸失利益（将来得られたであろう利益の喪失）……労働災害では将来の賃金の喪失
	積極的損害	治療費、入院費、付添看護費、葬祭費、物的損害等
精神的損害	慰謝料	労働者、遺族の精神的損害

労基法の災害補償および労災保険の給付は、財産的損害のうちの消極的損害の填補を目的とするものであり、民事上の損害賠償の逸失利益に相当する。

慰謝料は精神的損害の填補を目的とするものであるから、同一の事由で行われるものとはいえず、調整の対象とはならない。

積極的損害の中の物的損害等も労災保険給付による填補の対象とはなっていないので、調整の対象となることはない。したがって、休業補償給付および傷病補償年金の額が、逸失利益の賠償額を上回る場合でも、それらから積極的財産損害（入院費、付添看護費等）に対する賠償額や慰謝料を控除することはできない。

最高裁も、同一の事由とは、労災保険の給付の対象となる損害と民事上の損害賠償の対象となる損害が同性質で、相互補完性を有する関係にある場合をいうと解すべきであり、単に同一の事故から生じた損害をいうものではないと判示している（青木鉛鉄事件　最高裁　昭62.7.10判決　労判507

号6頁）。したがって、同一の事由の関係にあることを肯定することができるのは、財産的損害のうちの消極損害（いわゆる逸失利益）のみであって、財産的損害のうちの積極損害（入院雑費、付添看護費はこれに含まれる。）および精神的損害（慰藉料）は右の保険給付が対象とする損害とは同性質であるとはいえないとしている。

　さらに、労災保険の災害補償は物質的損害賠償にのみ充てられるべきものであり、遺族補償給付および葬祭料は慰謝料請求権の控除対象にならず（山崎鉱業所事件　最高裁　昭37.4.26判決）、休業補償給付および障害補償一時金も慰謝料から控除することができない（東都観光バス事件　最高裁　昭58.4.19判決　労判413号67頁）とされている。

図表8-6　労基法上の災害補償、労災保険給付、民事上の損害賠償の関係

労基法上の 災害補償	労災保険給付	民事上の損害賠償	
療養補償	療養補償給付	治療費	財産的損害 （積極的損害）
休業補償	休業補償給付	休業により得ることができなくなった利益 （将来の賃金）	財産的損害 （消極的損害）
打切補償	傷病補償年金	同上	
障害補償	障害補償給付	身体障害により喪失または減少して得ることができなくなった利益	財産的損害 （消極的損害）
	介護補償給付	介護費用	財産的損害 （積極的損害）
遺族補償	遺族補償給付	逸失利益 （賃金の喪失）	財産的損害 （消極的損害）
葬祭料	葬祭料	葬祭費	財産的損害 （積極的損害）
		その他（物的損害）	財産的損害 （積極的損害）

		慰謝料	精神的損害

① 前払い一時金と損害賠償との関係

使用者は損害賠償を支払うべき場合において、障害補償年金（障害年金）または遺族補償年金（遺族年金）の前払一時金（※）（給付基礎日額の1000日分の補償）の最高限度額までは損害賠償の支払を猶予され、この猶予の間に前払一時金または年金が現実に支払われたときは、その給付額の限度で損害賠償責任を免除されることになっている（労災保険法64条）。

このように、補償給付の調整は、使用者の民事損害賠償責任をあらかじめ免責するのではなく、その分の賠償の履行を猶予しておいて、実際に労災保険の給付が行われたときにその給付部分を免責するという方法がとられている。この規定の適用を受けるのは、裁判上あるいは示談等で事業主側がこの権利を主張した場合に限られる。

※前払い一時金給付：業務災害による傷病が治癒した直後または労働者が死亡した直後は、一時的な出費が必要となることが多いということで、受給権者が希望すれば、障害補償年金（障害年金）または遺族補償（遺族年金）を、1回に限り前払いで受けることができるという制度。

② 労災保険給付に相当する部分を含む民事損害賠償が先行して行われたときには、厚生労働大臣が定める基準により、政府はその労災保険給付に相当する価額の限度で、民事損害賠償額に相当する労災保険の給付を行わないことができる。

審査及び仲裁

第85条 業務上の負傷、疾病又は死亡の認定、療養の方法、補償金額の決定その他補償の実施に関して異議のある者は、行政官庁に対して、審査又は事件の仲裁を申し立てることができる。

2 行政官庁は、必要があると認める場合においては、職権で審査又は事件の仲裁をすることができる。

3　第1項の規定により審査若しくは仲裁の申立てがあつた事件又は前項の規定により行政官庁が審査若しくは仲裁を開始した事件について民事訴訟が提起されたときは、行政官庁は、当該事件については、審査又は仲裁をしない。
4　行政官庁は、審査又は仲裁のために必要であると認める場合においては、医師に診断又は検案をさせることができる。
5　第1項の規定による審査又は仲裁の申立て及び第2項の規定による審査又は仲裁の開始は、時効の中断に関しては、これを裁判上の請求とみなす。

1　審査、仲裁

　災害補償について争いのある場合の救済について規定している。業務上の負傷、疾病または死亡の認定、療養の方法、補償金額の決定その他補償の実施に関して異議のある者は、行政官庁（労働基準監督署長）に対して、審査または事件の仲裁を申し立てることができる。

　労働基準監督署長が必要があると認める場合においては、職権で審査または事件の仲裁をすることができる。

　労働基準監督署長は、審査または仲裁のために必要であると認める場合においては、医師に診断または死体の検案をさせることができる。

　第1項の規定により審査若しくは仲裁の申立てがあった事件または第2項の規定により行政官庁が審査若しくは仲裁を開始した事件について民事訴訟が提起されたときは、行政官庁は当該事件については審査または仲裁をしない。

2　審査、仲裁の申立てと時効の中断

　補償請求権は2年の短期消滅時効にかかるので、審査または仲裁の申立てまたは開始に時効中断の効果を与えないと補償請求権者に著しく不利になる。そこで、審査、仲裁の申立ておよびこれらの労働基準監督署長によ

る開始のあったときは民法第147条の裁判上の請求として取り扱うとして
いる。

第二次の審査及び仲裁

第86条　前条の規定による審査及び仲裁の結果に不服のある者は、
　　労働者災害補償保険審査官の審査又は仲裁を申し立てることができ
　　る。

　2　前条第３項の規定は、前項の規定により審査又は仲裁の申立てが
　　あつた場合に、これを準用する。

---

1 第二次の審査および仲裁

　労基法第85条による審査および仲裁の結果に不服のある者は、労働者災
害補償保険審査官の審査または仲裁を申し立てることができる。

2 民事訴訟提起による審査または仲裁の停止

　第１項の規定により審査若しくは仲裁の申立てがあった事件または第85
条第３項の規定により行政官庁が審査若しくは仲裁を開始した事件につい
て民事訴訟が提起されたときは、行政官庁は、当該事件については、審査
または仲裁をしない。

3 審査、仲裁の申立てと時効の中断

　前条第５項の規定は、本条の手続きにも準用されるとされている（河口
宅地造成事件　最高裁二小　昭41.4.22判決）。

請負事業に関する例外

第87条　厚生労働省令で定める事業が数次の請負によつて行われる
　　場合においては、災害補償については、その元請負人を使用者とみ
　　なす。

2　前項の場合、元請負人が書面による契約で下請負人に補償を引き受けさせた場合においては、その下請負人もまた使用者とする。但し、2以上の下請負人に、同一の事業について重複して補償を引き受けさせてはならない。

3　前項の場合、元請負人が補償の請求を受けた場合においては、補償を引き受けた下請負人に対して、まづ催告すべきことを請求することができる。ただし、その下請負人が破産手続開始の決定を受け、又は行方が知れない場合においては、この限りでない。

1　建設業の元請負人の災害補償責任

建設業では下請負人は資力がない場合が多く、また、元請は実質的には下請の労働者に対して指揮監督を行うことが普通であることから、建設業が数次の請負によって行われる場合においては、元請負人が使用者とみなされ、災害補償義務を負う。

2　下請負人の災害補償責任

前述1のように元請負人が使用者とみなされる場合、元請負人が書面による契約で下請負人に補償を引き受けさせた場合においては、その下請負人もまた使用者とみなされて、災害補償義務を負うと定められている。ただし、2以上の下請負人に、同一の事業について重複して補償を引き受けさせることはできない。

書面による契約で下請負人に補償を引き受けさせた場合で、元請負人が補償の請求を受けたときは、補償を引き受けた下請負人に対して、まず催告※すべきことを請求することができる。

※催告とは、補償義務の履行を請求すること。

ただし、その下請負人が破産手続開始の決定を受け、または行方が知れない場合においては、補償を引き受けた下請負人に対して、催告すべきことを請求することはできない。

補償に関する細目

第88条 この章に定めるものの外、補償に関する細目は、厚生労働
　　省令で定める。

　補償に関する細目は、労基則第35条から第48条の2までに定められてい
る。その内容については、本章各条を参照のこと。

第 9 章

就 業 規 則

就業規則の作成及び届出の義務

第89条　常時10人以上（パートタイム労働者、アルバイト、嘱託等を含む。）の労働者を使用する使用者は、次に掲げる事項について就業規則を作成し、行政官庁（所轄労働基準監督署長）に届け出なければならない。次に掲げる事項を変更した場合も同様とする。

(1)　始業、終業時刻、休憩時間、休日、休暇、交代制の場合の就業時転換に関する事項

(2)　賃金の決定、計算及び支払いの方法、賃金の締切り及び支払いの時期並びに昇給に関する事項

(3)　退職に関する事項（解雇の事由を含む）

(3)の2　退職手当の定めをする場合においては、適用される労働者の範囲、退職手当の決定、計算及び支払の方法並びに退職手当の支払いの時期に関する事項

(4)　臨時の賃金等（退職手当を除く。）及び最低賃金額の定めをする場合においては、これに関する事項

(5)　労働者に食費、作業用品その他の負担をさせる定めをする場合においては、これに関する事項

(6)　安全及び衛生に関する定めをする場合においては、これに関する事項

(7)　職業訓練に関する定めをする場合においては、これに関する事項

(8)　災害補償及び業務外の傷病扶助に関する定めをする場合におい
　　ては、これに関する事項
(9)　表彰及び制裁の定めをする場合においては、その種類及び程度
　　に関する事項
(10)　前各号に掲げるもののほか、当該事業場の労働者のすべてに適
　　用される定めをする場合においては、これに関する事項

1 就業規則

　就業規則とは、その名称を問わず、使用者が定める職場規律や労働条件
に関する規則類のことをいう。以下の規程も就業規則に含まれる。
　(例)　賃金規程、退職金規程、育児休業・介護休業規程、旅費規程など
　　　　パートタイム労働者、アルバイト、嘱託社員、出向社員など職種や雇
　　　　用形態が異なった従業員に適用される就業規則

【一部の労働者に適用される別箇の就業規則】
　同一事業場において、法第3条に反しない限りにおいて、一部の労働
者についてのみ適用される就業規則を作成することは差支えないが、こ
の場合は、就業規則の本則において当該別個の就業規則の適用の対象と
なる労働者に係る適用除外規定又は委任規定を設けることが望ましい
（昭63.3.14 基発150号、平11.3.31 基発168号）。
【必要的記載事項の一部を欠く就業規則の効力】
　労基法第89条第1号から第3号までの絶対的必要記載事項の一部又は
同条第3号の2以下の相対的必要記載事項中、当該事業場が適用を受け
るべき事項を記載しない就業規則も、その効力発生についての他の要件
を具備する限り有効である。ただし、このような就業規則を作成・届出
ても使用者の法第89条違反の責任は免れない（昭25.2.20 基収276号、平
11.3.31 基発168号）。

2　就業規則作成・届出義務

　常時10人以上（パートタイム労働者、アルバイト、嘱託等を含む。）の労働者を使用する使用者は、図表9-1の事項について就業規則を作成し、行政官庁（所轄労働基準監督署長）に届け出なければならない。労働者が、時として10人未満になることがあっても常態として10人以上であれば就業規則の作成、届出義務がある。変更したときも同様に届け出なければならない。

3　就業規則の記載事項

　就業規則の記載事項には、図表9-1のように、絶対的必要記載事項、相対的必要記載事項がある。この他に、記載するか否かが自由な事項（就業規則の目的、社是、慶弔見舞金、社会保険の適用、規則改訂の手続きなど）があり、これを任意的記載事項という。

図表9-1　就業規則の記載事項

絶対的必要記載事項 （必ず記載しなければ ならないこと）	①　始業・終業時刻 ②　休憩時間 ③　休日 ④　休暇※1 ⑤　労働者を2組以上に分けて交替に就業させる場合は就業時転換に関する事項※2 ⑥　賃金（臨時の賃金等を除く。以下この号において同じ。）の決定、計算及び支払の方法、※3 ⑦　賃金の締切り及び支払の時期 ⑧　昇給に関する事項 ⑨　退職に関する事項※4（解雇の事由を含む。）
相対的必要記載事項 （定めをした場合に 記載しなければなら ないこと）	①　退職手当の、適用される労働者の範囲、退職手当の決定、計算及び支払の方法並びに退職手当の支払の時期に関する事項 ②　賞与等の臨時の賃金等（退職手当を除く。）及び最低賃金額に関する事項 ③　食費、作業用品その他の負担に関する事項

	④ 安全・衛生に関する事項 ⑤ 職業訓練に関する事項 ⑥ 災害補償及び業務外の傷病扶助に関する事項 ⑦ 表彰及び制裁の種類と程度に関する事項 ⑧ 前各号以外に、当該事業場の労働者のすべてに適用される事項^{※5}
任意的記載事項	就業規則の目的、社是、慶弔見舞金、社会保険の適用、規則改訂の手続きなど

※1　休暇には、育児休業や介護休業も含まれる。
※2　就業時転換に関する事項とは、労働者を2組以上に分けて交替で就業させる場合の交替期日、交替順序に関する事項をいう。
※3　限度時間を超える時間外労働に対する割増率
※4　⑨には定年制や再雇用制度、退職時の手続、解雇の事由及び手続に関する事項などが該当する。
※5　旅費規程や人事考課規程、秘密保持規程などが該当する。

■ **秋北バス事件**（最高裁大　昭43.12.25判決　労判71号14頁）

【事件の概要】

　Xが入社当時、Y社には定年の定めはなく、昭和30年施行の就業規則にある満50歳定年制の規定も主任以上の者に対しては適用がなかった。Y社は、昭和32年4月に、上記就業規則の規定を従業員は満50歳定年、主任以上の職にあるものは満55歳定年と改正した。Y社はこの規定に基づき、既に満55歳に達しているXを解雇したので、Xは上記規定について同意を与えた事実はなく、満55歳の定年の規定は無効であるとして、訴えを提起した。

【判決の要旨】

1　使用者が、あらたな就業規則の作成または変更によって、労働者の既得の権利を奪い、労働者に不利益な労働条件を一方的に課することは原則として許されないが、当該規則条項が合理的なものであるかぎり、個々の労働者においてこれに同意しないことを理由として、その適用を拒むことは許されないと解すべきである。

2　従来停年制のなかった主任以上の職にある被用者に対して、使用

者会社がその就業規則であらたに55歳の停年制を定めた場合におい
て、同会社の一般職種の被用者の停年が50歳と定められており、ま
た、右改正にかかる規則条項において、再雇用の特則が設けられ、
同条項を一律に適用することによって生ずる苛酷な結果を緩和する
途が講ぜられている等判示の事情があるときは、右改正条項は、同
条項の改正後ただちにその適用によって解雇されることになる被用
者に対しても、その同意の有無にかかわらず、効力を有するものと
解すべきである。

3　就業規則は、当該事業場内での社会的規範であるだけでなく、そ
れが合理的な労働条件を定めているものであるかぎり、法的規範と
しての性質を認められるに至っているものと解すべきである。

4　本条違反

　常時10人以上の労働者を使用する使用者が、就業規則を作成せず、ある
いは作成しても届出をしなかった場合は、30万円以下の罰金に処せられる
（労基法120条１号）。変更の場合も同様である。

作成の手続き

第90条　使用者は、就業規則の作成又は変更について、当該事業場
に、労働者の過半数で組織する労働組合がある場合においてはその
労働組合、労働者の過半数で組織する労働組合がない場合において
は労働者の過半数を代表する者の意見を聴かなければならない。

2　使用者は、前条の規定により届出をなすについて、前項の意見を
記した書面を添付しなければならない。

1　労働者代表の意見聴取義務

　就業規則は、使用者が一方的に作成することができる。しかし、その内

容は労働者に大きな影響を与えるものであるため、就業規則の作成または変更について、使用者に労働者代表の意見を聴く義務を課し、さらに労働基準監督署への就業規則届出の際は、労働者代表の意見書の添付が義務付けられている。パートタイム労働者に係る事項について就業規則を作成し、または変更しようとするときは、事業場のパートタイム労働者の過半数を代表する者の意見を聴く努力義務が課されている（パートタイム・有期雇用労働法7条）。

(1) 労働者代表

使用者は、就業規則の作成・変更について、労働者の過半数で組織する労働組合の、そのような労働組合がない場合は労働者（パートタイム労働者、アルバイト等の正社員以外の労働者を含む。）の過半数を代表する者の意見を聴かなければならない。

労働組合があるが過半数を組織していない場合、あるいは労働組合が二つ以上あるがいずれも過半数を組織していない場合も、労働者の過半数を代表する者の意見を聴かなければならない。

「労働者の過半数を代表する者」の選出の条件等は次のとおりである（労基則6条の2）。

「労働者の過半数を代表する者」の選出の条件等

(1) 法第41条第2号に規定する管理監督者でない者

(2) 労使協定等の労働者の過半数代表者の選出である旨を明らかにして行われる投票・挙手 等 で選出された者

> 労働者の話し合い、持ち回り決議等の過半数が当該労働者の選任を支持していることが明確になる民主的な手続が該当する（平11.3.31 基発169号）。

---

(2) 意見聴取

「意見を聴く」とは、同意を得るとか協議をすることを要求するもので

はない。

【労働組合の意見聴取義務】

「労働組合の意見を聴かなければならない」というのは労働組合との協議決定を要求するものではなく、就業規則についての労働組合の意見を聴けば労基法の違反とはならないという趣旨である（昭25.3.15 基収525号）。

意見聴取により表明された意見は尊重しなければならないが、就業規則の作成・変更は意見に拘束されるものではない。

【意見聴取の程度】

就業規則に添付した意見書の内容が当該就業規則に全面的に反対するものであると、特定部分に関して反対するものであるとを問わず、またその反対事由の如何を問わず、その効力の発生についての他の要件を具備する限り、就業規則の効力には影響がない（昭24.3.28 基発373号）。

労働組合法上の労働協約において、「就業規則の作成・変更については組合の同意を得て行う。」とか「組合と協議する。」などの同意約款また協議約款が定められている場合には、協議を経ないあるいは同意を得ない就業規則の作成・変更は無効となると解されている。

しかし、就業規則中の同意条項または協議条項については、この条項に反した就業規則の変更の効力如何について問題となり、無効とする裁判例（トヨタ自動車工業事件　名古屋地裁 昭25.6.24決定）や学説がある。最高裁は有効説に立って、労使双方の合意に基き、就業規則中に「就業規則の改正は労働組合との協議によって行う」旨定めた場合であっても、特段の事情のないかぎり、その協議を経ないでした右規則の改正を無効とはいえないとしている（三井造船所玉野分会事件　最高裁二小 昭27.7.4 決定）。

【意見書の作成を拒否された場合】

労働組合が意見を表明しない場合または意見書に署名または記名・押印しない場合でも、意見を聴いたことが客観的に証明できる限り、これ

を受理するよう取り扱われたい（昭23.5.11 基発735号、23.10.30 基発1575号）。

⑶ 意見聴取の手続・方法

意見を聴く場合の手続・方法について法令に定めはない。「7月2日の団交で第一労働組合にのみ就業規則の改正を発表、同月4日までに意見を出すように要求したこと」について、「意見を聴くとは、労働者過半数の意見が十分に陳述された後、これが十分に尊重されたと云う事蹟が存せることである。意見が十分に陳述されたと云うことは十分に陳述する機会と時間的余裕が与えられたと云うことであり、事実上意見が陳述されたか否かは問わないものである。次に十分に意見が尊重されたと謂うことは、……唯労働者過半数の意見が使用者に依って就業規則制定又は変更上に十分考慮され、労働者に質すべきは質し、説明すべきは説明し、労働者の意見の理解及採用に十分の配慮と誠実が傾けられた事蹟の存することを要する。」（東洋精機事件　神戸地裁尼崎支部 昭28.8.10決定）とする裁判例がある。

② 意見書の添付

就業規則の届出には、労働組合または過半数代表者の意見を書いた書面（意見書）を添付しなければならない。意見書には労働者を代表する者（労働組合または過半数代表者）の署名または記名・押印が必要である（労基則49条2項）。

■ 電子媒体による届出

就業規則等の届出と使用できる電子媒体は、以下のいずれの要件も満たすものに限られる。就業規則等の届出に対して添付する意見書及び寄宿舎規則に添付する同意書は、書面によらなければならない。
⑴ 電子媒体の種類　以下のいずれかであること。
CD-ROM、CD-R、CD-RW、DVD-R、DVD-RW
⑵ 電子媒体のフォーマット

WindowsXP、WindowsVista、Windows 7 、Windows 8 及び Windows 10（ISO9660、UDF ブリッジ、UDF 1.02、UDF 1.5、UDF 2.0 または UDF 2.01 フォーマット）で動作するものであること

(3) 電子媒体の文書形式

原則として HTML 形式とすること。

■ **本社一括届**

複数の事業場を有する企業等が、本社の就業規則と本社以外の事業場の就業規則が同じ内容であって次の要件を満たす場合は、本社で就業規則を一括して届け出ることが可能である（平15.2.15 基発0215001号）。

① 本社の就業規則と本社以外の事業場の就業規則が、同じ内容であるものに限る。

変更届の場合は、対象事業場の変更前の就業規則の内容も同じであること。

② 以下の書類を用意する。

ⅰ 本社の就業規則届出書、意見書及び就業規則本体各 2 部（正本及び控え）

ⅱ 一括届出の対象事業場一覧表 2 部（正本、就業規則配送作業室提出用、控えが必要な場合は 3 部）

ⅲ 一括届出の対象事業場の意見書（正本 事業場ごとに 1 部必要）

ⅳ 一括届出の対象事業場の就業規則本体、変更届の場合は、新旧条文対照表等が記載されたもの（正本 事業場を管轄する監督署ごとに 1 部必要）

③ 本条違反

本条に違反して、労働者代表の意見を聴かずに就業規則を作成または変更すると30万円以下の罰金に処せられる（労基法120条1号）。

制裁規定の制限

第91条 就業規則で、労働者に対して減給の制裁を定める場合においては、その減給は、1回の額が平均賃金の1日分の半額を超え、総額が一賃金支払期における賃金の総額の10分の1を超えてはならない。

---

① 減給制裁の制限

減給の制裁は労働者の賃金を奪い、その額が多額であると労働者の生活を脅かすおそれがあるのでその限度を定めたものである。

就業規則で、労働者に対して減給の制裁を定める場合においては、その減給は、1回の額が平均賃金の1日分の半額を超え、総額が一賃金支払期における賃金の総額の10分の1を超えてはならない。

就業規則とは、労基法第89条により常時10人以上の労働者を使用する使用者が作成を義務付けられている就業規則に限るものではない。

【1回の額・総額】

1回の事案に対しては、減給の総額が平均賃金の1日分の半額以内でなければならない、一賃金支払期に発生した数事案に対する減給の総額が、当該賃金支払期における賃金の総額の10分の1以内でなければならないという意味である（昭23.9.20 基収1789号）。

一賃金支払期に発生した数事案に対する減給の総額が、当該賃金支払期おける賃金の総額の10分の1を超えるような場合には、超えた部分の減給については次期の賃金支払期に延ばさなければならない。

【減給制裁の制限】

「一賃金支払期における賃金の総額」とは、「当該賃金支払期に対し現実に支払われる賃金の総額」をいうものである（昭25.9.8 基収1338号）。

【賞与からの減給による制裁】

賞与も賃金であるので、賞与からの減額は可能であり、減給の総額が賞与の総額の10分の１を超えてはならない（昭63.3.14 基発150号・婦発47号）。

【法91条の規定における平均賃金算定の起算日】

法第91条の規定における平均賃金については、減給の制裁の意思表示が相手方に到達した日をもって、これを算定すべき事由の発生した日とする（昭30.7.19 基収5875号）。

② 減給の制裁

減給の制裁とは、労働者の職場規律違反に対する懲戒処分として本来ならば支払われるべき賃金から一定額を差し引くことをいう。遅刻、早退または欠勤により労働の提供がなかった時間について賃金を支払わない場合は減給制裁には該当しない。

【遅刻早退の場合の賃金カット】

遅刻早退の時間に対する賃金額を超える減給は制裁とみなされ、労基法第91条に定める制裁に関する規定の適用を受ける（昭63.3.14 基発150号）。

③ 本条違反

使用者が本条に違反する減給をした場合は、30万円以下の罰金に処せられる（労基法120条１号）。

本条が禁止するのは、実際に減給する行為であるので、就業規則等に本条の制限を超える定めをしただけでは罰則の適用はない。

■ 減給制裁と最低賃金

Q 減給の制裁により最低賃金額を下回る場合、最低賃金法違反となりますか。

A 最賃法第4条1項のいう最低賃金額以上の賃金を支払わなければならないという意味は、労働者に最低賃金額以上の賃金債権を与えなければならないということです。したがって，労基法第24条の認める所得税、社会保険料、その他労使協定による賃金の一部の控除により、労働者の手取りの賃金額が最低賃金額に達しない場合があっても、控除額に相当する賃金が支払われたことになるので最賃法第4条違反にはなりません。

　労基法第91条による減給制裁は労基法第24条第1項但し書き後段の法令による控除に該当し、適法な控除と認められています。したがって、減給処分として平均賃金の1日分の半額を減給することにより、その手取りの賃金額が最低賃金を下回ることになっても、控除前の労働者の賃金債権が最低賃金額以上になっていれば最賃法違反とはなりません。

法令及び労働協約との関係

第92条 就業規則は、法令又は当該事業場について適用される労働協約に反してはならない。

2 　行政官庁は、法令又は労働協約に牴触する就業規則の変更を命ずることができる。

1 法令、労働協約に反してはならない

　本条第1項は、使用者が一方的に作成・変更できる就業規則の内容の限界を定めている。

　法令に反してはならないとは、就業規則の内容が強行法規に反してはならないという意味である。

　労働協約に反してはならないとは、通常労働協約の規定を下回ってはならないという意味に解される。

　法令又は労働協約に反する就業規則は、その部分については無効と解すべきである。

　就業規則：労基法第89条により作成、届出の義務がある就業規則だけでなく、常時使用する労働者が10人未満の事業場が作成する就業規則も含む。

　法令：法律、政令及び省令をいうが、強行法規に限られる。

　労働協約：労働組合法第14条に規定されている労働協約をいう。

② 行政官庁の変更命令

　行政官庁は、法令または労働協約に牴触する場合にのみ就業規則の変更を命ずることができる。変更命令は、様式第17号による文書で所轄労働基準監督署長が行う（労基則50条）。

　法令または労働協約に反する就業規則は、その部分については無効とされるのであれば、変更命令を出す法律的必要はないが、実際は無効の部分が行われる危険があるので、それを防止することを目的としている。

　変更命令が出されただけでは就業規則が変更されたことにはならず、使用者による変更手続が必要とされる。

③ 本条違反

　就業規則変更命令に従わない場合には、30万円以下の罰金が科される（労基法120条３号）。

労働契約との関係

第93条　労働契約と就業規則との関係については、労働契約法第12条の定めるところによる。

本条の規定は、労働契約法の制定に伴い同法第12条に移行された。労働契約法第12条の内容は改正前の本条と同じである。

就業規則で定める基準に達しない労働条件を定める労働契約は、その部分については就業規則で定める基準まで引き上げられる（強行的直律的効力）。

本条にいう就業規則は、常時10人未満の労働者を使用する事業場の就業規則を含む（平20.1.23 基発012304号）。

「就業規則で定める基準に達しない労働条件を定める労働契約」とは、例えば、就業規則に定められた賃金より低い賃金等就業規則に定められた基準を下回る労働条件を内容とする労働契約をいう。

「その部分については、無効とする」とは、就業規則で定める基準に達しない部分のみを無効とする趣旨であり、労働契約中のその他の部分は有効である。

「無効となった部分は、就業規則で定める基準による」とは、労働契約の無効となった部分については、就業規則の規定に従い、労働者と使用者との間の権利義務関係が定まるものである。

第 10 章

寄 宿 舎

寄宿舎生活の自治

第94条 使用者は、事業の附属寄宿舎に寄宿する労働者の私生活の自由を侵してはならない。

2 使用者は、寮長、室長その他寄宿舎生活の自治に必要な役員の選任に干渉してはならない。

1 労基法が適用される寄宿舎の条件（昭23.3.30 基発508号）

① 寄宿舎とは、常態として相当人数の労働者が宿泊し、共同生活を営んでいること…… 寄宿舎であるか否かの基準

　ⅰ 相当人数の労働者が宿泊していること

　ⅱ その場所が独立または区画された施設であること

　ⅲ 共同生活を営んでいること

　　単に便所、炊事場、浴室等が共同となっているだけでなく、一定の規律、制限により労働者が、通常、起居寝食等の生活態様を共にしている。

　該当しないもの：社宅、住み込み

② 事業に附属していること…… 事業に附属するか否かの基準

　ⅰ 宿泊している労働者について、労務管理上共同生活が要請されていること

ⅱ　事業場内またはその付近にあること

　　　ただし、敷地の確保の困難等から、距離にこだわるべきではない。

　　　該当しないもの：アパート式寄宿舎は本条の寄宿舎ではない。

② 私生活の自由を侵してはならないこと

　寄宿舎生活を侵す行為（事業附属寄宿舎規定4条）（例示である）

　ⅰ　外出または外泊について使用者の承認を受けさせること

　ⅱ　教育、娯楽その他の行事に参加を強制すること

　ⅲ　共同の利益を害する場所および時間を除き、面会の自由を制限すること

　労働者の私生活を侵す行為はこの第3号にとどまるものではなく、私信の検閲、神仏礼拝の強制等も私生活を侵す行為の一般的な例である（昭30.2.25 基発104号）。

③ 寄宿舎生活の自治に必要な役員の選任に干渉してはならないこと

　寮長、室長等の寄宿舎生活の自治に必要な役員の選任に対する使用者の干渉は禁止され、すべて労働者の自治にまかされている。

　使用者が役員選任方法、例えば、自治組織体の役員の構成、員数、選出方法、選挙権の制限、被選挙権の議決方法等について干渉したり案を作成したりすることも違法とされる（昭23.5.1 基収1317号）。

　使用者が管理人や寮母を置いても、私生活の自由を侵さない限り本条に抵触しない（昭22.9.13 発基17号）。

　管理人や寮母の職務を行う者が自治に必要な役員を兼ねることはできない（昭23.6.3 基収1844号）。

④ 本条違反

　第1項については罰則なし。

380

第2項に違反した場合は、6か月以下の懲役または30万円以下の罰金に処せられる（労基法119条1号）。

寄宿舎生活の秩序

第95条　事業の附属寄宿舎に労働者を寄宿させる使用者は、左の事項について寄宿舎規則を作成し、行政官庁に届け出なければならない。これを変更した場合においても同様である。

⑴　起床、就寝、外出及び外泊に関する事項

⑵　行事に関する事項

⑶　食事に関する事項

⑷　安全及び衛生に関する事項

⑸　建設物及び設備の管理に関する事項

2　使用者は、前項第1号乃至第4号の事項に関する規定の作成又は変更については、寄宿舎に寄宿する労働者の過半数を代表する者の同意を得なければならない。

3　使用者は、第1項の規定により届出をなすについて、前項の同意を証明する書面を添附しなければならない。

4　使用者及び寄宿舎に寄宿する労働者は、寄宿舎規則を遵守しなければならない。

1　寄宿舎規則作成義務と記載事項

使用者は、下記の事項について寄宿舎規則を作成し、労働基準監督署長に届け出なければならない。これを変更した場合も同様である。

寄宿舎規則の記載事項

①　起床、就寝、外出及び外泊に関する事項

②　行事に関する事項

③　食事に関する事項

④　安全及び衛生に関する事項

⑤　建設物及び設備の管理に関する事項

[2]　周知・同意書の添付

　寄宿舎規則の作成または変更については、寄宿労働者の過半数を代表する者の同意を得て所轄労働基準監督署長に届け出なければならない。届出にあたっては過半数代表者の署名または記名・押印がある同意書を添付しなければならない。(寄宿舎規程1条の2)。

　作成、変更に当たっては、寄宿舎規則の案を労働者に周知させなければならない（寄宿舎規程2条)。

　作成または変更された寄宿舎規則は、寄宿労働者に周知しなければならない（労基法106条2項)。

[3]　寄宿舎規則の遵守

　使用者と寄宿舎に寄宿する労働者は、寄宿舎規則を遵守しなければならない。

[4]　本条違反

　第1項違反、第2項違反については、30万円以下の罰金に処せられる（労基法120条1号)。

寄宿舎の設備及び安全衛生

第96条　使用者は、事業の附属寄宿舎について、換気、採光、照明、保温、防湿、清潔、避難、定員の収容、就寝に必要な措置その他労働者の健康、風紀及び生命の保持に必要な措置を講じなければならない。

2　使用者が前項の規定によつて講ずべき措置の基準は、厚生労働省令で定める。

---

① 寄宿舎の種類と適用される安全衛生基準

　寄宿舎生活における労働者の安全、衛生、風紀等を守るために、設備の整備その他に関する使用者の義務を定めている。労働者を就業させる建設物等について安全、衛生、風紀等の措置を義務づけている安衛法第23条に対応している規定である。

　寄宿舎に必要な安全、衛生、風紀等を守るための措置の基準は、寄宿舎規程と建設業附属寄宿舎規程に規定されている。

第一種寄宿舎：6か月以上の期間寄宿させる恒久的なもの	第一種寄宿舎安全衛生基準（寄宿舎規程第2章）
第二種寄宿舎：6か月に満たない期間寄宿させる仮設のものおよび農林業等の有期の事業において、事業が完了するまでの期間寄宿させる仮説のもの	第二種寄宿舎安全衛生基準（寄宿舎規程第3章）
建設業寄宿舎	建設業寄宿舎規程第6条〜第23条の2

　第一種寄宿舎と第二種寄宿舎の区別については、第二種寄宿舎を6か月未満の期間経過後または事業完了後取り壊すような仮設的寄宿舎であり、寄宿する労働者に変更があっても寄宿舎建造物の使用の期間そのものが6か月を超え、または当該事業完了後にもわたる場合には、第一種寄宿舎に該当する（昭23.3.30 基発508号、昭33.2.13）。

② 安全衛生基準

　出稼ぎ労働者を始め、建設業に従事する労働者の福祉の向上を図るためには、建設業附属寄宿舎の住環境の整備が不可欠であること、建設業附属寄宿舎の火災災害が増加傾向にあって、火災対策の強化が必要であったことから、1994年建設業附属寄宿舎規程が改正された。

　同規程は寄宿舎の設備等の最低基準を定めたものであり、より快適で安

全なものとするために、「望ましい建設業附属寄宿舎に関するガイドライン」（平6.9.28 基発596号）が策定されている。

③ 修正適用と適用除外

① 別表第一第6号（農林業）および第7号（畜産、養蚕および水産）の事業に附属する寄宿舎または常時10人未満の労働者を6か月を超える期間寄宿させる小規模の寄宿舎については、所轄労働基準監督署長の許可を受けて寄宿舎規程第2章の一部の修正適用ができる（寄宿舎規程36条）。

② 建設業附属寄宿舎については、6か月に満たない期間内に解体するものまたは寄宿舎として使用しなくなるものは、建設業附属寄宿舎規程第16条第1項第5号（天井の高さ2.1メートル以上）、第19条第1号（寄宿する者が10人以内ごとに1人以上の者が同時に入浴することができる浴場の規模）の規定が適用されない（建設寄宿舎規程24条）。常時10人に満たない者が寄宿するものについては、第10条第1項（2以上の出入り口）の規定は適用されない（同規程24条2項）。

④ 寄宿舎管理者の職務

使用者は、建設業附属寄宿舎の寄宿舎の管理について権限を有する者を決め、その者に次の事項を行わせなければならない（建設寄宿舎規程3条の2）。

① 1か月以内ごとに1回、寄宿舎を巡視すること。
② ①の巡視の結果、寄宿舎の建物、施設または設備に関し、この建設業附属寄宿舎規程に定める基準に照らし、修繕し、または改善すべき箇所を認めたときは、速やかに使用者に連絡すること。

⑤ 本条違反

本条に定められた措置の基準に違反する場合は、6か月以下の懲役また

は30万円以下の罰金に処せられる（労基法119条１号）。

> **監督上の行政措置**
>
> **第96条の２**　使用者は、常時10人以上の労働者を就業させる事業、厚生労働省令で定める危険な事業又は衛生上有害な事業の附属寄宿舎を設置し、移転し、又は変更しようとする場合においては、前条の規定に基づいて発する厚生労働省令で定める危害防止等に関する基準に従い定めた計画を、工事着手14日前までに、行政官庁に届け出なければならない。
>
> ２　行政官庁は、労働者の安全及び衛生に必要であると認める場合においては、工事の着手を差し止め、又は計画の変更を命ずることができる。

1 計画の届出義務

　寄宿労働者の安全衛生の確保を徹底するため、以下の事業は工事着手14日前までに寄宿舎設置届を所轄労働基準監督署長に届け出なければならない。

　①　常時10人以上の労働者を就業させる事業

　②　労働者数にかかわりなく危険な事業または衛生上有害な事業（労基則50条の２）

> **危険な事業または衛生上有害な事業（労基則50条の２）**
>
> １　使用する原動機の定格出力の合計が２・２キロワツト以上である法別表第一第１号から第３号までに掲げる事業（製造業、鉱業、建設業）
>
> ２　次に掲げる業務に使用する原動機の定格出力の合計が1.5キロワツト以上である事業
>
> 　イ　プレス機械またはシャーによる加工の業務

ロ　金属の切削または乾燥研まの業務

ハ　木材の切削加工の業務

ニ　製綿、打綿、麻のりゆう解、起毛または反毛の業務

3　主として次に掲げる業務を行なう事業

イ　別表第四に掲げる業務

① 発電、送電、変電、配電または蓄電の業務

② 金属の溶融、精錬または熱処理の業務

③ 金属の溶接または溶断の業務

④ ガラス製造の業務

⑤ 石炭、亜炭、アスファルト、ピッチ、木材若しくは樹脂の乾留またはタールの蒸留若しくは精製の業務

⑥ 乾燥設備を使用する業務

⑦ 油脂、ろう若しくはパラフィンを製造し、若しくは精製し、またはこれらを取り扱う業務

⑧ 塗料の噴霧塗装または焼付けの業務

⑨ 圧縮ガス若しくは液化ガスを製造し、またはこれらを取り扱う業務

⑩ 火薬、爆薬または火工品を製造し、または取り扱う業務

⑪ 危険物を製造し、若しくは取り扱い、または引火点が65度以上の物を引火点以上の温度で製造し、若しくは取り扱う業務

⑫ 労働安全衛生規則第13条第1項第3号に掲げる業務（同号ヌに掲げる業務を除く。）

⑬ 病原体によつて汚染のおそれが著しい業務

⑭ その他厚生労働大臣が定める業務

ロ　安衛法令第6条第3号に規定する機械集材装置または運材索道の取扱いの業務

4　その他厚生労働大臣の指定するもの……現在までのところ指定なし

2　工事の差止め・計画の変更

労働基準監督署長は、労働者の安全及び衛生に必要であると認める場合においては、工事の着手を差し止め、または計画の変更を命ずることができる。

① 労働者の安全及び衛生に必要であると認める場合

労基法第96条の3の「安全および衛生に関し定められた基準に反する場合」と同趣旨（「平成22年版　労働基準法　下」964ページ）

② 工事の着手を差し止め、または計画の変更

工事そのものを永久的に禁止することが許されるのではなく、計画の変更を命じなければならない。

3　本条違反

届出義務を怠ると、30万円以下の罰金に処せられる（労基法120条1号）。

労働基準監督署長の工事着手の差止めまたは計画変更の命令に違反すると6か月以下の懲役または30万円以下の罰金に処せられる（労基法119条2号）。

> **使用停止等**
> **第96条の3**　労働者を就業させる事業の附属寄宿舎が、安全及び衛生に関し定められた基準に反する場合においては、行政官庁は、使用者に対して、その全部又は一部の使用の停止、変更その他必要な事項を命ずることができる。
> 2　前項の場合において行政官庁は、使用者に命じた事項について必要な事項を労働者に命ずることができる。

1　寄宿舎の使用停止等

既に設置されている事業の附属寄宿舎について安全衛生基準違反が認め

られる場合に、行政官庁（労働基準監督署長）は使用者に対して使用停止、変更等を命じることができる。

　使用者に対してだけでなく労働者に対しても、使用者に命じた事項について必要な事項を命じることができる。

2　対象となる寄宿舎

　「労働者を就業させる事業の附属寄宿舎」とは、規模、業種を問わず、労働者を就業させるすべての事業の附属寄宿舎が対象となる。

3　安全及び衛生に関し定められた基準

　「安全及び衛生に関し定められた基準」とは、事業附属寄宿舎規程（第一種寄宿舎安全衛生基準、第二種寄宿舎安全衛生基準）および建設業附属寄宿舎規程に定められている安全衛生基準をいう。

4　命じることができる内容

　命じることができる「その他必要な事項」とは、安全衛生に関する基準に達するまで、寄宿舎に労働者を立ち入らせないような措置等が含まれる（「平成22年版　労働基準法　上」966ページ）。

　使用者に対してだけでなく労働者に対しても、使用者に命じた事項について必要な事項を命じることができる。

5　本条違反

　労働基準監督署長または労基法第103条による労働基準監督官の使用停止、変更等の命令に違反すると6か月以下の懲役または30万円以下の罰金に処せられる（労基法119条2号）。

　労働者が使用者の命令に違反すると、30万円以下の罰金に処せられる（労基法120条1号）。

第11章　　　　　　　　　監　督　機　関

監督機関の職員等

第97条　労働基準主管局（厚生労働省の内部部局として置かれる局で労働条件及び労働者の保護に関する事務を所掌するものをいう。以下同じ。）、都道府県労働局及び労働基準監督署に労働基準監督官を置くほか、厚生労働省令で定める必要な職員を置くことができる。

2　労働基準主管局の局長（以下「労働基準主管局長」という。）、都道府県労働局長及び労働基準監督署長は、労働基準監督官をもってこれに充てる。

3　労働基準監督官の資格及び任免に関する事項は、政令で定める。

4　厚生労働省に、政令で定めるところにより、労働基準監督官分限審議会を置くことができる。

5　労働基準監督官を罷免するには、労働基準監督官分限審議会の同意を必要とする。

6　前2項に定めるもののほか、労働基準監督官分限審議会の組織及び運営に関し必要な事項は、政令で定める。

1 監督機関の組織と職員の配置

(1) 監督機関の組織

厚生労働省には、労基法実施の監督行政機関の中心となる中央機関※と

して労働基準局が設置されている。その下に都道府県労働局、さらに労働
基準監督署が設置されている。

※中央機関：ILO 第81号条約（1953年批准）第4条第1項　労働監督
　は、加盟国の行政上の慣行と両立しうる限り、中央機関の監督および
　管理の下に置かなければならない。

▌図表11-1　監督機関の組織

厚生労働省 労働基準局	労働基準法実施の監督行政機関の中心となる中央機関でとして労働基準局が設置されている。
都道府県労働局 （47局）	都道府県労働局は、各都道府県に置かれ、その位置は都道府県庁の所在地にあり、その名称は都道府県の名を冠し、管轄区域は都道府県の区域と定められている（厚生労働省組織令156条、別表）
労働基準監督署 （平成29年4月1日現在　労働基準監督署321署および支署4）	事業場数、労働者数、危険有害業務の状況、利用者の利便性、組織の効率性を考慮し、各都道府県労働局の管轄区域をいくつかに分け、労働基準監督署を置き、その位置、名称、管轄区域は厚生労働省組織規則第789条および別表第4に定められている。

(2)　労働基準監督機関の職員

　労働基準監督署には、労働基準監督官、労働事務官、労働技官が置かれている。労働技官の採用は現在は行われず、労働基準監督官に置き換えられていっている。また、労災保険業務にも徐々に労働基準監督官が配置されていっており、労働事務官が減らされている。その結果、労働基準監督官の数は年々増加しているが、監督業務を行う者が増加数に応じて増員されているわけではない。

② 監督機関の長

　厚生労働省労働基準局長、都道府県労働局長および労働基準監督署長は、労働基準監督官をもってこれに充てる。

3　労働基準監督官の資格および任用

　労働基準監督官は、国家公務員法の定めにより行われる労働基準監督官採用試験に合格した者のうちから任用しなければならない。ただし、一般職の職員の給与に関する法律第6条第1項第1号イに規定する行政職俸給表（一）に定める職務の級が4級以上である者または同表の適用を受け、かつ、厚生労働大臣が定める条件に該当する者を任用する場合は、この限りでない（労働基準監督官令1条）。

4　労働基準監督官の身分保障

　工場法の弊害※を克服し、ILO「工業および商業における労働監督に関する条約（第81号）」や「労働監督に関する勧告（第81号）」の要請により、労働基準監督官は一般職の国家公務員であり、一般職の国家公務員よりも厳格な身分保障をされている。

　労働基準監督官を罷免するためには、労働基準監督官分限審議会の同意を必要とする（労基法97条、労働基準監督管令）。

　※工場法の弊害：工場法（1916年施行）による監督機関は、①監督組織およびその指揮系統が統一的でなかったこと、②監督官の資格、素質および身分保障が十分でなかったことにより本来の機能を発揮できなかった。

5　労働基準監督官分限審議会

　労働基準監督官分限審議会は、労基法第97条第5項の規定による同意を必要とする事案が生じた場合に置かれ（労働基準監督機関令2条1項）、事案の処理が終了したときに解任される（同条5項）。労働基準監督官分限審議会は、9人の委員で組織される（同条2項）。

> **第98条**　削除

労働基準主管局長等の権限

第99条　労働基準主管局長は、厚生労働大臣の指揮監督を受けて、都道府県労働局長を指揮監督し、労働基準に関する法令の制定改廃、労働基準監督官の任免教養、監督方法についての規程の制定及び調整、監督年報の作成並びに労働政策審議会及び労働基準監督官分限審議会に関する事項（労働政策審議会に関する事項については、労働条件及び労働者の保護に関するものに限る。）その他この法律の施行に関する事項をつかさどり、所属の職員を指揮監督する。

2　都道府県労働局長は、労働基準主管局長の指揮監督を受けて、管内の労働基準監督署長を指揮監督し、監督方法の調整に関する事項その他この法律の施行に関する事項をつかさどり、所属の職員を指揮監督する。

3　労働基準監督署長は、都道府県労働局長の指揮監督を受けて、この法律に基く臨検、尋問、許可、認定、審査、仲裁その他この法律の実施に関する事項をつかさどり、所属の職員を指揮監督する。

4　労働基準主管局長及び都道府県労働局長は、下級官庁の権限を自ら行い、又は所属の労働基準監督官をして行わせることができる。

1　労働基準局長の権限

労働基準局長の権限は厚生労働大臣の指揮監督を受けて、自らの名において都道府県労働局長を指揮監督し、以下の事項を所掌する。

① 労働基準に関する法令の制定改廃

② 労働基準監督官の任免教養※1

③ 監督方法についての規程の制定および調整

④ 労働基準監督年報※2の作成

⑤ 労働政策審議会および労働基準監督官分限審議会に関する事項（労

働政策審議会に関する事項については、労働条件および労働者の保護に関するものに限る。)

⑥　その他この法律の施行に関する事項

※1 教養：教え育てること

※2 労働基準監督年報：2011年分から厚生労働省の HP で公表

労働基準監督年報

　労働基準監督年報とは、厚生労働省の作成する、監督行政についての報告書である。これは、ILO の工業および商業に関する労働監督に関する条約（第81号）第21条により以下の内容の報告を公表することが義務付けられている。

⒜労働監督機関の業務に関係のある法令　⒝労働監督機関の職員

⒞監督を受けるべき事業場に関する統計およびそこで使用する労働者の数

⒟臨検に関する統計　⒠違反および処罰に関する統計

⒡産業災害に関する統計　⒢職業病に関する統計

　この報告書の意義は以下のとおりとされている。

国内的な意義

　公衆（使用者や労働者の組織、社会福祉団体など）および立法機関につぎのことを判断させることを可能にする。

・労働者保護法規が現実にどの程度まで適用されているか。

・現在の法規ではうまく規制できない点は何か。

・弊害を是正するのに必要な立法措置は何か。など

国際的な意義

・監督によってのみ明らかにされる現実の労働基準（法規の条文に示されている単なる理論上の基準とは区別して）の国際比較を行う資料を提供し、さらに関係者はその体験と比較して、法施行の方法を改善することについての有益な情報を引き出すことができ

るとともに、効果的な予防手段の採用を促進することを得る。

2 都道府県労働局長

　都道府県労働局長は労働基準局長の指揮監督を受けて、管内の労働基準監督署長を指揮監督し、以下の事項を司る。

① 　監督方法の調整に関する事項
② 　その他この法律の施行に関する事項

3 労働基準監督署長

　都道府県労働局長の指揮監督を受けて以下の事項を司る。所属の職員を指揮監督する。

・臨検、尋問、許可、認定、審査、仲裁
・その他この法律の実施に関する事項

4 労働基準局長・都道府県労働局長による自らの権限行使

　労働基準局長および都道府県労働局長は、下級官庁の権限を自ら行い、または所属の労働基準監督官をして行わせることができる。

図表11-2　監督機関の体制

【監督機関の体制】《参考》ILO 第 81 号条約（1953 年批准）第 4 条第 1 項
「労働監督は、加盟国の行政上の慣行と両立しうる限り、中央機関の監督及び管理の下に置かなければならない。」

厚生労働省（本省） 指揮監督（労働基準法第 99 条第 1 項）	・労働基準法など労働条件の最低基準の定立 ・法令の適用に当たって労働局、監督署からの随時の疑義照会に対する回答等 ・労働基準監督官の権限行使の全国統一的な運用を確保するための労働局への指導（監察） ・都道府県を超える広域事案の指導調整 ・全国一斉の監督指導（名ばかり管理職問題※1についての一斉監督など）の指示 ・労働基準監督官制度（試験、採用、研修など）の運用
都道府県労働局（47 局） 指揮監督（労働基準法第 99 条第 2 項）	・監督署に対する年間監督計画※2の作成方針の指示と作成された計画が適切かどうかの審査 ・監督計画に沿って監督が行われているか、使用停止命令など事業活動への影響の大きい処分が適切に行われているかの確認・指導（監察） ・署の管轄を超える広域事案の指揮 ・重大・悪質な労働基準関係法令違反の事案の処理方針の指示、地方検察庁との連携
労働基準監督署（321 署） 事業場数、労働者数、危険有害業務の状況、利用者の利便性、組織の効率性を考慮し、配置	・労働基準監督官が個別事業場に対し監督を行い労働基準関係法令違反を是正指導 ・労働基準監督官が司法警察員として重大・悪質な労働基準関係法令違反の事案を送検 ・労働者からの申告の受付 ・就業規則、「36 協定」など労使協定の受理・指導

資料出所：厚生労働省
※1　名ばかり管理職問題：日本マクドナルド事件（東京地裁 平20.1.28判決 労判953号10頁）で店長の管理監督者性が否定された。
※2　厚生労働省労働基準局長から都道府県労働局長に対して当該年度の重点施策が記載された地方労働行政運営方針が示達され、それによって全国斉一に監督指導が行われる。

女性主管局長の権限

第100条　厚生労働省の女性主管局長（厚生労働省の内部部局として置かれる局で女性労働者の特性に係る労働問題に関する事務を所掌するものの局長をいう。以下同じ。）は、厚生労働大臣の指揮監督を受けて、この法律中女性に特殊の規定の制定、改廃及び解釈に関する事項をつかさどり、その施行に関する事項については、労働基準主管局長及びその下級の官庁の長に勧告を行うとともに、労働基準主管局長が、その下級の官庁に対して行う指揮監督について援助を与える。

2　女性主管局長は、自ら又はその指定する所属官吏をして、女性に関し労働基準主管局若しくはその下級の官庁又はその所属官吏の行つた監督その他に関する文書を閲覧し、又は閲覧せしめることができる。

3　第101条及び第105条の規定は、女性主管局長又はその指定する所属官吏が、この法律中女性に特殊の規定の施行に関して行う調査の場合に、これを準用する。

1 　雇用環境・均等局長の権限

　女性主管局長（以下、雇用環境・均等局長）は厚生労働大臣の指揮監督を受けて、以下の事項を行う権限がある。

・労基法中の女性に特殊な規定の制定、改廃および解釈に関する事項を司る。

・労基法中の女性に特殊な規定の施行について、労働基準局長およびその下級官庁の長に対し勧告を行うとともに、労働基準局長がその下級の官庁に対して行う指揮監督について援助を与える。

2 監督その他に関する文書の閲覧等の権限

雇用環境・均等局長は、自らまたはその指定する職員（雇用環境・均等局調査員）に、女性に関し労働基準局若しくはその下級の官庁またはその職員の行った監督その他に関する文書を閲覧し、または閲覧させることができる。

3 労基法第101条、第105条の適用

雇用環境・均等局長および雇用環境・均等局調査員は、労基法の女性に関する規定の施行に関して事業場、寄宿舎その他の附属建設物に臨検し、帳簿および書類の提出を求め、または使用者若しくは労働者に対して尋問を行うことができる。

この場合には、雇用環境・均等局長および雇用環境・均等局調査員には以下の義務が課せられる。

・身分証明書を携帯しなければならない（労基法101条）。
・権限行使の際に知り得た秘密を漏らしてはならない（労基法105条）。

労働基準監督官の権限

第101条 労働基準監督官は、事業場、寄宿舎その他の附属建設物に臨検し、帳簿及び書類の提出を求め、又は使用者若しくは労働者に対して尋問を行うことができる。

2 前項の場合において、労働基準監督官は、その身分を証明する証票を携帯しなければならない。

---

1 労働基準監督官の行政上の権限

労働基準監督官は、事業場、寄宿舎その他の附属建設物に臨検し、帳簿および書類の提出を求め、または使用者若しくは労働者に対して尋問を行うことができる。

臨検は、行政上の権限であって、司法上の権限ではない。

〈帳簿および書類の例〉

労働基準法関係：労働条件通知書、時間外・休日労働に関する協定届、タイムカードなど労働時間に関する記録、就業規則、労働者名簿、賃金台帳

同様の規定は、安衛法第91条、作業環境測定法第39条、じん肺法第42条、最賃法第32条、家内労働法第30条、賃金の支払いの確保等に関する法律第13条にもある。

労働基準監督官は、臨検を行う際は、労働基準監督官の証票を携帯しなければならない。

本条の臨検、帳簿・書類の強制検査等は、憲法第35条第1項※との関係で問題があるとする説もあるが、憲法第35条第1項は司法上の強制権を制限しているものなので、本条のように労働者の権利救済のための行政上の強制権は憲法第35条に抵触しないと解されるのが一般的である。

※何人も、その住居、書類及び所持品について、侵入、捜索および押収を受けることのない権利は、第33条（令状主義）の場合を除いては、正当な理由に基づいて発せられ、且つ捜索する場所及び押収する物を明示する令状がなければ、侵されない。

「労働基準監督官行動規範」：2018年公表され、労働基準監督官は、労働基準監督官行動規範に則り行動することとしている。

https://www.mhlw.go.jp/stf/newpage_03141.html

司法警察権

第102条 労働基準監督官は、この法律違反の罪について、刑事訴訟法に規定する司法警察官の職務を行う。

労基法や安衛法等違反の捜査については専門的な知識と経験を必要とするので、労働基準監督官は特別司法警察職員としての職務を行う。

「司法警察官」は、司法警察員等指定応急措置法第2条により「司法警

察員」と読み替えられる。

　司法警察員として強制捜査※を行うに際しては、刑事訴訟法の定めるところにより裁判官の発する令状を必要とする。この場合に、労基法第101条の行政上の権限である臨検、尋問等と司法事件としての捜査は峻別しなければならない。

※強制捜査：逮捕・勾留（こうりゅう）・捜索・押収などのように、対象者の意思に反して行う捜査

使用停止等の命令権

第103条　労働者を就業させる事業の附属寄宿舎が、安全及び衛生に関して定められた基準に反し、且つ労働者に急迫した危険がある場合においては、労働基準監督官は、第96条の3の規定による行政官庁の権限を即時に行うことができる。

---

1 権限行使の要件

労働基準監督官が附属寄宿舎を臨検した際に、

労働基準監督官が権限を行使できるのは、

①　事業の附属寄宿舎が、安全および衛生に関して定められた基準に反し、

②　①のために労働者に急迫した危険がある場合

に労働基準監督官は即時に使用停止、変更命令を行うことができる。

　「事業の附属寄宿舎が、安全及び衛生に関して定められた基準に反する場合」には、労働基準監督署長が使用者に対して一定の事項を命ずることができるが、行政官庁（労働基準監督署長）の権限行使を待っていては、労働者に実害の発生が予想されるときには、労働基準監督官は、第96条の3の規定による行政官庁の権限を即時に行うことができることを規定している。

　使用停止等命令書は労働基準監督署長名で交付される。

② 第96条の3の使用停止等

第96条の3を参照

③ 本条違反

労働基準監督官の命令に違反したときは、

・使用者に対して、6か月以下の懲役または30万円以下の罰金に処せられる（労基法119条2号）。

・労働者に対して、30万円以下の罰金に処せられる（労基法120条3号）。

監督機関に対する申告

第104条 事業場に、この法律又はこの法律に基いて発する命令に違反する事実がある場合においては、労働者は、その事実を行政官庁又は労働基準監督官に申告することができる。

2 使用者は、前項の申告をしたことを理由として、労働者に対して解雇その他不利益な取扱をしてはならない。

---

① 監督機関に対する申告

　労働者は、事業場の労基法等の違反事実について、監督機関（労働基準監督署長または労働基準監督官）に申告をすることができる。

　労基法の適用事業が広範囲にわたるため、労働基準監督官の摘発だけに任せていたのでは、その実効が難しく、労働者の協力を得る必要があるために設けられた規定である。

② 申告の法的効果

　申告とは、違反事実を通告して、監督機関の行政上の権限の発動を促すことであり、労基法第104条は労働者の申告に対して、監督機関が監督または調査を実施することを義務付けていない。

最高裁も「同項に基づく申告は、労働者が労働基準監督官に対して事業場における同法違反の事実を通告するもので、労働基準監督官の使用者に対する監督権発動の一契機をなすものではあっても、監督官に対してこれに対応して調査などの措置をとるべき職務上の作為義務まで負わせるものではない。」とする東京高裁の判決（青梅労働基準監督署長事件　東京高裁　昭56.3.26判決　労判361号11頁）を是認している（同事件　最高裁　昭57.4.27判決）。

③ 不利益な取扱い

使用者は、申告をしたことを理由として、労働者に対して解雇、配置転換、降職、賃金引下げ等（労働組合法7条1号の不当労働行為の場合と同様のこと）他の者に比して不利益な取扱をしてはならない。

④ 本条違反

(1) 罰則

使用者が本条に違反して労働者を解雇あるいはその他不利益な取扱をしたときは、6か月以下の懲役または30万円以下の罰金に処せられる（労基法119条1号）。

(2) 民事上の効果

本条違反の解雇は民事上も無効と解される（大洋鉄板事件　東京地裁　昭25.12.28判決）。

報告等

第104条の2　行政官庁は、この法律を施行するため必要があると認めるときは、厚生労働省令で定めるところにより、使用者又は労働者に対し、必要な事項を報告させ、又は出頭を命ずることができる。

2　労働基準監督官は、この法律を施行するため必要があると認めるときは、使用者又は労働者に対し、必要な事項を報告させ、又は出

頭を命ずることができる。

① 報告・出頭

　行政官庁（厚生労働大臣、労働基準局長、都道府県労働基準局長、労働基準監督署長）は、労基法を施行するため必要があると認めるときは、厚生労働省令で定めるところにより、使用者または労働者に対し、必要な事項を報告させ、または出頭を命ずることができる。

　① **厚生労働省令（労基則57条 1 項、 2 項）による報告**

　i　事業を開始した場合：適用事業報告（様式第23号の 2 ）

　業種を問わず、現実に労働者を使用するに至った段階から労基法の適用事業場※となり、この段階で所轄労働基準監督署長に適用事業報告を提出しなければならない。支店、営業所等を開設した場合もこの手続きが必要となる。

　　※適用事業：工場、鉱山、事務所、店舗のように一定の場所において相関連する組織のもとに、業として継続的に行われる作業の一体をいい、この単位が、労基法の適用を受ける「事業または事業場」として、適用事業報告をはじめ所轄労働基準監督署長に対する一切の手続上の単位となる。

　ii　事業の附属寄宿舎において火災若しくは爆発または倒壊の事故が発生した場合（安衛則様式第22号「事故報告書」）

　iii　労働者が事業の附属寄宿舎内で負傷し、窒息し、または急性中毒にかかり、死亡しまたは休業した場合（安衛則様式第23号「労働者死傷病報告」）

　iv　預金管理状況報告（様式第24号）

　貯蓄金管理協定届に基づき、労働者の預金の受入れをする使用者は、毎年、 3 月31日以前 1 年間における預金の管理の状況を、 4 月30日までに、所定様式により所轄労働基準監督署長に報告しなければならない（労基則57条 3 項）。

②　個別に求める報告（労基則58条）

労基則第58条により、行政官庁が個別に報告も求め、あるいは出頭を命ずるときは、その理由を通知するものと定められている。これは、労基則第57条による報告（適用事業報告等）にまで理由等を通知しなければならないと定めたものではない。

２　本条違反

本条により報告または出頭を命ぜられた使用者または労働者が遅滞なく報告せず、あるいは虚偽の報告をし、または出頭しない場合は30万円以下の罰金に処せられる（労基法120条5号）。

> **労働基準監督官の義務**
> **第105条**　労働基準監督官は、職務上知り得た秘密を漏してはならない。労働基準監督官を退官した後においても同様である。

１　労働基準監督官の義務

労働基準監督官は、強制権限をもって事業場を臨検し、労使双方の秘密に関する事項についても尋問できることを考慮し、企業の営業上の秘密だけでなく、労働者の疾病等の秘密等について、その知り得た秘密を漏らしてはならないことを定めている。

職務上知り得た秘密：刑法第134条秘密漏示罪※の秘密と同様の意味であり、通常人に知られることを欲しないような事項または本人が人に知られることを欲しないことを明らかにした事項をいう。秘密とは、労働基準監督官が職務を執行する上で得たものであることを要し、労使から聞いたものであろうと、労働基準監督官自身が把握したものであるとを問わない。

漏してはならない：第三者に秘密を知らせることで、その方法は問わない。

※刑法第134条「医師、薬剤師、医薬品販売業者、助産師、弁護士、弁護人、公証人又はこれらの職にあった者が、正当な理由がないのに、その業務上取り扱ったことについて知り得た人の秘密を漏らしたときは、6月以下の懲役又は10万円以下の罰金に処する。」

2 本条違反

　本条に違反して秘密を第三者に知らせた場合は、30万円以下の罰金に処せられる（労基法120条1号）。国家公務員法第109条第12号では、1年以下の懲役または50万円以下の罰金を定めているので、国家公務員法が優先して適用される。

第12章

雑　　則

国の援助義務

第105条の2　厚生労働大臣又は都道府県労働局長は、この法律の目的を達成するために、労働者及び使用者に対して資料の提供その他必要な援助をしなければならない。

　労基法の目的は、労働者に「人たるに値する生活」を営むことができるような労働条件を設定し、さらにその労働条件を向上させるようにすることと考えられる。このような目的達成のために、労働基準行政は、行政監督による法違反の是正という方法だけでは不十分であり、労働者および使用者に対して資料の提供その他必要な援助をするという方法もとらなければならないとして、1952年の改正で規定された。

　資料の提供その他必要な援助とは、パンフレット、リーフレット等の資料の提供を主として行うこととされている（昭27.9.20　基発675号）。現在はこれらの資料をインターネットで公開することも行われている。

　その他必要な援助とは、助言、勧告等のほか、福祉施設等の財政的援助も含まれまれる。1998年の労基法第105条の3の新設により、紛争解決の援助が行われたことも国の援助制度にあたるが、この条文は、2001年の個別労働紛争解決促進法の制定により削除された。

法令等の周知義務

第106条　使用者は、この法律及びこれに基づく命令の要旨、就業規

則、第18条第２項、第24条第１項ただし書、第32条の２第１項、第32条の３第１項、第32条の４第１項、第32条の５第１項、第34条第２項ただし書、第36条第１項、第37条第３項、第38条の２第２項、第38条の３第１項並びに第39条第４項、第６項及び第９項ただし書に規定する協定並びに第38条の４第１項及び同条第５項（第41条の２第３項において準用する場合も含む。）並びに第41条の２第１項に規定する決議を、常時各作業場の見やすい場所へ掲示し、又は備え付けること、書面を交付することその他の厚生労働省令で定める方法によつて、労働者に周知させなければならない。

2　使用者は、この法律及びこの法律に基いて発する命令のうち、寄宿舎に関する規定及び寄宿舎規則を、寄宿舎の見易い場所に掲示し、又は備え付ける等の方法によつて、寄宿舎に寄宿する労働者に周知させなければならない。

① 法令等の周知義務

本条の目的は、使用者が、法令に関する労働者の無知に乗じて不正・不当な取扱いをすることを防止することである。

使用者は、労基法とこれに基づく命令（労基則、年少者規則、女性則、事業附属寄宿舎規程、建設業附属寄宿舎規程）の要旨、就業規則そして時間外労働・休日労働に関する協定を始めとする労使協定を法令に定める方法（図表12-１）で労働者に周知しなければならない。また、これらの周知するべき事項に変更があった場合、変更後の内容を労働者に周知しなければならない（平11.1.29 基発45号）。

図表12-１の３の方法によって周知するときは、「各作業場にパーソナルコンピューター等の機器を設置し、かつ、労働者に当該機器の操作の権限を与えるとともに、その操作の方法を労働者に周知させることにより、労働者が必要なときに容易に当該記録を確認できるようにすること」（平11.1.29 基発45号）が求められている。

図表12-1　周知対象と周知方法

周知対象	周知方法
第1項による周知すべき事項 ⑴　労働基準法および同法による命令等（労基則等）の要旨 ⑵　就業規則（90条） ⑶　労使協定 　①　貯蓄金管理に関する協定（18条） 　②　旅行積立など賃金控除に関する協定（24条） 　③　1か月単位の変形労働時間制に関する協定（32条の2） 　④　フレックスタイム制に関する協定（32条の3） 　⑤　1年単位の変形労働時間制に関する協定（32条の4） 　⑥　1週間単位の非定型的変形労働時間制に関する協定（32条の5） 　⑦　一斉休憩の適用除外に関する協定（34条） 　⑧　時間外労働・休日労働に関する協定（36条） 　⑨　1か月60時間を超える割増賃金の支払に代える休暇に関する協定（37条） 　⑩　事業場外労働に関する協定（38条の2） 　⑪　専門業務型裁量労働に関する協定（38条の3） 　⑫　年次有給休暇の計画的付与に関する協定（39条） 　⑬　年次有給休暇取得日の賃金を健康保険の標準報酬日額で支払う制度に関する協定（39条） ⑷　企画業務型裁量労働制にかかる労使委員会の決議内容（38条の4） ⑸　高度プロフェッショナル制度に関する労使委員会の決議内容（41条の2）	1　常時各作業場の見やすい場所へ掲示し、または備え付けること。 2　書面を労働者に交付すること。 3　磁気テープ、磁気ディスクその他これらに準ずる物に記録し、かつ、各作業場に労働者が当該記録の内容を常時確認できる機器を設置すること。（労基則52条の2）
第2項により周知すべき事項 寄宿舎に関する規定、寄宿舎規則	寄宿舎の見易い場所に掲示し、または備え付ける等の方法（労基法106条2項）

■ **フジ興産事件**（最高裁二小 平15.10.10判決 労判861号5頁）

【事件の概要】

　Y社は、昭和61年8月1日実施の旧就業規則を法定の手続きを経て同年10月30日に労働基準監督署長に届け出ていたが、平成6年4月1日から旧就業規則を変更した新就業規則を実施することとし、法定の手続きを経て同年6月8日労働基準監督署長に届け出た。

　Y社は、平成6年6月15日、新就業規則により、平成5年9月から同6年5月30日までの間、得意先の要望に十分応じずトラブルを発生させたり、上司の指示に対して反抗的態度をとるなどして職場の秩序を乱したりしたなどとして、エンジニアリングセンター勤務の従業員Xを懲戒解雇した。懲戒解雇は旧就業規則により行われるべきものだったとしているところ、本件懲戒解雇以前に、旧就業規則はセンターに備え付けられていなかった。

【判決の要旨】

1　使用者が労働者を懲戒するには、あらかじめ就業規則において懲戒の種類および事由を定めておくことを要する。
2　就業規則が法的規範としての性質を有するものとして拘束力を生ずるためには、その内容を、適用を受ける事業場の労働者に周知させる手続が採られていることを要する。

2 　本条違反

　本条の義務を怠った使用者は、30万円以下の罰金に処せられる（労基法120条1号）。

労働者名簿

第107条　使用者は、各事業場ごとに労働者名簿を、各労働者（日日雇い入れられる者を除く。）について調製し、労働者の氏名、生年

> 月日、履歴その他厚生労働省令で定める事項を記入しなければなら
> ない。
> 2　前項の規定により記入すべき事項に変更があつた場合において
> は、遅滞なく訂正しなければならない。

1　労働者名簿の調製義務

　使用者は、各事業場ごとに労働者名簿を、各労働者（日日雇い入れられ
る者を除く。）について調製し、下の枠内の事項を記入しなければならな
い。また、記載事項に変更があった場合は、遅滞なく訂正しなければなら
ない。その目的は、労働基準監督行政の監督指導の資料とすることにあ
る。

　日雇い労働者については、ひんぱんに異動するので労働者名簿を作るこ
とが事務的に困難なため記載対象から除外されている。

　労働者名簿の様式（様式19号）が示されているが、必要記載事項が記載
されていれば、書式は問われていない（労基則59条の2）。

　労働者名簿は賃金台帳とあわせて調整することが認められている（労基
則55条の2）。

2　労働者名簿の記載事項

労働者名簿の記載事項（労基則53条）

①　労働者の氏名　②　生年月日　③　履歴　④　性別　⑤　住所

⑥　従事する業務の種類（常時30未満の労働者を使用する事業にお
　いては記入する必要がない（労基則53条2項）。）

⑦　雇い入れの年月日

⑧　退職年月日およびその事由（解雇の場合はその理由）

⑨　死亡の年月日およびその原因

【磁気ディスク等による労働者名簿、賃金台帳の調整について】

・労働者名簿を磁気ディスク、磁気テープ、光ディスク等により調整することも、①法定必要記載事項を具備し、かつ、事業場ごとにそれぞれ画面に表示し、印字するための装置を備え付ける等の措置を講じ、②労働基準監督官の臨検等、閲覧、提出等が必要とされる場合に、直ちに必要事項が明らかにされ、かつ、写しを提出しうるシステムとなっていること、を前提に本条の要件を満たすものと解されている（平7.3.10 基収94号）。

【派遣労働者の労働者名簿と賃金台帳】

　派遣労働者については、法令上記載すべき事項が具備されていれば、労働者名簿、賃金台帳および労働者派遣法に基づく派遣元管理台帳をあわせて一つの台帳とすることもできる（昭61.6.6 基発333号）。

③ 本条違反

　使用者が本条で求められている労働者名簿の調整、記入または所要の訂正をしない場合は、30万円以下の罰金に処せられる（労基法120条１号）。

賃金台帳

第108条　使用者は、各事業場ごとに賃金台帳を調製し、賃金計算の基礎となる事項及び賃金の額その他厚生労働省令で定める事項を賃金支払の都度遅滞なく記入しなければならない。

---

① 賃金台帳の調整

　使用者は賃金台帳を各事業場ごとに調製し、賃金の支払いの都度、遅滞なく、各労働者ごとに記入しなければならない。労基法における賃金・労働時間関係の履行状況の把握および平均賃金の確定のために使用者に義務付けたものである。また、労働者の権利関係に関する証拠を保全し、労働紛争を防止することも目的としている。

　労働者名簿、賃金台帳その他労働関係に関する重要な書類は、必要事項が記載されていればどんな様式でも構わないことになっている。

2　賃金台帳の記載事項

賃金台帳の記載事項（労基則54条 1 項）

① 氏名

② 性別

③ 賃金計算期間

④ 労働日数

⑤ 労働時間数

⑥ 時間外労働、休日労働および深夜労働の労働時間数

⑦ 基本給、手当その他の賃金の種類ごとにその金額

⑧ 労使協定により賃金の一部を控除した場合はその金額

3　本条違反

　賃金台帳を調整せず、または必要事項を記入しない場合は、使用者は30万円以下の罰金に処せられる（労基法120条 1 号）。

記録の保存

第109条　使用者は、労働者名簿、賃金台帳及び雇入、解雇、災害補償、賃金その他労働関係に関する重要な書類を 3 年間保存しなければならない。

1　記録の保存

　使用者は、以下の二つの目的のために、労働者名簿、賃金台帳および雇入、解雇、災害補償、賃金その他労働関係に関する重要な書類を 3 年間保

存しなければならない。

① 労働者の権利関係や労働関係に関する紛争を解決するため
② 行政監督上の必要

図表12-2　保存しなければならない記録と3年間の起算日

記　　　　録	起　　算　　日
労働者名簿（107条）	労働者の死亡、退職または解雇の日
賃金台帳（108条）	最後の記入をした日
雇入れ（15条）、退職に関する事項 （18条の2、19条、20条、21条）	労働者の退職または死亡の日
災害補償に関する書類（第8章）	災害補償を終わった日
その他労働関係の重要な書類 出勤簿、タイムカード等労働時間の記録、労働基準法に基づく労使協定書、各種許認可書	その完結の日

【行政解釈】

　始業・終業時刻など労働時間の記録に関する書類も該当するものであり、使用者が自ら始業・終業時刻を記録したもの、タイムカード、ICカード等の客観的な記録ならびに労働者が自らの労働時間を記録した報告書などが該当する（平13.4.6 基発339号）。

　年次有給休暇管理簿については、本条に規定する重要な書類には該当しない（平30.9.7 基発0907第1号）。

保存方法

　上記の保存義務のある書類について、光学式読取装置により読取り、画像情報として光磁気ディスク等の電子媒体に保存する場合であって、①画像情報の安全性が確保されていること、②画像情報を正確に記録し、かつ、長期間にわたって復元できること、③労働基準監督官の臨検時等、保存文書の閲覧、提出等が必要とされる場合に、直ちに必要事項が明らかに

され、かつ、写しを提出し得るシステムとなっている等の要件のいずれも満たすときは、本条違反とはならない（「平成22年版　労働基準法　下」1015頁）。

2 本条違反

本条に違反した使用者は、30万円以下の罰金に処せられる（労基法120条1号）。

第110条　削除

無料証明
第111条　労働者及び労働者になろうとする者は、その戸籍に関して戸籍事務を掌る者又はその代理者に対して、無料で証明を請求することができる。使用者が、労働者及び労働者になろうとする者の戸籍に関して証明を請求する場合においても同様である。

労働者の経済的負担を軽くするために、労働者および使用者が労基法により戸籍証明書※を必要とする場合に、無料で証明を取ることができる。
　使用者も無料で取ることができるとした意味は、有料であればその費用を労働者に転嫁するおそれがあるからである。
　※無料で受けられる証明は、「戸籍に関する証明」であり、戸籍謄本、戸籍抄本等は含まれず、戸籍記載事項の証明であり、労基法に関して必要な事項に限られる。

国及び公共団体についての適用
第112条　この法律及びこの法律に基いて発する命令は、国、都道府県、市町村その他これに準ずべきものについても適用あるものとする。

413

1 国家公務員に対する適用

　一般職の国家公務員には労基法およびこれに基づいて発せられる命令は適用されない（国公法附則16条）。

　特定独立行政法人※の職員については労基法が全面的に適用される（特定独立行政法人等労働関係法37条1項）。

　※特定独立行政法人：独立行政法人のうち、その業務の停滞が国民生活や社会経済の安定に著しい支障を及ぼすと認められるもの。（国立公文書館、統計センター、造幣局、印刷局、農林水産消費安全技術センター、製品評価技術基盤機構、駐留軍等労働者労務管理機構）

▌図表12-3　国家公務員に対する適用

職員の種類	適用の有無	職権の行使	根拠条文
1　一般職に属する職員			
イ　特定独立行政法人等（特労法2条3号）の職員以外の職員	①　適用なし。 ②　国公法の精神に抵触せず、かつ同法に基づく人事院規則で定められた事項に矛盾しない範囲内において準用される。労働基準監督機関の職権に関する事項は適用されない。、	－	国公法附則16条、国公法第一次改正法附則3条
ロ　特定独立行政法人等の職員	①　14条2項および3項並びに22条2項の規定を除き適用あり。 ②　特労法37条および独立行政法人通則法59条で適用を排除しない国公法の規定およびこれに関連する人事院規則の規定は労基法に優先する。	労働基準監督機関	特労法37条1項1号、2号
2　特別職に属する職員			
イ　裁判所職員（裁判官および	①　適用なし ②　1のイの②に同じ。	－	裁判所職員臨時措置法1

			号
裁判官の秘書官を除く。)			
ロ 国会職員	① 適用なし ② 国会職員法で定めた事項等に矛盾しない範囲内において準用される。労働基準監督機関の職権に関する事項は適用されない。	—	国会職員法45条 1 項、2 項
ハ 防衛省の職員	適用なし	—	防衛省設置法39条 自衛隊法108条
ニ 上記以外の職員	労基法上の労働者である限り全面的に適用あり。	労働基準監督機関	(国公法附則16条および国公法第一次改正法附則 3 条参照)

② 地方公務員に対する適用

地方公務員に対する労基法の適用関係は次表のとおりである。

図表12-4 地方公務員に対する適用

職員の種類	適用の有無	職権の行使	根拠条文
1 一般職に属する職員			
イ 労基法別表第一第10号までおよび第13号から第15号までに掲げる事業に従事する職員	2 条、14条 2 項および 3 項、24条 1 項、32条の 3 から32条の 5 まで、38条の 2 第 2 項および第 3 項、38条の 3 、第38条の 3 、38条の 4 、39条 6 項、75条から93条並びにこれらの規定に基づく命令の規定を除き適用あり 32条の 2 第 1 項、34条 2 項た	労働基準監督機関	地公法58条 3 項から 5 項

	だし書き、37条3項および39条4項の適用の特例あり		
ロ　労基法別表第一第11号および第12号に掲げる事業並びに官公署の事業（同表に掲げる事業を除く。）に従事する職員	2条、14条2項および3項、24条1項、32条の3から32条の5まで、38条の2第2項および第3項、38条の3、38条の4、39条6項、75条から93条まで並びに102条並びにこれらの規定に基づく命令の規定を除き適用あり また、32条の2第1項、34条2項ただし書、37条3項および39条4項の適用の特例あり。 なお、義務教育諸学校等の教育職員については、37条が適用除外されるほか、33条3項の適用の特例あり。	人事委員会または人事委員会の委員（人事委員会を置かない場合は、地方公共団体の長）	地公法58条3項から5項
ハ　地方公営企業（地公労法3条1号の企業）および特定地方独立行政法人（地公労法3条2号の企業）の職員	14条2項および3項（有期労働契約の締結、更新および雇止め）に係る部分並びに75条から88条まで（災害補償）の規定を除き全面的に適用あり。 ただし、地公企法2条3項により、条例により、地公企法（39条を含む。）の一部の適用を排除し、そのため企業職員について、地公法58条の適用がなされる場合には、イによって労基法が適用される。	労働基準監督機関	地公企法39条（本条は地公労法17条によって簡易水道の事業の職員に準用される。）および地方独立行政法人法53条
ニ　地公法57条に規定する地方公営企業等の職員以外の単純労働者	14条2項および3項（有期労働契約の締結、更新および雇止め）に係る部分並びに75条から88条まで（災害補償）の規定を除き全面的に適用あり。	労働基準監督機関	地公労法附則5条
2　特別職に属する職員	労基法上の労働者にあたる場合、全面的に適用あり。	労働基準監督機関	地公法4条2項

命令の制定

第113条　この法律に基いて発する命令は、その草案について、公聴
会で労働者を代表する者、使用者を代表する者及び公益を代表する
者の意見を聴いて、これを制定する。

　労基法は労働条件の大枠を定め、具体的な規定については命令（労基
則、女性則、年少者規則）に委任するという形式をとっている。

　労基法に基づく命令を定めるにあたっては、厚生労働省設置法によって
設けられた労働政策審議会において審議されるが、それに加えて本条によ
り公聴会を開催し、労働者代表、使用者代表及び公益を代表する者の意見
を聴くことを義務付けている。

　「意見を聴く」とは、公聴会を開き各代表に意見を述べる機会を与える
ことであって、公聴会における意見を採用することを義務付けているもの
ではない（「平成22年版　労働基準法下」1031ページ）。

　本条に定める手続を経ないで定められた命令の効力については、必ずし
も無効とは解されない（「平成22年版　労働基準法下」1031ページ）とさ
れているが、反対説もある。

付加金の支払

第114条　裁判所は、第20条、第26条若しくは第37条の規定に違反し
た使用者又は第39条第９項の規定による賃金を支払わなかつた使用
者に対して、労働者の請求により、これらの規定により使用者が支
払わなければならない金額についての未払金のほか、これと同一額
の付加金の支払を命ずることができる。ただし、この請求は、違反
のあつた時から２年以内にしなければならない。

1 付加金支払義務の発生要件

　本条の付加金は、使用者が労基法によって課せられた金銭給付の義務を履行しない場合の制裁として定められたものである。付加金支払義務の発生のためには、使用者の一定の労基法違反行為があること、労働者の付加金支払請求がなされること、裁判所により付加金支払の命令が発せられることの3つの要件が満たされなければならない。

(1) 付加金を請求できる違反行為

以下の①から④の違反行為があった場合に付加金の支払請求ができる。

付加金を請求できる違反行為

① 解雇予告手当を支払わないとき（労基法20条）

② 休業手当を支払わないとき（労基法26条）

③ 割増賃金を支払わないとき（労基法37条）

④ 年次有給休暇の賃金を支払わないとき（労基法39条）

　本法所定の違反があっても、すでに全額の支払を完了し、使用者の義務違反の状態が消滅した後においては、労働者は付加金の請求はできず、裁判所もその支払を命じることはできないと解されている（新井工務店事件 最高裁二小 昭51.7.9判決 労判275号13頁）。

(2) 労働者の請求

　付加金支払義務の発生のためには、労働者の裁判上の請求を必要とする。

　付加金の請求は違反のあったときから2年以内にしなければならない。

(3) 裁判所の命令

　付加金支払義務は、裁判所の支払命令により生じる。労基法違反があったときに、必ず付加金支払を命じなければならないわけではない。近年、労基法違反があっても付加金の支払いを否定する裁判例が増えている。

② 2年以内

　この期間は時効ではなく除斥期間※であり、2年以内に請求の訴えを提起しなければ常に付加金の支払いを受けられない。

　※除斥期間：ある権利について法律が定めた存続期間であり、権利を行使しないままにその期間が経過すると、その権利は法律上当然に消滅するもの。

時効

第115条　この法律の規定による賃金（退職手当を除く。）、災害補償その他の請求権は2年間、この法律の規定による退職手当の請求権は5年間行わない場合においては、時効によつて消滅する。

---

① 労基法の規定による請求権の消滅時効

　労基法の規定による請求権（退職手当の請求権を除く。）については2年間、退職手当の請求権は5年間の消滅時効にかかる。

労基法第115条の適用を受ける請求権

賃金請求権（定期賃金（11条）、賞与等の臨時の賃金（11条）、割増賃金（37条）、年次有給休暇の賃金（39条））、退職手当請求権（11条）、災害補償請求権（第8章）

その他の請求権（解雇予告手当請求権（20条）※、退職時の証明請求権（22条）貯蓄金返還請求権（23条）、休業手当請求権（26条）、年次有給休暇請求権（39条）、帰郷旅費請求権（64条））

※　解釈例規は、解雇予告手当には時効の問題は生じないとする（昭27.5.17基収1906号）が、労働者が解雇の効力を争わずに予告手当を請求する場合は時効が問題になる。解雇通告から2年の経過

により解雇予告手当請求権は時効により消滅するとした裁判例（ひのき会事件　東京地裁平6.12.12 労判666号18頁）がある。

労基法第115条の適用を受けない請求権

物品の返還（労基法23条）：民法第167条第2項（債権又は所有権以外の財産権は、20年間行使しないときは、消滅する。）による。

年次有給休暇について、法第115条の規定により2年の消滅時効が認められる（昭22.12.15 基発501号）。

退職時の証明は、退職時から2年で消滅時効にかかる（平11.3.31 基発169号）

解雇予告手当は、解雇の意思表示に際して支払わなければその効力は生じないので、解雇予告手当については時効の問題は生じない（昭27.5.27 基収1906号）。

② 時効の起算点

時効の起算点について規定されていないが、具体的に権利が発生したときである。例：賃金請求権の時効起算点：支払日

③ 時効の中断

時効の中断について規定されていないので、民法第147条※による。

※　民法第147条（2020年4月1日施行）による中断事由：1裁判上の請求、2支払督促、3民事訴訟法第275条第1項の和解また又は民事調停法若しくは家事事件手続法による調停、4破産手続参加、再生手続参加又は更生手続参加

年次有給休暇の請求権について、時効の中断事由となる使用者の承認について、勤怠簿、年次有給休暇取得簿に年次有給休暇の取得日数を記載している程度のことでは承認したことにはならない（昭24.9.21 基収3000号）。

経過措置
第115条の2　この法律の規定に基づき命令を制定し、又は改廃する
　　ときは、その命令で、その制定又は改廃に伴い合理的に必要と判断
　　される範囲内において、所要の経過措置（罰則に関する経過措置を
　　含む。）を定めることができる。

　労基法は、多くの事項について具体的基準を命令で定めており、命令の
制定・改廃についても経過措置が必要となる。しかし、それをその都度労
基法に定めることは煩雑であるため、1985年の改正の際に、労基法の規定
に基づき命令の制定・改廃について、合理的に必要と判断される範囲内に
おいて、その命令に所要の経過措置（罰則に関する経過措置を含む。）を
定めることができるとしたものである。
　経過措置とは、法令改正の際に、新しい法令に移行するにあたって、不
都合や不利益が出来るだけ生じないように対応するための措置をいう。

適用除外
第116条　第1条から第11条まで、次項、第107条から第109条まで及
　　び第121条の規定を除き、この法律は、船員法（昭和22年法律第100
　　号）第1条第1項に規定する船員については、適用しない。
2　この法律は、同居の親族のみを使用する事業及び家事使用人につ
　　いては、適用しない。

1　船員の適用除外

　船員法第1条第1項に規定する船員については、第1条から第11条ま
で、次項、第107条から第109条までおよび第121条の規定を除き、この法
律は適用しない。
　船員とは、「日本船舶又は日本船舶以外の国土交通省令の定める船舶に

乗り組む船長及び海員並びに予備船員をいう」（船員法１条１項）が、総トン数５トン未満の船舶、湖、川又は港のみを航行する船舶、政令の定める総トン数30トン未満の漁船は、第１項の船舶の中に含まれない（同法１条２項）。

海員とは、船内で使用される船長以外の乗組員で労働の対償として給料その他の報酬を支払われる者をいう（同法２条１項）。

予備船員とは、前述の船舶に乗り組むために雇用されている者で船内で使用されていないものをいう（同法２条２項）。

2　同居の親族のみを使用する事業の適用除外

同居の親族のみを使用する事業に労基法は適用されない。

親族とは民法第725条の６親等内の血族、配偶者および３親等内の姻族をいう。

【同居の内縁の妻】

内縁の妻については、民法第725条の親族ではないから、同居の親族には含まれないが、同居の内縁の妻が法第９条の労働者と認められる場合はほとんどないと考えられる。」（昭24.2.5 基収409号）。

3　適用事業内の同居の親族の取扱い

他人を１人でも使用していれば当然に労基法の適用を受けるが、そのような事業場において、同居の親族について形式上労働者という体裁をとっていても、事業主と同一の地位にあると認められ、原則として労働者ではない。

【同居の親族のうちの労働者の範囲】

同居の親族であっても、常時同居の親族以外の労働者を使用する事業において一般事務または現場作業等に従事し、かつ作業に関する指揮監督に従っていることが明らかであり、また労働時間の管理、賃金の決

422

定・支払その他からみて、当該事業場の他の労働者と同様の就労の実態
を有し、賃金もこれに応じて支払われている場合には、労基法上の労働
者と解することができる（昭54.4.2 基発153号）。

4 家事使用人の適用除外

家事使用人については、労基法は適用されない。家事使用人であるか否
かは、従事する作業の種類、性質の如何等を勘案して、当該労働者の実態
により、判断すべきであり、労働契約の内容に関係なく決定されるべきも
のである。

【法第116条第2項の家事使用人】

1　家事使用人に該当するか否かは、従事する作業の種類、性質の如
何を勘案して具体的に当該労働者の実態によって決定すべきであ
り、家事一般に従事している者がこれに該当する。

2　法人に雇われ、その役職員の家庭において、その家族の指揮命令
の下に家事一般を行う者は家事使用人である。

3　個人家庭における家事を事業として請け負う者に雇われて、その
指揮命令の下に当該家事を行う者は家事使用人に当たらない。
（昭63.3.14 基発150号、平11.3.31 基発168号）。

第13章

罰　　則

罰則

第117条　第５条の規定に違反した者は、これを１年以上10年以下の懲役又は20万円以上300万円以下の罰金に処する。

　本条は、強制労働の禁止（労基法５条）違反の罪に対する罰則であり、労基法の罰則の中で最も重いものとなっている。最も重くなっている理由は、「最も封建的な労働悪慣習の一掃のために必要とみとめられるから」（「平成22年版　労働基準法　上」1048頁）とされている。

罰則

第118条　第６条、第56条、第63条又は第64条の２の規定に違反した者は、これを１年以下の懲役又は50万円以下の罰金に処する。
２　第70条の規定に基づいて発する厚生労働省令（第63条又は第64条の２の規定に係る部分に限る。）に違反した者についても前項の例による。

　本条は、中間搾取の排除（６条）、最低年齢（56条）、坑内労働の禁止（63条）、坑内業務の就業制限（64条の２）、職業訓練（70条）に違反する罪に対する罰則を規定している。

罰則

第119条 次の各号のいずれかに該当する者は、6箇月以下の懲役又は30万円以下の罰金に処する。

(1) 第3条、第4条、第7条、第16条、第17条、第18条第1項、第19、第20条、第22条第4項、第32条、第34条、第35条、第36条第6項、第37条、第39条（第7項を除く。）、第61条、第62条、第64条の3から第67条まで、第72条、第75条から第77条まで、第79条、第80条、第94条第2項、第96条又は第104条第2項の規定に違反した者

(2) 第33条第2項、第96条の2第2項又は第96条の3第1項の規定による命令に違反した者

(3) 第40条の規定に基づいて発する厚生労働省令に違反した者

(4) 第70条の規定に基づいて発する厚生労働省令（第62条又は第64条の3の規定に係る部分に限る。）に違反した者

　本条は、強制貯金の禁止、労働者の人身拘束排除に関する規定違反、労働時間、休憩、休日、割増賃金等に関する規定等に違反した場合の罰則を規定したものである。

罰則

第120条 次の各号のいずれかに該当する者は、30万円以下の罰金に処する。

(1) 第14条、第15条第1項若しくは第3項、第18条第7項、第22条第1項から第3項まで、第23条から第27条まで、第32条の2第2項（第32条の3第4項、第32条の4第4項及び第32条の5第3項において準用する場合を含む。）、第32条の5第2項、第33条第1項ただし書、第38条の2第3項（第38条の3第2項において準用する場合を含む。）、第39条第7項、第57条から第59条まで、第64

　　条、第68条、第89条、第9条第1項、第91条、第95条第1項若し
　　くは第2項、第96条の2第1項、第105条（第100条第3項におい
　　て準用する場合を含む。）又は第106条から第109条までの規定に
　　違反した者

(2)　第70条の規定に基づいて発する厚生労働省令（第14条の規定に
　　係る部分に限る。）に違反した者

(3)　第92条第2項又は第96条の3第2項の規定による命令に違反し
　　た者

(4)　第101条（第100条第3項において準用する場合を含む。）の規
　　定による労働基準監督官又は女性主管局長若しくはその指定する
　　所属官吏の臨検を拒み、妨げ、若しくは忌避し、その尋問に対し
　　て陳述をせず、若しくは虚偽の陳述をし、帳簿書類の提出をせ
　　ず、又は虚偽の記載をした帳簿書類の提出をした者

(5)　第104条の2の規定による報告をせず、若しくは虚偽の報告を
　　し、又は出頭しなかつた者

　本条各号に掲げる罪は、比較的軽微な労働条件の規定違反、手続規定違
反、親権者、後見人または労働者の違反、労働基準監督官等の臨検拒否等
である。

両罰規定

第121条　この法律の違反行為をした者が、当該事業の労働者に関す
　る事項について、事業主のために行為した代理人、使用人その他の
　従業者である場合においては、事業主に対しても各本条の罰金刑を
　科する。ただし、事業主（事業主が法人である場合においてはその
　代表者、事業主が営業に関し成年者と同一の行為能力を有しない未
　成年者又は成年被後見人である場合においてはその法定代理人（法
　定代理人が法人であるときは、その代表者）を事業主とする。次項
　において同じ。）が違反の防止に必要な措置をした場合において

1 両罰規定

　労基法は、行為者罰を原則とし、第117条から第120条までの罰則の対象
となるのは第10条に規定する使用者である。使用者とは、あるときは事業
主であったり、またあるときは工場長あるいは課長であったりする。

　本条は、事業主が行為者でない場合に、利益の帰属者である事業主も罰
することとしている。

【従業者の範囲】

　両罰の原因たる違反行為の範囲は、法第10条の使用者の範囲より狭く
従業者以外の者の違反行為については、事業主に責任はないこと（昭
22.9.13 発基17号）。

【従業者の具体的範囲】（従業者以外の者の違反）

　当該事業の従業者でない者で労働者に関する特定事項（例えば、労働
契約の締結）について委任された者が、事業主の関与していない法違反
の行為（例えば、法第14条違反の労働契約の締結）をする場合のごとき
である（昭23.3.17 基発461号、昭33.2.13 基発90号）。

図表13-1　事業主のために行為した代理人、使用人その他の従業者

事業主	個人経営の場合は個人事業主、法人組織の場合はその法人そのものをいう。 １項本文の事業主 １項ただし書きおよび２項の事業主
代理人	支配人のごときもの、会社法第10条以下の支配人の意

その他の従業者	例：代表権なき取締役（昭23.3.17　基発461号）
法人の代表者	代理人、使用人その他の従業者に入る（最高裁一小　昭34.3.26決定）。
社会保険労務士	事務代理（社労士法2条1号の2）の委任を受けた社会保険労務士も「代理人、使用人その他の従業者」に該当し、その懈怠により申請等が行われなかった場合には、当該社会保険労務士に委任した事業主は本条により責任を問われることになる。ただし、当該社会保険労務士に対し必要な情報を与える等申請等をし得る条件を整備していれば、通常は、必要な注意義務を尽くしているものとして免責される（昭62.3.26　基発169号）。

② 違反の防止に必要な措置

　ただし、事業主が違反の防止に必要な措置をした場合は、従業者の違反行為について責任を問われない。違反の防止に必要な措置について、「単に一般的に違反行為をしないように注意を与えたというだけでなく、特に当該事項につき具体的に指示を与えて違反の防止に努めたことを要する」（三和電線工業事件 東京高裁 昭26.9.21判決）としている。

　具体的な指示とはどのようなものかについて、以下の裁判例（「平成22年版 労働基準法下」1056頁、1057頁）がある。

〈免責が認められなかったもの〉

　被告会社が職場の入口に労基法に違反する時間外労働に従事させてはいけない旨の貼り紙をするにとどまっている場合（三和電線工業事件 甲府地裁 昭26.3.14判決）

〈免責が認められたもの〉必要な措置が講じられていた。

　指令事項が、会社代表者から回書※により工場長や従業員に伝達され、当該内容について従業員に対して指導教育がなされ、さらに、労働者の休憩所等に掲示される等の措置が講じられ、これらにより「末端従業員に対しても周知徹底」が図られていた場合（鐘紡事件 大阪地裁 昭24.7.15判決）

※回書　関係者が順に回し読む文書

③ 事業主を行為者として罰する場合

以下の①から③の場合には、事業主を行為者として罰する。ここでいう事業主とは、個人事業主、法人の代表者または法定代理人である。

① 違反の計画を知りその防止に必要な措置を講じなかった場合

違反の防止のための指示、命令その他客観的に必要な措置を講じなかった場合をいう。

② 違反行為を知り、その是正に必要な措置を講じなかった場合

行為者が違反行為の実行に着手し、または実行行為を終了した後も是正に必要な措置を講じなかった場合をいう。

③ 違反を教唆した場合

刑法の教唆犯は被教唆者が犯罪を実行することが要件であるが、本条の場合は、犯罪の実行を要件としていない。

別表第一 （第33条、第40条、第41条、第56条、第61条関係）

平成10年の労基法改正で削除された第8条では、労基法の適用を受ける事業の範囲が規定されていた。しかし、改正後も、第33条、第40条、第41条。第56条及び第61条については、一般の適用とは異なった取扱いがされているので、第8条が別表第一として規定し直された。

1 物の製造、改造、加工、修理、洗浄、選別、包装、装飾、仕上げ、販売のためにする仕立て、破壊若しくは解体又は材料の変造の事業（電気、ガス又は各種動力の発生、変更若しくは伝導の事業及び水道の事業を含む。）

2 鉱業、石切り業その他土石又は鉱物採取の事業

3 土木、建築その他工作物の建設、改造、保存、修理、変更、破壊、解体又はその準備の事業

4 道路、鉄道、軌道、索道、船舶又は航空機による旅客又は貨物の運送の事業

5　ドック、船舶、岸壁、波止場、停車場又は倉庫における貨物の取扱いの事業

6　土地の耕作若しくは開墾又は植物の栽植、栽培、採取若しくは伐採の事業その他農林の事業

7　動物の飼育又は水産動植物の採捕若しくは養殖の事業その他の畜産、養蚕又は水産の事業

8　物品の販売、配給、保管若しくは賃貸又は理容の事業

9　金融、保険、媒介、周旋、集金、案内又は広告の事業

10　映画の製作又は映写、演劇その他興行の事業

11　郵便、信書便又は電気通信の事業

12　教育、研究又は調査の事業

13　病者又は虚弱者の治療、看護その他保健衛生の事業

14　旅館、料理店、飲食店、接客業又は娯楽場の事業

15　焼却、清掃又はと畜場の事業

以下の事業は別表第一に掲げる事業に該当しない。

①　弁護士、公認会計士、税理士、労働安全コンサルタント、労働衛生コンサルタント、社会保険労務士、弁理士、司法書士、行政書士、公証人、執行官、土地家屋調査士、測量士、獣医師その他これらに準ずるものの事業

②　派出婦会、速記士会、筆耕者その他派出の事業

〈著者紹介〉

角森洋子（かくもりようこ）

資　格：特定社会保険労務士、労働衛生コンサルタント
役職等：兵庫産業保健総合支援センター法令担当相談員
職　歴：労働基準監督官として、東京、兵庫、石川、富山の労働
　　　　基準監督署勤務。
　　　　2000年に社会保険労務士として開業、現在は兵庫県神戸
　　　　市で社労士事務所「神戸元町労務管理サポート」を運営
著　書：「改訂　労働基準監督署への対応と職場改善」労働調査会
　　　　「わかりやすい労働安全衛生管理」経営書院
　　　　分担執筆「新・労働法実務相談」等　労務行政研究所

逐条解説　労働基準法

2019年12月31日　第1版第1刷発行

著　者　　角　森　洋　子

発行者　　平　　盛　之

㈱産労総合研究所

発行所　出版部　経営書院

〒100-0014　東京都千代田区永田町1-11-1
三宅坂ビル
電話　03-5860-9799
振替　00180-0-11361

印刷・製本　藤原印刷株式会社